Espère

Pape François

avec Carlo Musso

Espère

L'autobiographie

Traduit de l'italien
par Françoise Bouillot et Samuel Sfez

Albin Michel

« Droits et sincères, ils sont ce qu'ils paraissent être : tête carrée, pouls régulier et foie sain, ils parlent peu, mais ils savent ce qu'ils disent ; même s'ils marchent lentement, ils vont loin. »

Nino Costa

« L'avenir… entre en nous, pour se transformer en nous, longtemps avant que de survenir. »

Rainer Maria Rilke, *Lettres à un jeune poète*

« Quand je parlerais les langues des hommes et des anges,
si je n'ai pas la charité,
je suis un airain qui résonne,
ou une cymbale qui retentit. »

Saint Paul, Première Lettre aux Corinthiens

INTRODUCTION

Tout naît pour fleurir

Le livre de ma vie est le récit d'un chemin d'espérance que je ne peux pas imaginer disjoint de celui de ma famille, de mes proches, du peuple de Dieu tout entier. Il est aussi à chaque page, à chaque pas, le livre de ceux qui ont cheminé à mes côtés, de ceux qui m'ont précédé, de ceux qui me suivront.

Une autobiographie n'est pas une affaire privée, mais plutôt un sac de voyage. La mémoire n'est pas seulement ce dont nous nous rappelons, mais ce qui nous entoure. Elle ne parle pas uniquement de ce qui a été, mais aussi de ce qui sera. La mémoire est un présent qui n'en finit jamais de passer, dit un poète mexicain. Cela semble hier, et en réalité c'est demain.

On dit communément « attends et espère » – au point qu'en espagnol le mot *esperar* signifie autant espérer qu'attendre ; mais l'espérance est surtout la vertu du mouvement et le moteur du changement : c'est la tension qui unit la mémoire et l'utopie pour construire véritablement les rêves qui nous attendent. Et si un rêve s'effiloche, il faut recommencer à le rêver sous des formes nouvelles, en puisant avec espérance dans les braises de la mémoire.

Nous les chrétiens devons savoir que l'espérance n'est ni une illusion ni une tromperie : tout naît pour fleurir dans un éternel printemps.

À la fin, nous dirons simplement : Je n'ai pas souvenir d'un lieu où Tu ne sois pas.

Prologue

Par la suite, ils racontèrent qu'on avait ressenti une terrible secousse, comme un tremblement de terre. Tout le voyage s'était accompagné de fortes et inquiétantes vibrations, et l'inclinaison du navire était telle que le matin « on ne pouvait pas poser sa tasse de café au lait, parce qu'elle se serait renversée ». Mais cette fois, il s'agissait d'autre chose : cela ressemblait à une explosion, comme une bombe. Les passagers jaillirent des salons et des cabines et se ruèrent sur le pont pour essayer de comprendre ce qu'il pouvait bien se passer. On était en fin d'après-midi et le navire se dirigeait vers Porto Seguro, sur la côte du Brésil. Ce n'était pas une bombe : un grondement sourd, plutôt. Le paquebot avançait toujours, mais sa course était devenue folle, comme un cheval emballé, il donnait fortement de la bande et il ralentissait. Un homme, qui était resté dans l'eau pendant des heures, agrippé à un fragment de planche, témoignerait plus tard qu'il avait vu clairement l'hélice et l'arbre du moteur de gauche se détacher complètement. L'hélice, apprit-on par la suite, avait fait une longue déchirure dans la coque : l'eau entrait à flots, inondant la salle des machines, et elle n'allait pas tarder à envahir la soute, puisqu'il semblait bien que les portes étanches ne fonctionnaient pas.

Ils racontèrent que quelqu'un tenta de colmater la brèche avec des panneaux métalliques. En vain.

Ils racontèrent que l'orchestre reçut l'ordre de continuer à jouer. Sans trêve.

Le navire s'inclinait de plus en plus, l'obscurité tombait, la mer grossissait.

Quand il fut évident que la situation était grave, le commandant donna l'ordre d'arrêter les machines. Il fit retentir la sirène d'alarme et les radios lancèrent le premier SOS.

Le signal de détresse fut capté par plusieurs bateaux, deux cargos et même deux transatlantiques qui se trouvaient dans les parages. Ils se portèrent immédiatement à son secours, mais furent contraints de s'arrêter à une certaine distance, parce qu'une grosse colonne de fumée blanche faisait craindre l'explosion des chaudières.

Depuis le pont, avec son mégaphone, le commandant continuait désespérément à inviter au calme et à coordonner les opérations de secours, en donnant la priorité aux femmes et aux enfants. Mais quand la nuit survint, une nuit sans lune, et quand l'électricité à bord fut coupée, la situation devint incontrôlable.

On descendit les canots de sauvetage, mais désormais l'inclinaison du bateau était énorme, et nombre de ces embarcations coulèrent à pic après avoir heurté la coque ; d'autres se révélèrent quasiment hors d'usage : elles embarquaient de l'eau que leurs occupants étaient obligés d'écoper avec leurs chapeaux. D'autres encore, prises d'assaut, se renversèrent, ou sombrèrent sous la surcharge de passagers. Parmi eux, beaucoup d'artisans et de paysans des vallées et des plaines, qui n'avaient jamais vu la mer et ne savaient pas nager. Les prières se mêlaient aux hurlements.

Ce fut la panique. De nombreux passagers tombèrent à l'eau et se noyèrent.

Certains se jetèrent dans les flots par pur désespoir. D'autres encore, comme le rapporta la presse locale, furent dévorés vivants par les requins.

Dans ce pandémonium, les empoignades furent nombreuses, mais aussi les gestes de courage et d'abnégation. Après avoir secouru des dizaines de personnes, un jeune homme à qui on avait donné un gilet de sauvetage attendait son tour pour se jeter à l'eau. Il vit alors un vieil homme l'appeler à l'aide : il ne savait pas nager et n'avait trouvé place dans aucune embarcation. Le jeune homme lui fit endosser son gilet, puis il sauta à l'eau avec lui et s'efforça de parvenir à la chaloupe la plus proche. Il nageait comme un forcené quand on entendit se lever sur la mer des voix de plus en plus angoissées : Des requins ! Des requins ! Il fut attaqué. L'un de ses compagnons parvint à le hisser à bord d'une chaloupe, mais ses blessures étaient trop graves. Il mourut peu après. Quand les survivants racontèrent son histoire, toute l'Argentine s'en émut. Dans son pays natal, la province d'Entre Ríos, on attribua son nom à une école. C'était le fils d'un migrant piémontais et d'une Argentine, et il venait d'avoir vingt et un ans : il s'appelait Anacleto Bernardi.

Bien avant minuit, le navire était totalement envahi par l'eau ; soudain, il se dressa à la verticale et, avec un dernier gémissement tonitruant, presque animal, coula à pic à mille quatre cents mètres de profondeur. Plusieurs témoignages attestent que le commandant resta à bord jusqu'à la fin, faisant jouer aux musiciens encore vivants la *Marcia Reale*, l'hymne de la royauté italienne. Son corps ne fut jamais retrouvé. Mais juste avant que le paquebot ne sombre complètement, on entendit de nombreux coups de feu, tirés dit-on par l'équipage qui, après avoir fait tout son possible pour les passagers, avait décidé de ne pas affronter le supplice de la noyade.

Quelques chaloupes parvinrent à atteindre les navires alentour, ce qui sauva la vie de plusieurs centaines de personnes.

Le sauvetage des quelques rescapés qui avaient réussi à se maintenir à la surface se poursuivit jusque tard dans la nuit. Quand, avant l'aube, d'autres bateaux brésiliens arrivèrent sur le lieu du désastre, ils ne trouvèrent plus aucun survivant.

Ce bateau, long de près de cent cinquante mètres, avait été au début du siècle le joyau de la marine marchande, le transatlantique le plus prestigieux de la flotte italienne ; il avait transporté des personnages comme Arturo Toscanini, Luigi Pirandello ou Carlos Gardel, une légende du tango argentin. Mais cette époque était révolue depuis belle lurette. Entre-temps, il y avait eu une guerre mondiale, et l'usure, l'incurie et l'insuffisance de manutention avaient fait le reste. À présent le navire était plutôt connu sous le nom de « la danseuse », du fait de sa stabilité incertaine. Quand il partit pour son dernier voyage, alors que son propre commandant n'était pas rassuré, il avait à bord plus de mille deux cents passagers, pour la plupart des migrants piémontais, ligures et vénitiens, mais aussi venus des Marches, de Basilicate et de Calabre.

Selon les données fournies par les autorités italiennes de l'époque, plus de trois cents personnes perdirent la vie dans ce désastre, pour l'essentiel des membres de l'équipage. Mais les journalistes sud-américains rapportèrent un chiffre qui se montait à plus du double, incluant des clandestins, plusieurs dizaines d'immigrants syriens et des journaliers qui, partis des campagnes italiennes, se rendaient en Amérique du Sud pour la saison d'hiver.

Minimisé ou passé sous silence par les organes du régime, ce naufrage fut le *Titanic* italien.

Je ne saurais dire combien de fois j'ai entendu raconter l'histoire de ce navire, le *Principessa Mafalda*, du nom de la fille du roi Victor-Emmanuel III, qui devait elle-même connaître une mort tragique au camp de Buchenwald quelques années plus tard, vers la fin d'une autre terrible guerre.

Cette histoire, on la racontait dans ma famille.

On la racontait dans le quartier.

Elle était racontée dans les chansons populaires des migrants, de part et d'autre de l'océan : « D'Italie, *Mafalda* partit avec un millier de passagers… Les pères et les mères serraient dans leurs bras leurs enfants qui disparaissaient dans les flots. »

Mes grands-parents et leur fils unique, Mario, le jeune homme qui allait devenir mon père, avaient acheté des billets pour cette longue traversée, et leur navire, le *Mafalda*, devait quitter le port de Gênes le 11 octobre 1927 à destination de Buenos Aires.

Mais ils n'étaient pas à bord.

Malgré tous leurs efforts, ils n'avaient pas réussi à vendre tout ce qu'ils possédaient. Finalement, à contrecœur, les Bergoglio durent changer leurs billets et retarder leur départ pour l'Argentine.

C'est pour cela que je suis ici aujourd'hui.

Vous n'imaginez pas combien de fois j'ai pu remercier la divine Providence.

1

Que ma langue s'attache à mon palais

Ils partirent, enfin.

Mes grands-parents étaient parvenus à vendre leurs maigres biens, dans la campagne piémontaise, puis ils avaient gagné le port de Gênes pour embarquer à bord du *Giulio Cesare* avec un billet d'aller simple.

Ils avaient attendu que les passagers de première classe montent à bord et qu'arrive leur tour, celui de la troisième classe. Dès que le navire eut pris le large et que les dernières lueurs du phare, la vieille Lanterna, eurent disparu à l'horizon, ils surent qu'ils ne reverraient jamais l'Italie et qu'ils devraient recommencer leur existence à l'autre bout du monde.

C'était le 1er février 1929. L'un des hivers les plus froids que le siècle ait connus : à Turin, le thermomètre avait atteint quinze degrés en dessous de zéro, et jusqu'à moins vingt-cinq dans d'autres régions du pays. Dans l'un de ses films, *Amarcord*, Federico Fellini baptiserait cette année « l'année de la grande neige ». L'Europe entière avait été recouverte d'un lourd manteau de neige, de l'Oural aux côtes méditerranéennes ; même le dôme de Saint-Pierre avait été copieusement blanchi.

Au terme de deux semaines de navigation, après avoir fait escale à Villefranche-sur-Mer, Barcelone, Rio de Janeiro, Santos et Montevideo, le paquebot accosta enfin dans le port de Buenos Aires. Malgré une chaleur humide qui avoisinait les trente degrés, ma grand-mère Rosa portait encore le bon manteau avec lequel elle était partie. Comme le voulait la coutume, elle l'avait orné d'un col en renard et, dans la doublure, elle avait cousu toutes leurs économies. Après le débarquement, elle continua à le porter tel un uniforme tandis qu'elle et sa famille s'enfonçaient dans le pays, remontant le fleuve Paraná sur cinq cents kilomètres, jusqu'à leur destination. C'est seulement alors que la *luchadora*, la lutteuse, comme elle fut surnommée par la suite, décida qu'elle pouvait baisser la garde.

Au port d'arrivée, tous trois avaient été enregistrés comme *migrantes ultramar*, migrants d'outre-mer. Après avoir été paysan, mon grand-père Giovanni avait réussi à ouvrir un café-pâtisserie à Turin. Il fut noté comme *comercio* (commerçant). Sa femme Rosa le fut comme *casera* (femme au foyer) et leur fils Mario, mon père, qui à la grande satisfaction de ses parents avait obtenu son diplôme de comptabilité, fut indiqué pour sa part *contador* de son état.

Nombreux furent ceux qui, comme eux, entreprirent cette traversée de l'espoir. En un siècle, plusieurs millions de personnes quittèrent l'Italie pour « *la Merica* », essentiellement les États-Unis, le Brésil et l'Argentine. Entre 1925 et 1929, ils furent plus de deux cent mille à partir pour Buenos Aires.

Le souvenir du terrible naufrage du *Mafalda*, en 1927, était une blessure encore vive, un drame loin d'être isolé depuis la fin du XIXe siècle. C'était l'époque de « *Mamma mia dammi cento lire che in America voglio andar* » (Maman, donne-moi cent lires pour partir en Amérique) – la chanson de générations de migrants, qui se terminait de manière significative par une catastrophe navale –, au cours de laquelle l'émigration saisonnière fut particulièrement intense. Les émigrants embarquaient à Gênes en automne, quand les récoltes étaient terminées en Italie, et partaient travailler dans l'hémisphère austral, où la saison estivale commençait. Souvent, ils rentraient chez eux au printemps avec quelques centaines de lires en poche, dont l'essentiel finissait dans les poches des organisateurs et des intermédiaires. Une fois le voyage payé, il ne leur restait souvent que quelques dizaines de lires comme compensation de quatre ou cinq mois de labeur.

La mort s'invitait souvent pendant la traversée. En 1888, une cinquantaine de personnes étaient mortes de faim à bord des navires *Matteo Bruzzo* et *Carlo Raggio*, qui avaient appareillé de Gênes à destination du Brésil. Une vingtaine de passagers du *Frisca* étaient décédés d'asphyxie. En 1893, après avoir embarqué à bord du *Remo*, les migrants avaient compris que la compagnie avait vendu deux fois plus de billets que de places disponibles ; lorsqu'une épidémie de choléra s'était déclarée à bord, les morts avaient été jetés à la mer. Le nombre de passagers diminuait de jour en jour. Pour finir, le navire n'avait même pas été autorisé à entrer au port de destination. Il y eut également le naufrage du *Sirio*, dans lequel cinq cents migrants italiens se rendant à Buenos Aires perdirent la vie. Dans les chants populaires, dans les collines du Piémont comme sur les touches des accordéons des *barrios*, l'histoire de ces tragédies se confondait et se mélangeait. Le *Sirio* devenait le *Mafalda*, et inversement ; de nouvelles paroles s'adaptaient à la même mélodie mélancolique.

Pourtant, les gens continuaient à partir. Souvent poussés par la pauvreté, parfois par la colère, pour améliorer leur sort, pour fuir la tragédie d'une guerre mondiale, la Première comme la Seconde qui s'annonçait, pour échapper aux ordres

Le *Sirio*, le *Frisca*, le *Mafalda*… Des tragédies qui se confondent dans la mémoire populaire.

de mobilisation ou encore après avoir vu la mort en face, pour réunir une famille, pour ne plus subir les privations, pour chercher des conditions de vie meilleures. Hier comme aujourd'hui, cette histoire n'est pas nouvelle. « Je ne pourrai pas trouver pire que maintenant. Tout au plus je mourrai de faim comme je le fais déjà ici », disait un émigrant dans *Sur l'océan*[1] d'Edmondo De Amicis, un autre Piémontais, auteur du *Livre-cœur*.

Les candidats au départ surmontaient toutes sortes d'obstacles et de sacrifices pour s'embarquer. Ils partaient presque toujours sur les conseils d'agents et d'intermédiaires de l'immigration, qui passaient de village en village lors des foires, décrivant l'Amérique comme une nouvelle « Terre promise », une contrée merveilleuse. Ces agents étaient rémunérés par la compagnie d'émigration pour chaque famille qu'ils parvenaient à convaincre de sauter le pas : une partie de la presse de l'époque n'hésitait pas à les dépeindre comme des marchands d'esclaves. Les villages étaient submergés de brochures et de fausses lettres de personnes parties à l'autre bout du monde. Certains juraient qu'en Amérique, un paysan devenu inapte au travail pouvait compter sur une généreuse pension qui lui garantissait un accès facile à la propriété foncière.

Pour les candidats au départ, le premier défi consistait à gagner le port. Ils vendaient leurs biens pour payer des recruteurs souvent avides et sans scrupules, qui la plupart du temps disparaissaient avec l'argent, du moins jusqu'à ce qu'une loi tente d'y mettre un terme.

La route pour rejoindre le port était un pèlerinage personnel, familial, qui impliquait parfois des communautés entières : les gens marchaient en procession, tous ensemble, au son de cloches qu'ils emportaient sur le bateau. Ils arrivaient généralement plusieurs jours avant l'embarquement et campaient sur le quai.

Certains n'atteignaient jamais la terre tant convoitée, repoussés ou engloutis par l'océan.

Les nombreuses personnes qui parvenaient à débarquer à Buenos Aires se trouvaient confrontées à une dure réalité, une véritable gifle : l'*Hotel de Inmigrantes*. Un énorme hangar où, après avoir été auscultés, enregistrés et désinfectés, ils ne pouvaient rester plus de cinq jours, le temps de trouver un travail en ville ou dans les champs. Un grand reporter du journal italien *Il Corriere della Sera* décrivait ainsi la situation au début du XXᵉ siècle : « Ces trois derniers jours, trois mille huit cents émigrés ont débarqué, en grande partie des concitoyens. L'Hôtel des Immigrants est bondé. […] Celui-ci (et on ose l'appeler "hôtel" !) se dresse sur un terrain vague marécageux situé entre le Río de la Plata boueux et impétueux, et la ville. […] L'odeur âcre de l'acide phénique ne parvient pas à masquer l'écœurante puanteur qui émane du sol sale et visqueux, des vieilles cloisons en bois, des portes ouvertes ; une odeur d'humanité entassée, de misère. […] Plus haut, les tables portent les traces vivantes de ce douloureux passage : la trace des âmes. Des noms, des dates, des mots d'amour, des jurons, des souvenirs, des obscénités gravés sur la peinture ou griffonnés au crayon, parfois entaillés dans le bois. Le dessin le plus fréquent est le navire. »

Ce dessin qui regarde vers l'arrière, cette nostalgie ne sont pas le fruit du hasard. « Que ma langue s'attache à mon palais si je perds ton souvenir », disent dans le psaume les exilés en repensant à Jérusalem (Psaume 136[2]). Les Rois mages expriment au fond le même sentiment : ils ont la nostalgie de Dieu. La nostalgie est une attitude qui rompt les conformismes et pousse à s'engager en faveur du changement auquel nous aspirons et dont nous avons besoin. C'est un sentiment sain, la nostalgie de nos racines, car un peuple sans racines est perdu, et une personne sans racines est malade. C'est d'elles que nous tirons la force pour aller de l'avant, pour donner des fruits, pour éclore ; comme le dit un poète argentin, Francisco Luis Bernárdez, « *por lo que el árbol tiene de florido vive de lo sepultado*[3] ». Tout ce que l'arbre a de fleuri vit de ce qui gît sous terre.

Ces descriptions du passé, ces traces, ces entailles nous ramènent au présent, à d'autres ports, à d'autres mers.

Mes parents ont eu plus de chance. Ils arrivèrent à Buenos Aires accueillis par les frères de mon grand-père, qui étaient installés en Argentine depuis 1922 et s'étaient construit une bonne *suerte* (destinée) : ils avaient débuté comme ouvriers, à goudronner les routes qui reliaient les campagnes au port fluvial, puis avaient rapidement monté une entreprise de pavage et de goudronnage. La fortune leur avait souri. Aussi, une fois enregistrée, ma famille ne s'était pas arrêtée à l'*Hotel de Inmigrantes*, mais avait poursuivi sa route vers la région d'Entre Ríos, jusqu'à Paraná, où mes grands-oncles les attendaient impatiemment. Ils habitaient une maison à quatre étages, l'immeuble Bergoglio, qu'ils avaient construit eux-mêmes – c'était le premier de toute la ville à posséder un ascenseur. À présent, chacun des quatre frères pouvait disposer d'un étage : Giovanni Lorenzo, Eugenio, Ernesto et maintenant mon grand-père Giovanni Angelo. Seuls deux de ses frères et sœur restèrent dans le Piémont : Carlo, l'aîné, et Luisa, la seule fille, qui se maria sous le nom de Martinengo. Dans la mesure du possible, la famille était enfin réunie, raison principale du départ de mes grands-parents.

Mon père, alors jeune comptable, occuperait le poste d'administrateur.

Mais cela ne dura pas longtemps. La crise mondiale de 1929, la Grande Dépression, faisait déjà sentir ses effets. Le président de l'entreprise, mon grand-oncle Giovanni (Juan) Lorenzo, mourut d'une leucémie et d'un lymphosarcome, laissant derrière lui une veuve, Elisa, et trois enfants. L'impact de la récession et de ce deuil familial eut bientôt raison d'eux. En 1932, la famille fut contrainte de tout vendre : les machines, l'entreprise, leur maison, et même leur chapelle au cimetière. Ils se retrouvèrent sans rien et plongèrent dans la pauvreté. Une main devant et l'autre derrière, comme ils disaient.

Une fois de plus, ils allaient devoir repartir de zéro, ce qu'ils feraient avec la même détermination que la première fois.

Bien entendu, quand ils posèrent pied en Argentine par cette chaude matinée de février, mon père, mon grand-père et ma grand-mère qui défiait le soleil de plomb ne savaient rien de tout cela.

Tout comme des milliers, des millions d'hommes et de femmes qui avaient emprunté la même route avant eux et l'emprunteraient encore après. Artisans, bûcherons, ouvriers du bâtiment, infirmières, forgerons, menuisiers, cordonnières, couturiers, boulangères, mécaniciens, vitriers, blanchisseuses, cuisiniers, domestiques, glacières, coiffeurs, maîtres maçons des carrières de marbre, commerçants et comptables, ainsi qu'une infinité de paysans et d'ouvriers agricoles, qui arrivaient avec leur misère et leurs tragédies, les blessures de leur condition, mais aussi leur force, leur courage, leur persévérance et leur foi. Une multitude de talents qui, comme dans la parabole de l'Évangile de Matthieu, attendaient l'opportunité de donner leurs fruits. Si seulement on lui en offrait l'occasion, cette masse mal en point serait capable de bâtir de grandes choses à l'autre bout du monde, et c'est pour l'essentiel ce qui s'est produit. Des gens libres et têtus (« *rassa nostrana libera e testarda* »), comme dit le magnifique et bouleversant poème de Nino Costa, l'un des plus grands poètes piémontais de l'époque, qui mourrait par la suite le cœur brisé après l'assassinat de son fils, un jeune résistant de dix-neuf ans, et que ma grand-mère Rosa m'a fait apprendre par cœur enfant, en dialecte. « *O bionde di grano pianure argentine [...] non sentite mai passare un'aria monferrina o il ritornello di una canzone di montagna ?* » demandaient ses vers dédiés aux Piémontais partis travailler hors d'Italie : « Ô blondes plaines de blé argentin [...], n'entendez-vous jamais en passant un air du Montferrat ou la ritournelle d'un chant montagnard ? » Parfois, ces hommes et ces femmes rentraient au pays, « et l'argent épargné leur vaut une maisonnette ou un lopin de terre, pour pouvoir élever leurs filles »... Pour d'autres, « une fièvre ou un accident de travail les cloue dans une tombe nue », perdue dans un cimetière étranger. « *Un camp-sant forsesté.* »

C'est en partie pour cette raison que, bien des années plus tard, j'ai choisi pour mon premier déplacement pontifical hors du Vatican de me rendre à Lampedusa, cette minuscule île dans la Méditerranée devenue un avant-poste de l'espérance et de la solidarité, mais aussi le symbole des contradictions et de la tragédie des migrations, ainsi que le cimetière marin de trop, bien trop de morts. Quelques semaines auparavant, j'avais appris la nouvelle d'un énième naufrage : mon esprit y retournait sans cesse, telle une épine dans le cœur qui me faisait souffrir. Je n'avais pas prévu ce voyage, mais je devais l'accomplir. Moi aussi, j'étais issu d'une famille de migrants : comme tant d'autres Italiens, mon père, mon grand-père et ma grand-mère étaient partis pour l'Argentine et avaient connu le sort de celles et ceux qui se retrouvent sans rien. Moi aussi, j'aurais pu me retrouver parmi les exclus d'aujourd'hui, à tel point que mon cœur abrite toujours cette question : pourquoi eux et pas moi ?

Je devais me rendre à Lampedusa pour prier, pour accomplir un geste de proximité, pour exprimer ma gratitude et mes encouragements aux bénévoles, à la population de ce petit îlot de réalité qui savait offrir des exemples de solidarité concrète. Et surtout pour réveiller nos consciences, nous rappeler à nos responsabilités.

Dans la littérature espagnole, une pièce de Lope de Vega intitulée *Fuenteovejuna* raconte comment les habitants de la ville de Fuente Ovejuna tuent leur gouverneur car c'est un tyran, mais de manière que nul ne sache qui a mené l'exécution. Ainsi, quand le juge du roi demande : « Qui a tué le gouverneur ? », tout le monde répond : « Fuente Ovejuna, monsieur. » Tout le monde et personne.

Aujourd'hui encore, cette interrogation s'impose avec force : qui est responsable de ces morts ? Personne ! Nous répondons tous ainsi : pas moi, je n'y suis pour rien, c'est quelqu'un d'autre, certainement pas moi.

Face à la mondialisation de l'indifférence qui nous rend tous « innommés », comme ce personnage du roman *Les Fiancés* de Manzoni, responsables sans noms et sans visages, oublieux de notre propre histoire et de notre destin ; face à une peur qui risque de nous rendre fous, résonne toujours la question de Dieu à Caïn : « Où est ton frère ? […] La voix du sang de ton frère crie de la terre jusqu'à moi. »

2

Assez longtemps mon âme a demeuré auprès de ceux qui haïssent la paix

L'émigration et la guerre sont les deux faces d'une même pièce. Comme cela a été fort bien documenté, la guerre est la plus grande fabrique de migrants, dans un hémisphère comme dans l'autre, car le changement climatique et la pauvreté sont pour une large part le fruit malade d'une guerre sourde déclarée par l'humanité : contre une distribution plus équitable des ressources, contre la nature, contre sa propre planète.

Le monde nous apparaît chaque jour plus élitiste, plus cruel envers les exclus et les laissés-pour-compte. Les pays en voie de développement continuent à être spoliés de leurs ressources naturelles et humaines au profit de quelques marchés privilégiés.

Le développement authentique est inclusif, fécond, projeté vers l'avenir et les générations futures, tandis que le faux développement exclusiviste enrichit les plus riches et appauvrit les plus pauvres, toujours et partout. On ne pardonne rien aux pauvres, pas même leur pauvreté. Ils ne peuvent se permettre d'être timides ou découragés, ils sont perçus comme menaçants ou incapables ; rien ne leur laisse entrevoir le bout du tunnel de leur misère. On en vient même à théoriser et à mettre en œuvre une architecture hostile, afin de se débarrasser de leur présence, de leur seule vue dans les rues.

On aura beau construire des murs et barricader les portes pour vivre dans l'illusion de la sécurité aux dépens de ceux qu'on laisse dehors, cela ne durera pas toujours. Le « jour du Seigneur » tel que le décrivent les prophètes (Amos 5, 18 ; Ésaïe 2-5 ; Joël 1-3) détruira les barrières créées entre les pays et remplacera l'arrogance de quelques-uns par la solidarité de tous. Les conditions d'exclusion dans lesquelles sont reléguées des millions de personnes ne pourront durer longtemps encore. Leur cri monte et embrasse la terre entière. Comme l'écrivait le père Primo Mazzolari, l'un des plus grands prêtres d'Italie, visage prophétique, lumineux et « dérangeant » d'un clergé non clérical : « Le pauvre est une protestation continue contre nos injustices ; le pauvre est une poudrière. Si on y met le feu, le monde explose. »

Impossible d'ignorer l'appel pressant de la Parole de Dieu sur les pauvres. Où que l'on tourne le regard, la boussole des Saintes Écritures indique celles et ceux qui n'ont pas de quoi vivre, les opprimés, celles et ceux qui sont prostrés à terre, la veuve, l'orphelin, l'étranger, le migrant. Jésus n'a pas craint de s'identifier à cette foule innombrable : « Ce que vous avez fait à un seul de mes frères, c'est à moi que vous l'avez fait » (Matthieu 25, 40). Pas à mes plus semblables, pas à mon groupe, mais aux plus petits, à celles et ceux qui ont faim, qui ont soif, qui sont nus. Se soustraire à cette identification revient à diluer la Révélation, à mystifier l'Évangile, à en faire du folklore, de l'ostentation et non une présence. Car, pour les chrétiens, il n'y a pas d'autre « premier » que « les derniers seront les premiers ». Ces « derniers » qui chaque jour crient vers le

Seigneur pour lui demander d'être libérés des maux qui les affligent. Ces derniers des périphéries existentielles de nos villes. Ces derniers leurrés puis abandonnés à mourir dans le désert ; ces derniers torturés, abusés et violés dans les camps de détention ; ces derniers qui affrontent les vagues d'une mer impitoyable.

Les guerres actuelles concernent certaines régions du monde, mais les armes qu'on y emploie sont produites dans d'autres pays, ceux-là mêmes qui refusent et repoussent les réfugiés générés par ces armes et par ces conflits.

Ce qu'est la guerre, je l'ai appris enfant par mon grand-père Giovanni. C'est de sa bouche que j'ai entendu pour la première fois ces histoires douloureuses. Il avait combattu sur le Piave pendant la Première Guerre mondiale.

À vingt ans, un mètre soixante-huit, brun, cheveux ondulés, yeux marron, il avait été « réformé » pour « insuffisance thoracique » lors de la visite médicale de conscription, en juin 1904. Exempté des trois années de service militaire, il était rentré chez lui, dans son village de Portacomaro. Deux ans plus tard, début 1906, il s'était installé à Turin pour travailler comme commis dans le magasin de tissus de son oncle Carlo, l'un des premiers à être partis pour le chef-lieu, où il avait trouvé un emploi dans un café. « Liquoriste », comme on disait alors. Une histoire indissociablement liée à celle de nombreux jeunes de l'époque, à la naissance des premiers centres industriels, à l'abandon des campagnes pour chercher l'émancipation et la rédemption dans les villes, et fuir un quotidien de privations.

Chaque migrant emporte un lieu dans son cœur. Pour les Bergoglio, ce lieu a toujours été la ferme de Portacomaro, avec ses pentes raides et ses bois de noisetiers. C'est pour cette raison que, en février 2001, quelques heures avant d'être créé cardinal de Buenos Aires par Jean-Paul II, j'ai gravi la route pour Bricco Marmorito. J'ai vu les collines, les vignes, la grande maison. J'ai plongé les mains dans cette terre, j'en ai recueilli une poignée. C'est là qu'était né mon grand-père, là qu'était mort son père Francesco, là qu'étaient enfouies nos racines.

Je suis retourné à Portacomaro en tant que pape, chez ma cousine Carla, pour son quatre-vingt-dixième anniversaire. Avec elle et mon cousin Elio, nous avons mangé des *agnolotti*, une variété de raviolis piémontais, et bu du *grignolino*, le vin typique de la région. Je les appelle de temps à autre, nous parlons en *piemontèis*, la première langue que j'ai apprise. Je retrouve parfois Elio au terrain de boules, alors je discute un peu avec tout le monde. Là-bas, je suis resté Giorgio.

C'est en ville que Giovanni a rencontré Rosa, ma grand-mère. Rosa Margherita Vassallo avait le même âge que lui, elle aussi était immigrée. Elle était née au pied du sanctuaire du Todocco, à Piana Crixia, dans la province de Savone, à la limite entre la Ligurie et le Piémont. Elle était arrivée à Turin enfant, car sa famille était nombreuse : huitième de neuf enfants, on l'avait confiée à sa tante maternelle Rosa, concierge d'un immeuble du centre-ville où elle vivait avec son mari Giuseppe, cordonnier. Cette décision avait été difficile pour ses parents, Angela et Pietro, mes arrière-grands-parents. Ils y avaient longuement réfléchi et en avaient beaucoup parlé avec le prêtre et la maîtresse d'école. En fin de compte, sur les conseils de leur entourage, ils s'étaient résolus : cette petite fille vive, curieuse, intelligente, qui malgré les difficultés de la vie était si douée pour l'école, devait au moins pouvoir obtenir sa licence élémentaire, et un avenir meilleur. À huit ans, Rosa avait affronté un voyage de plus de cent quarante kilomètres, elle avait quitté sa campagne pour débarquer dans cette grande ville où les rues et les places semblaient démesurées, où les maisons s'adossaient les unes aux autres et où la lumière des réverbères ne s'éteignait jamais, grâce à cette invention venue de Paris nommée électricité, un prodige qui déplaçait les trams sans qu'ils dussent être tirés par des chevaux. Tous deux âgés de plus de cinquante ans, son oncle et sa tante n'avaient pas eu d'enfants : ils l'avaient accueillie avec joie, comme leur propre fille. Ma grand-mère est toujours restée très attachée à sa tante Rosa, ainsi qu'à ses parents et à ses frères et sœurs bien entendu. Même à travers l'océan, elle a continué à tisser et à resserrer des liens avec tous en leur envoyant des lettres, des nouvelles et des photographies.

Quand mon oncle la vit dans le Turin du début du XXe siècle, c'était une jeune fille menue, aux cheveux châtains et aux yeux aussi grands que son courage. Elle était couturière.

Les deux jeunes gens tombèrent amoureux et, le 20 août 1907, se marièrent à l'église Santa Teresa. Ils s'installèrent à deux pas de l'église, où ils baptisèrent leur premier fils, Mario Giuseppe Francesco, né le 2 avril 1908.

En juin 2015, alors que je me rendais en visite pastorale à Turin pour l'ostension du Suaire, je me suis arrêté pour prier dans ce petit bijou baroque qui avait eu une telle importance pour mes grands-parents et pour mon père. Embrasser ces fonts baptismaux a été pour moi comme un retour au foyer.

Mon grand-père Giovanni avait à présent une femme et un enfant en bas âge. Ma grand-mère et lui avaient affronté avec courage de nombreuses souffrances. Ils n'échappèrent pas pour autant au déclenchement de la Première Guerre mondiale au cours de la décennie suivante. La bête de la guerre exigeait toujours plus de chair fraîche, de sorte que tous les réservistes de l'armée furent rappelés. Mon grand-père avait alors trente ans.

Comme dit la chanson populaire :

La tradotta che parte da Torino
a Milano non si ferma più
ma la va diretta al Piave,
cimitero della gioventù.

Le train qui part de Turin
ne s'arrête plus à Milan
mais va tout droit au Piave,
cimetière de la jeunesse.

Mon grand-père se vit assigner le matricule 15 543 ; l'instructeur le décrivait comme un jeune homme à la mâchoire ronde (comme la mienne) et au nez effilé, de profession « cafetier ». Son thorax n'avait pas changé, mais cette fois-ci il ne semblait plus faire obstacle à son enrôlement. Début juillet 1916, il fut assigné au 78e régiment d'infanterie, stationné à Casale Monferrato. En novembre, il fut envoyé en première ligne sur le Piave et sur l'Isonzo, à la frontière entre l'Italie et la Slovénie, au nord de Gorizia, dans la région du mont Sabotin. C'est sur cette même montagne, avec le 28e d'artillerie, que le père Mazzolari avait récemment perdu son unique frère.

Mon grand-père a passé de très nombreux mois dans les tranchées, dans la tourmente de batailles de plus en plus âpres. Ses récits m'ont appris bien des choses. Y compris des chants moquant les hauts gradés de l'armée, et même le roi et la reine.

Il general Cadorna ha scritto alla regina :
« Se vuoi veder Trieste te la mando in cartolina. »
Bom bom bom al rombo del cannon.

Il general Cadorna si mangia le bistecche
ai poveri soldati ci dà castagne secche.

Il general Cadorna 'l mangia 'l beve 'l dorma
e il povero soldato va in guerra e non ritorna.

Il general Cadorna faceva il carrettiere
e per asinello aveva Vittorio Emanuele.
Bom bom bom al rombo del cannon.

Le général Cadorna a écrit à la reine :
« Si vous voulez voir Trieste, je te l'envoie en carte postale. »
Boum boum boum, au son du canon.

Le général Cadorna mange des biftecks,
Pour les pauvres soldats, des marrons tout secs.

Le général Cadorna, il mange, il boit, il dort
Et le pauvre soldat part à la guerre et revient mort.

Le général Cadorna était charretier
Et son âne s'appelait Vittorio Emanuele.
Boum boum boum, au son du canon.

Certains furent condamnés à mort ou à six ans de réclusion militaire pour avoir chanté ces strophes, sous l'accusation de défaitisme et d'insubordination – tel fut le sort d'un caporal en permission ou encore d'un jeune maçon originaire des vallées bergamasques.

Mon grand-père m'a raconté l'horreur, la douleur, la peur, l'inutilité absurde et aliénante de la guerre. Mais aussi les épisodes de fraternisation entre les troupes ennemies, entre les infanteries composées dans les deux camps de paysans, d'ouvriers, de travailleurs, de gens humbles qui échangeaient des plaisanteries avec le langage des gestes et des mimiques, ou avec les quelques mots qu'ils possédaient dans la langue de l'autre. Ou encore du tabac, un quignon de pain, quelques menus objets : on inventait comme on pouvait de petites trêves pour soulager la souffrance et l'aliénation de la vie dans les tranchées. Toujours en grand secret, évidemment, en cachette, car le commandement pouvait réagir à ces gestes d'humanité avec une extrême violence : des exécutions, voire des tirs d'artillerie contre leurs propres troupes, leurs propres tranchées, pour éviter les contacts entre des soldats qui, à mesure que les mois et les années passaient, comprenaient toujours plus que l'ennemi vu de près, les yeux dans les yeux, ne ressemblait pas à ce monstre difforme que décrivait la propagande guerrière. C'étaient des pauvres comme eux, avec le même regard défait et effrayé, plongés dans la même boue, à subir les mêmes peines. Avec « la même humeur mais l'uniforme d'une autre couleur », comme disent les paroles d'un chanteur italien.

Que laisse la guerre derrière elle ? Avant tout sa macabre comptabilité. Rien que dans le régiment de mon grand-père, on dénombra 882 morts, 1 573 disparus et 3 846 blessés : ses camarades, ses amis.

« Les états-majors semblaient devenus fous », écrit dans ses mémoires un autre fantassin piémontais, un lieutenant envoyé en première ligne avec le 68e : « En avant ! Impossible ! Quelle importance ? En avant quand même. C'était une ivresse. Ceux qui rédigeaient les ordres les envoyaient de loin ; et le spectacle de l'infanterie qui avançait, vu à travers les jumelles, devait être exaltant. Ils n'étaient pas avec nous, les généraux ; ils n'avaient jamais vu le treillis que dans les coins de leurs bureaux[1]. »

« Les munitions qui ne manquent jamais, ce sont les hommes », écrivait d'ailleurs avec un cynisme brutal le chef d'état-major, le général Cadorna. Tandis qu'un autre officier faisait ce rapport dramatique au gouvernement : « Sur l'Isonzo, on meurt par torrents humains. »

Au total, le conflit mondial fit plusieurs millions de victimes. La moitié des soldats mobilisés finirent morts, gravement blessés ou disparus. Les estimations les plus prudentes dénombrent au moins quinze millions de morts, civils et militaires confondus. Mais ce chiffre peut être multiplié par quatre si l'on ajoute les conséquences de la grippe espagnole, l'épidémie qui a noué avec la guerre une danse macabre, comme cela arrive encore souvent aujourd'hui pendant les conflits.

En fin de compte, ce fut un effroyable « massacre inutile », comme l'a dénoncé le pape Benoît XV dans sa vibrante lettre de 1917 « aux chefs des peuples belligérants ». Le suicide d'un continent, écrivait-il[2].

Mon grand-père en réchappa et, après avoir été incorporé au 9e régiment de bersagliers d'Asti, il quitta les champs de bataille ; en décembre 1918, il fut placé en permission illimitée, puis démobilisé avec un certificat de « bonne conduite » et deux cents lires. Plus ou moins trois cents euros aujourd'hui : la récompense pour n'être pas mort. Trois ans s'étaient écoulés quand il put enfin rejoindre sa famille. « Assez longtemps mon âme a demeuré auprès de ceux qui haïssent la paix » (Psaumes, 119, 6).

Comme beaucoup d'autres grands-parents d'Italie et d'Europe, mon grand-père est revenu deux fois à la vie :

d'abord comme vétéran et comme survivant, ensuite comme témoin auprès de ses enfants et petits-enfants.

Que laisse d'autre une guerre ? De l'injustice qui s'ajoute à l'injustice.

Je repense aux mots que le père Lorenzo Milani, prêtre et instituteur, un grand éducateur révolutionnaire, écrivit à ses élèves en 1965 : « Nous avons donc pris nos livres et nous sommes revenus sur cent ans d'histoire italienne à la recherche d'une “guerre juste”. Ce n'est pas notre faute si nous ne l'avons pas trouvée. […] Quand nous allions à l'école, nos maîtres, Dieu leur pardonne, nous avaient ainsi bassement trompés. Certains de ces malheureux y croyaient vraiment : ils nous avaient trompés car eux-mêmes avaient été trompés. D'autres savaient qu'ils nous trompaient, mais ils avaient peur. La plupart étaient peut-être seulement superficiels. À les entendre, toutes les guerres étaient “pour la Patrie”. Nos maîtres omettaient de nous faire remarquer une évidence, à savoir que les armées marchent sur les ordres de la classe dominante. […] Je ne peux qu'avertir mes jeunes élèves que leurs malheureux pères ont souffert pour défendre les intérêts d'une classe réduite (dont ils ne faisaient même pas partie !) et non ceux de la Patrie. […] Certains m'accusent de manquer de respect aux morts. Ce n'est pas vrai. J'ai du respect pour ces malheureuses victimes. C'est précisément pour cela que j'aurais l'impression de les offenser si je vantais ceux qui les ont envoyés à la mort après s'être mis en sécurité. […] Par ailleurs, le respect pour les morts ne peut me faire oublier mes fils bien vivants. Je ne veux pas qu'ils connaissent cette fin tragique. Si un jour ils sont capables d'offrir leur vie en sacrifice, j'en serai fier, mais que ce soit pour la cause de Dieu et des pauvres, non pour le duc de Savoie ou pour monsieur Krupp[3]. »

Que laisse enfin une guerre ? Bien souvent, les germes d'un nouveau conflit, de nouvelles violences, de nouvelles erreurs et horreurs. De nombreux historiens relèvent que le régime nazi ou les ultranationalismes nés dans différentes régions de l'Europe pendant l'entre-deux-guerres ne sont que le produit du conflit précédent. Aujourd'hui encore, la course aux armements, l'extension des zones d'influence, les politiques agressives et violentes n'amènent jamais la stabilité. Jamais. La guerre intelligente n'existe pas : la guerre ne peut rien apporter d'autre que la misère, les armes rien d'autre que la mort. La guerre est stupide. Les gens l'ont presque toujours compris, les gens ne sont pas stupides. Albert Einstein écrivait : « En dépit de tout, je pense tant de bien de l'humanité que je suis persuadé que ce revenant [la guerre] aurait depuis longtemps disparu si le bon sens des peuples n'était pas systématiquement corrompu [...] par les intéressés du monde politique et du monde des affaires[4]. »

À Giovanni Angelo Bergoglio, fils de Francesco Giuseppe et Maria Brugnano, né le 13 août 1884 dans le lieu-dit Bricco Marmorito de Portacomaro Stazione, mon grand-père, les guerres (celle à laquelle il avait pris part et celle qui s'annonçait déjà) laissèrent également un profond sentiment antimonarchique qui l'accompagna pour le restant de ses jours. « Ce n'est pas juste ! disait-il. Ce n'est pas juste que le peuple doive nourrir cette coterie de pique-assiettes paresseux, payer de sa peau leurs privilèges et leurs fautes ! Qu'ils aillent donc travailler ! » Je me rappelle son bonheur quand, en juin 1946, il apprit la nouvelle de la défaite du front monarchiste à l'issue du référendum qui proclama la République en Italie, lors duquel les femmes votèrent pour la première fois. Cependant, son ardeur anti-Savoie s'arrêtait à la princesse Mafalda, que la communauté des vétérans et des expatriés appelait sarcastiquement « Malfait » : elle non, elle a trop souffert, elle a payé pour les autres, disait-il.

Après qu'il eut émigré à l'autre bout du monde, sa mère Maria, mon arrière-grand-mère, accomplit deux fois la longue traversée depuis l'Italie pour leur rendre visite, à lui et ses frères. C'était une femme d'une grande bonté. La seconde fois, elle qui était née en 1862 à San Martino Alfieri, à une poignée de kilomètres d'Asti, mourut en Argentine, à l'aube des années 1930. Cela se produisit dans la province de Santa Fe, où ses fils asphaltaient alors cette portion de la *Ruta*, la route nationale. C'est là qu'elle fut enterrée.

Pendant des années, j'ai eu la sensation que quelque chose me manquait, car ma famille nous a toujours inculqué la dévotion envers tous les défunts. Cinq ans après une inhumation, il fallait exhumer les restes pour les transférer dans un cercueil plus petit. Je me rappelle l'amour et le dévouement avec lesquels ma mère accomplissait ces rites, allant jusqu'à nettoyer les os avec de l'alcool. Mais mon arrière-grand-mère manquait à l'appel. Voici une vingtaine d'années, je suis enfin parvenu à identifier sa sépulture et à la transférer dans le caveau familial, auprès de ses fils et du reste de ses proches. Sa dépouille repose à présent avec la famille de son fils Eugenio, au cimetière anglais de José C. Paz. Son fils Giovanni, mon grand-père, fut quant à lui enterré dans celui de Jardín de Paz à l'âge de quatre-vingts ans. Il s'en est allé alors que j'enseignais à Santa Fe, le 30 octobre 1964, à l'hôpital italien, emporté par une tumeur des voies biliaires.

Si j'ai connu la Première Guerre mondiale par la bouche de mon grand-père, j'ai vécu la Seconde à Buenos Aires à travers le récit de nombreux migrants arrivés après ce nouveau massacre, ou pour y échapper. Ils étaient si nombreux…

Des millions. Italiens, Allemands, Polonais… Beaucoup de Polonais sont devenus ouvriers dans l'usine où mon père avait trouvé du travail. C'est en écoutant ces hommes et ces femmes que nous, les jeunes, avons compris ce qu'il s'était passé, que nous avons eu vent des bombardements, des persécutions, des déportations, des camps de concentration et de prisonniers, que nous avons compris ce qu'avait été ce nouveau et terrible conflit. C'est ainsi que je sais à quel point il est important que les jeunes connaissent les effets des deux guerres mondiales du siècle dernier : cette mémoire est un trésor, douloureux mais capital pour former les consciences.

Un trésor qui a fait évoluer l'art italien et européen.

Nos parents nous ont emmenés voir tous les films de cette époque : Rossellini, De Sica, Visconti, les grands du néoréalisme. À l'époque, on projetait trois films de suite, le principal et deux mineurs, on apportait un sandwich fait maison et on passait la journée au cinéma. Je suis persuadé que le cinéma italien d'après-guerre, le néoréalisme, est une grande école d'humanisme. *Les enfants nous regardent*, le film par lequel De Sica préfigure ce mouvement, devrait aujourd'hui encore être projeté aux candidats au mariage – je l'évoque lors des unions que je célèbre. Certaines scènes de *Rome, ville ouverte* sont gravées dans ma mémoire : Anna Magnani et Aldo Fabrizi ont été nos maîtres. Notamment de lutte, d'espérance, de sagesse. Je cite souvent une phrase que Magnani aimait répéter aux maquilleuses sur le tournage : « Laisse-moi toutes mes rides, ne m'en enlève pas une seule. J'ai mis toute une vie pour les avoir. » Nannarella* savait aussi se montrer sage.

Et puis il y avait Fellini. Le Fellini de ma jeunesse, celui

* Surnom de l'actrice Anna Magnani (*N.d.T.*).

que j'ai tant aimé jusqu'à *La Dolce Vita*. Je m'identifie réellement à *La Strada*, que j'ai vu quand j'avais dix-huit ans.

Dans une scène clé, le jeune acrobate, qui incarne probablement son personnage le plus franciscain, le Fou, déclare à la joueuse de trompette hagarde jouée par Giulietta Masina, Gelsomina :

« Tu ne vas pas me croire, mais tout ce qui existe en ce monde sert à quelque chose. Tiens, prends ce caillou, par exemple.

– Lequel ?

– Celui-là... n'importe lequel... Lui aussi, il sert à quelque chose : même ce petit caillou.

– Et à quoi il sert ?

– Il sert... Mais qu'est-ce que j'en sais, moi ? Si je le savais, tu sais qui je serais ?

– Qui ?

– Le Père éternel, celui qui sait tout : quand tu nais, quand tu meurs. Je ne sais pas à quoi sert ce caillou, moi, mais il doit servir à quelque chose. Parce que, s'il est inutile, tout est inutile : même les étoiles. Et toi aussi, toi aussi tu sers à quelque chose, avec ta tête d'artichaut. »

Dans cette scène, il y a saint François. Il y a la pierre. Nous, les petits cailloux par terre, et « la pierre qu'ont rejetée ceux qui bâtissaient » mais qui « est devenue la principale de l'angle » (Matthieu 21, 42). Et qui donne un sens à tout, y compris à ce que nous ne comprenons pas. Il y a le « chercher et trouver Dieu en toute chose », pour reprendre les mots de la spiritualité ignatienne.

Je sais bien qu'à l'époque, ces films, en particulier *La Dolce Vita*, furent attaqués par certains milieux, notamment cléricaux. Mais à chaque époque sa bigoterie, qui s'arrête parfois à une fille exubérante qui se baigne dans la fontaine de Trevi.

Il y a enfin la substance, une substance minérale, qui creuse jusqu'au fond, typique de l'art véritable.

Pier Paolo Pasolini disait que ce film s'aventure dans « la relation entre péché et innocence », et que l'on se trouve là face à un pur produit du catholicisme contemporain. Le père jésuite Nazareno Taddei parlait de « grande spiritualité chrétienne ». Un autre jésuite, le père Virgilio Fantuzzi, ami de Fellini, écrivait que « chaque œuvre de cet auteur est animée par le souffle mystérieux d'un Dieu caché ».

D'une certaine manière, tous les trois avaient raison. Ces films sont surtout des trésors dans lesquels il convient de puiser l'inspiration. Une véritable pédagogie pour le présent.

Le cinéma argentin de cette époque – je pense à *Ceux des îles* de Lucas Demare –, lui aussi profondément humain, faisait partie intégrante de notre culture familiale et servait de point de départ pour des réflexions morales dans les conversations quotidiennes avec nous, les enfants. Il s'agissait d'un bon cinéma, du plus haut niveau.

Il est important que les enfants puissent hériter de leurs grands-parents et de leurs parents cette mémoire, ces racines, pour ne pas rester suspendus en l'air, ni commettre les mêmes erreurs. Qu'ils sachent, par exemple, comment naît et grandit un populisme distordu, le souverainisme qui s'enferme et s'isole : il suffit de penser aux élections fédérales allemandes de 1932-1933 et à Adolf Hitler, ancien fantassin obsédé par la défaite de la Première Guerre mondiale et par la « pureté du sang », qui avait promis de développer l'Allemagne après l'échec d'un autre gouvernement. Les jeunes doivent savoir de quelle manière commencent les populismes. Et comment ils peuvent finir. Les promesses fondées sur la peur, et avant tout sur la peur de l'autre, constituent le discours habituel des populismes, l'origine des dictatures et des guerres. Car l'autre, c'est toi.

Les mots de mon grand-père Giovanni me revenaient aux oreilles et au cœur quand, en septembre 2014, je suis monté au sanctuaire de Redipuglia, dans la province de Gorizia, l'immense cimetière de la Grande Guerre qui abrite les dépouilles de plus de cent mille soldats italiens, dont soixante mille inconnus : on leur avait réellement tout volé, jusqu'à leur nom, jusqu'à la possibilité pour leurs parents et leur famille de venir pleurer sur leur tombe. Peu de temps avant, je m'étais rendu à Fogliano, où sont enterrés quinze mille soldats « ennemis », de cinq nationalités, dont seule une minorité est identifiée.

J'avais contemplé la beauté bouleversante du paysage de cette région, rencontré les hommes et les femmes qui travaillent et élèvent leur famille, les enfants qui jouent, les vieux qui rêvent… et à présent je marchais parmi des milliers et des milliers de tombes, toutes identiques. Les stèles de jeunes hommes. Ainsi, alors que je célébrais la messe dans ce lieu, avec les évêques et les centaines de prêtres venus de tous les pays en lice durant la guerre de 1914-1918, je suis seulement parvenu à dire : la guerre est une folie ! J'en avais sous les yeux la preuve matérielle, d'une brutale évidence. Tandis que Dieu développe Sa création, nous appelle tous à collaborer à Son œuvre, la guerre détruit toute chose. Y compris ce que Dieu a créé de plus beau : l'être humain. Elle dénature tout, même le lien entre frères et sœurs. La guerre est une folie, et son objectif insensé est la destruction. Au-dessus de l'entrée de ce cimetière flottait la devise moqueuse : « Que m'importe ? » C'est la réponse de Caïn à Dieu : « Suis-je le gardien de mon frère ? » (Genèse 4, 9). Une réponse qui ne regarde personne en face : vieillards, enfants, mamans, papas…

Ce jour-là, au cimetière militaire de Redipuglia, j'ai pleuré.

Ce jour-là, à Redipuglia, j'ai pleuré. Il m'est arrivé la même chose à Anzio, en 2017, alors que je célébrais une cérémonie pour les morts de toutes les guerres au cimetière américain de Nettuno et que je traversais une étendue sans fin de croix blanches. Des croix en tout point similaires à celles qui seraient commémorées en Normandie deux ans plus tard, pour le soixante-quinzième anniversaire du Débarquement : des milliers de soldats tombés en une seule journée dans la lutte contre la barbarie nazie, et un nombre encore plus grand de victimes civiles. Sans oublier les dix mille soldats allemands qui ont combattu et sont morts dans l'obéissance à un régime animé par une idéologie meurtrière. Toutes les personnes qui reposent sous ces pierres tombales avaient leurs projets, leurs rêves, des talents à faire fleurir et fructifier, mais l'humanité leur a simplement dit : « Que m'importe ? »

Et cette folie perdure aujourd'hui, pour de nouveaux et d'anciens intérêts : folles ambitions géopolitiques, avidité d'argent et de pouvoir. Aujourd'hui encore, les planificateurs de la terreur, les organisateurs du conflit, de même que les marchands d'armes, ont gravé dans leur cœur cette même phrase : « Que m'importe ? » Une phrase qui pollue et instrumentalise toute chose. Y compris ce que nous avons de plus sacré. Dieu et la paix. Il n'existe pas de dieu de la guerre : quiconque fait la guerre est mauvais. Dieu est paix. C'est pour cette raison que, dans le document sur la fraternité humaine signé en février 2019 aux Émirats arabes unis avec le grand imam de la mosquée Al-Azhar, Ahmed al-Tayeb, nous avons tous deux demandé avec force « de cesser d'instrumentaliser les religions pour inciter à la haine, à la violence, à l'extrémisme et au fanatisme aveugle et de cesser d'utiliser le nom de Dieu pour justifier des actes d'homicide, d'exil, de terrorisme et d'oppression ». Nous l'avons demandé « par notre foi commune en Dieu, qui n'a pas créé les hommes pour être tués ou pour s'affronter entre eux ni non plus pour être torturés ou humiliés dans leurs vies et dans leurs existences. En effet, Dieu, le Tout-Puissant, n'a besoin d'être défendu par personne et ne veut pas que Son nom soit utilisé pour terroriser les gens »[5]. Invoquer Dieu comme garant de ses propres crimes et péchés est l'un des plus grands blasphèmes qui soient.

Il faut œuvrer par tous les moyens à mettre fin à la course aux armements et à l'inquiétante propagation des armes, tant par les individus que par les États, en contexte de guerre comme dans nos villes. En particulier dans les pays économiquement plus avancés, pour la recherche d'une approbation éphémère ou d'un sentiment de sécurité trompeur. Penser combattre le mal par le mal signifie inévitablement construire le pire. Les dirigeants politiques qui véhiculent cette mentalité, qui ne savent pas dialoguer et se confronter à l'autre, qui considèrent leur rôle non avec l'humilité de celles et ceux qui ont été appelés à tisser la trame du vivre-ensemble mais avec arrogance, ne pourront mener leur peuple vers la paix, la justice et la prospérité. Ils tendront à le pousser vers le précipice, vers la ruine.

Après la faillite de la Deuxième Guerre mondiale, dès le début de mon pontificat sont apparues très clairement les prémices d'une Troisième, combattue « par morceaux » à travers des crimes, des massacres, des destructions, avec un niveau de cruauté effrayant dont les premières victimes sont souvent les civils, les personnes âgées, les femmes et les enfants. Cela semble être la principale caractéristique des guerres contemporaines. Depuis toujours, on fait la guerre en envoyant d'autres mourir à sa place, on se bat « Pour le roi ! » mais c'est le manant qui meurt. Car la Première Guerre mondiale, celle de mes grands-parents, a marqué un tournant : depuis, chaque conflit, du Moyen-Orient aux Balkans, de l'Asie à l'Afrique, a produit une immense majorité de victimes parmi la population civile – jusqu'à 80 % en ce début de XXIe siècle. Un reporter de guerre a écrit : « Dans la guerre contemporaine, les victimes dites collatérales sont en réalité les soldats. » Ces trente dernières années, il s'est révélé plus facile de sortir vivant d'un conflit quand on porte l'uniforme que le tee-shirt rouge d'un enfant. Ceux qui se font massacrer, aujourd'hui comme hier, sont avant tout ceux qui sont sans défense : un sur trois est un enfant. Eux ne font que subir la folie de la guerre. Oublions l'héroïsme, la rhétorique : la guerre n'est que lâcheté et honte au plus haut niveau. Une honte que nous devons tous éprouver comme la nôtre, car les drames surviennent quand on n'a plus honte de rien.

Comme de nombreux parents et grands-parents, mon grand-père Giovanni avec son trésor de douloureux souvenirs nous enseigne qu'une guerre n'est jamais lointaine : elle est très proche, elle est à l'intérieur de chacun de nous. Car toute guerre commence dans le cœur.

L'idée de voir des hommes, des femmes et des enfants se noyer impunément dans la Méditerranée, encore et encore, ne doit pas s'installer dans la tête et dans le cœur de l'humanité. Tout comme l'idée que les problèmes et les difficultés peuvent se régler en construisant des murs. Non seulement des murs métaphoriques, mais de véritables barrières de briques, parfois même de fil de fer barbelé tranchants comme une lame de couteau. Quand on me les a montrés, je suis resté interdit, bouleversé, je ne parvenais pas à accepter cette image. Une fois seul, mes yeux se sont une fois de plus mouillés de larmes.

Seuls ceux qui construisent des ponts sauront aller de l'avant : les bâtisseurs de murs finiront emprisonnés par les murs qu'ils ont dressés, à commencer par leur cœur.

Le cœur des humains est aussi la première étape de tout chemin vers la pacification. Quelqu'un pourrait répondre : « Ah ! Seigneur Éternel ! voici, je ne sais point parler, car je suis un enfant » (Jérémie 1, 6). Je ne sais pas comment se construit la paix, je n'ai pas étudié, je ne suis pas une personne cultivée, je ne suis pas un chef d'État, je suis encore un enfant, ou bien je suis trop vieux... Et puis le monde est trop grand, trop compliqué, trop lointain… Pourtant, ta maison, ton quartier, ton lieu de travail ou ton école ne sont pas trop loin, car même les brimades et le harcèlement constituent les semences de l'agression et de la guerre. Tes frères et tes sœurs ne sont jamais trop lointains. Dans l'Évangile, Jésus lui-même nous dit quelle doit être notre attitude : « Je te loue, Père, Seigneur du ciel et de la terre, de ce que Tu as caché ces choses aux sages et aux intelligents, et de ce que Tu les as révélées aux enfants » (Matthieu 11, 25). Faisons-nous petits, faisons-nous humbles, faisons-nous serviteurs des autres. Cultivons la magnanimité, la douceur et l'humilité : ce sont les comportements simples, les petites choses que recommandait saint Paul à une communauté chrétienne des origines, celle d'Éphèse (Éphésiens 4, 1-6), pour construire la paix et consolider l'unité du monde dans la société humaine. Un enseignement toujours efficace, y compris aujourd'hui.

Si nous voulons comprendre comment se fait la paix, avoir la force de la bâtir, faisons-nous tout petits.

Comme un enfant qui tient son grand-père par la main.

3

Le don de la saine inquiétude

À la fin de l'« inutile massacre », un traité sépara les vainqueurs des vaincus. Mais « chez les vaincus, les pauvres gens avaient faim. Et chez les vainqueurs, ils avaient faim aussi, les pauvres gens », comme l'écrit Bertolt Brecht dans l'un de ses poèmes[1]. Car c'est ce qui se produit dans la guerre.

À Turin, la ville qui deviendrait celle des vainqueurs et qui entre-temps s'était transformée en un grand arsenal, la situation était difficile depuis le début, et ne s'améliorerait pas par la suite. Avant même l'entrée en guerre de l'Italie, l'agglomération avait été prise d'assaut par les réfugiés d'origine italienne venus d'Europe centrale, où le conflit faisait rage. D'autres réfugiés vinrent s'ajouter, ceux des « terres irrédentes ». Ces dizaines de milliers de personnes furent logées jusque dans les écoles, aménagées en refuges. Tandis que la ville se vidait progressivement de ses hommes en âge de combattre, les ouvrières protestaient contre leurs salaires de misère et contre la guerre. Le coût de la vie avait plus que doublé, les transports étaient paralysés, le pain était rationné. Des émeutes éclatèrent, réprimées dans le sang par l'armée, qui effectua des centaines d'arrestations. Les rues étaient remplies de mendiants, les queues pour la soupe populaire s'allongeaient, de nombreux enfants erraient, abandonnés à eux-mêmes. Salariés, artisans et petits commerçants étaient frappés de plein fouet par la crise.

Mon grand-père Giovanni était de ceux-là.

C'est dans cette ville que ma grand-mère Rosa et son fils attendirent, sans mari et sans père, que cesse la folie de la guerre.

Rosa Vassallo épouse Bergoglio était sans aucun doute une femme courageuse. Un jour, pendant la guerre, alors qu'elle gérait seule le café et qu'elle se préparait à la fermeture nocturne, elle vit l'ombre d'un homme se glisser furtivement dans la réserve de son commerce. Elle ne songea pas un instant à s'enfuir. Au contraire. Elle prit un balai, descendit l'escalier et, hurlant et frappant à n'en plus pouvoir, elle parvint à mettre le voleur en fuite.

Ce jour-là, elle était enceinte. Quand mon grand-père dut partir pour le front, ma grand-mère attendait une petite fille, Bianca. Elle dut affronter seule les derniers mois de la grossesse et, le 1er janvier 1917, accoucha chez elle avec l'aide d'une sage-femme, comme le faisaient habituellement toutes les femmes du peuple. Mon grand-père ne vit jamais sa fille, qui mourut le lendemain. Ce fut l'une des nombreuses épreuves que ma grand-mère Rosa et son mari durent surmonter. Après la naissance de Mario, leur aîné, ma grand-mère connut six autres grossesses et autant d'accouchements : Giuseppina, Maria, Luigi, Alberto, Bianca, et à nouveau Bianca. Aucun de ces enfants ne survécut plus de quelques heures après sa naissance.

Mon père Mario resta leur premier et leur seul enfant. Il était né à sept mois, prématuré : c'est cela qui l'avait sauvé. La maladie de ma grand-mère, dont on ignorait alors tout, développait seulement ses effets néfastes à partir du huitième mois de grossesse.

Mon grand-père Giovanni et ma grand-mère Rosa
avec mon père enfant.

J'ai beaucoup aimé ma grand-mère Rosa, et elle aussi m'a beaucoup aimé. Elle a représenté pour moi un témoignage quotidien de sainteté commune, la sainteté de l'« Église militante » dont parle saint Ignace. Une femme qui a beaucoup souffert, y compris moralement, mais qui est toujours allée de l'avant avec courage. Elle a fait face aux événements de la vie, jusqu'aux plus douloureux, et a su poursuivre avec patience et ténacité son chemin et celui de sa famille, jour après jour. C'est d'elle que j'ai reçu la première annonce chrétienne, et cela a été magnifique.

Elle qui n'a pas pu étudier au-delà de l'école élémentaire

a été pour moi une grande enseignante. Celle qui a scellé ma religiosité.

Mon grand-père Giovanni et ma grand-mère Rosa durent quitter Turin. Impossible de retourner à Portacomaro : l'activité de métayers ne permettait pas de vivre, et surtout le petit Mario aurait dû interrompre son éducation. Sur ce point, ma grand-mère avait toujours été intraitable : ils feraient tous les sacrifices pour permettre à mon père d'étudier.

Deux semaines avant que mon grand-père ne rentre de la guerre, ma grand-mère et mon père déménagèrent seuls à Asti, une petite ville entourée de collines et de vignobles, non loin de leur ferme bien-aimée de Bricco Marmorito, où les perspectives de travail étaient meilleures qu'à Turin. La morsure de la crise d'après-guerre semblait moins aiguë, et le secteur viticole connaissait même une certaine vigueur. Quand mon grand-père Giovanni les rejoignit, il reprit d'abord son travail de cafetier, puis devint gardien dans une clinique, tandis que ma grand-mère poursuivait son activité de couturière à domicile.

Jusqu'à ce que, quelques années plus tard, mes grands-parents ouvrent leur magasin d'alimentation.

À Turin, quand elle était jeune, ma grand-mère Rosa avait eu ses premiers contacts avec les différentes activités de la paroisse, mais aussi avec les nombreuses œuvres sociales et caritatives lancées dans cette grande ville industrielle sur l'incitation de l'encyclique *Rerum novarum* de Léon XIII pour tenter de faire face à une situation toujours plus urgente et difficile. C'est là qu'elle avait rencontré Pier Giorgio Frassati, un jeune comme elle, mais d'un milieu social bien différent, enthousiaste, plein de vie, passionné de montagne, animateur tumultueux d'un joyeux groupe d'étudiants, tout en témoignant d'une forte vie intérieure, qui entraînait les autres jeunes dans d'innombrables entreprises de solidarité et visitait assidûment les soupentes des pauvres, les taudis où la faim se mêlait à la maladie. Un garçon « à contre-courant » qui amena une tempête bénie dans le monde de ma mère, et jusque dans sa famille, car la sainteté est toujours révolutionnaire. Quand quelqu'un lui demandait par moquerie : « Tu es un bigot ? », saint Pier Giorgio (il sera canonisé à l'été 2025, au cours du Jubilé) répondait simplement : « Non, je suis resté chrétien. » C'était un garçon authentique et joyeux, qui avait créé avec ses amis une « Société des Types louches », fondée sur la solidarité et la prière ; qui disait que « la tristesse doit être bannie de l'âme des catholiques », qu'il faut vivre, non vivoter ; et qui peut encore nous donner l'exemple – avant tout aux jeunes comme il l'était – de ce qu'est le don d'une saine inquiétude, sans laquelle la vie n'est pas mansuétude, mais plutôt lâcheté, médiocrité, pusillanimité, sans couleur et sans véritable beauté…

C'est plus encore auprès de l'Action catholique d'Asti – avec les cicatrices de ses blessures personnelles, dans un pays qui s'efforçait laborieusement d'émerger de l'effondrement de la guerre et du désastre social qu'elle avait provoqué – que ma grand-mère eut l'occasion de s'engager en tant que femme, en tant que citoyenne et en tant que chrétienne. Elle rencontra Prospera Gianasso, une femme très active dans le monde associatif catholique de l'époque, une enseignante de français qui trouva le temps de lui apprendre la langue. Elle combla son éducation scolaire limitée par des lectures intéressées et voraces, une passion sociale et religieuse, et une grande envie d'apprendre et de faire.

Ma grand-mère Rosa organisait alors des conférences et des rencontres dans toute la province, surtout auprès des jeunes filles et des femmes. Apparemment, elle y tenait des propos qui ne plaisaient pas du tout au gouvernement fasciste qui s'était mis en place. C'étaient les années de la marche sur Rome, et l'activité des Chemises noires se faisait particulièrement envahissante. Un jour, les miliciens fermèrent une salle où elle devait parler, alors elle tira la table au milieu de la chaussée, devant la paroisse San Secondo, et monta dessus pour tenir sa réunion en pleine rue. Les fascistes la menacèrent en plus d'une occasion de lui faire boire de l'huile de ricin. Ses principes et sa foi ne lui permettaient pas de considérer le régime autrement qu'avec méfiance et aversion : l'autoritarisme, les méthodes brutales des miliciens, le totalitarisme, le culte de la violence et de la guerre, sans compter les persécutions et les déportations, tout cela ne pouvait que lui apparaître comme la négation de l'esprit de l'Évangile et de la fraternité. Dès le départ, les Vassallo n'eurent aucune sympathie pour le fascisme. « Benito, tu parles, disait son frère Nando à ses amis. Il faudrait plutôt l'appeler *Malito*… Il ne fait que du mal. »

Pendant ce temps, mon père Mario montrait de bonnes dispositions pour les études. Ses notes permettaient d'obtenir des exemptions ou des réductions d'impôts pour les « familles défavorisées ». Après le collège, il s'inscrivit à l'Institut technique supérieur et, toujours grâce à des bourses au mérite, obtint son diplôme de comptable en octobre 1926. Ils s'en étaient tous sortis, lui, mon grand-père Giovanni et ma grand-mère Rosa, nourris uniquement d'amour et d'eau fraîche. Comme dans cette grande comédie néoréaliste à l'eau de rose, dans le dialogue entre le nouvel adjudant et un paysan :

« Qu'est-ce que tu manges ?

– Du pain.

– Et qu'est-ce que tu mets dedans ?

– De l'imagination, mon adjudant ! »

Tous rayonnaient de fierté : ce diplôme de comptable valait tous leurs efforts et leurs sacrifices.

Quelques jours plus tard, le régime fasciste resserrait sa prise sur la société italienne : exil forcé pour les opposants et les objecteurs de conscience, suppression de nombreux titres de presse, destruction ou incendie d'habitations et d'organisations, introduction de la peine de mort pour une longue liste de délits, dissolution de tous les partis d'opposition et de nombreuses associations. Dans leur petite ville d'Asti, le siège de la bourse du travail avait déjà été détruit, et dans les villages voisins plusieurs antifascistes avaient été tués.

Le climat était toujours plus hostile, mais pour l'instant les associations catholiques résistaient.

Comme beaucoup de jeunes de son âge, mon père Mario, qui avait recueilli le témoignage de sa mère et hérité de sa volonté d'agir pour bâtir un peu de justice sur terre, était impliqué dans les activités de la paroisse, à l'Action catholique et à la société Saint-Vincent-de-Paul : les membres faisaient du sport, montaient des pièces au théâtre paroissial et rendaient visite aux familles pauvres et aux malades à l'hospice. Comme ma grand-mère, il commença lui aussi à organiser des rencontres et des conférences. La première, avant même qu'il obtienne son diplôme, avait pour thème la papauté. Apparemment, celle-ci fut tellement appréciée qu'il fut appelé à la répéter deux ans plus tard.

Entre-temps, mon père avait trouvé du travail : employé temporaire au siège de la Banque d'Italie à Asti. Selon les archives, il faisait l'unanimité et touchait trois cents lires par mois – ce qui équivaut à moins de quatre cents euros aujourd'hui. On est loin de la « juste rétribution pour les ouvriers ». Cela explique beaucoup de choses : hier comme aujourd'hui, le travail était et demeure une condition indispensable mais trop souvent insuffisante pour l'émancipation, pour l'autonomie, ou pour échapper à la pauvreté. Cela fait réfléchir aux raisons pour lesquelles, hier comme aujourd'hui, de nombreux jeunes, souvent bien formés, compétents, ont été et restent obligés de migrer pour chercher des conditions plus dignes, ou tout simplement pour pouvoir gagner leur vie, nourrir leur famille, élever leurs enfants…

Au printemps 1931, un décret gouvernemental ordonna la fermeture, après les organisations de scoutisme, de tous les cercles de jeunesse catholique et des fédérations universitaires. Plusieurs sièges de l'Action catholique furent saccagés, certains responsables violentés. Sur les murs de la Fulgor d'Asti, la société sportive où militait mon père, apparurent des inscriptions menaçantes contre les catholiques et les prêtres. Même un chef d'orchestre de renommée internationale tel qu'Arturo Toscanini serait agressé pour avoir refusé de faire exécuter un hymne du régime, *Giovinezza*, à l'ouverture d'un concert. Placé sous surveillance par la police politique, il ne dirigerait plus aucun concert en Italie jusqu'à l'avènement de la République.

Quand tout cela se produisit, mes grands-parents et mon père avaient déjà embarqué sur le *Giulio Cesare* à destination de Buenos Aires. Je n'ai pas le souvenir d'avoir entendu mon père parler italien une seule fois. Avec ses parents, il communiquait en piémontais, car le dialecte était la langue qu'utilisaient quotidiennement mes grands-parents. Mais jamais avec nous, ses enfants : seulement en espagnol, qu'il parlait d'ailleurs très bien. Quand il m'arrivait de m'adresser à lui en italien, il réagissait avec agacement. Je me rappelle qu'une fois, j'écrivais une lettre à la professeure Prospera Gianasso : je lui ai demandé comment utiliser correctement une certaine expression ; il a aussitôt eu l'air irrité et a coupé court : « Ça va très bien comme tu as écrit », a-t-il dit d'un ton résolu. Je ne sais d'où venait précisément ce refoulement, de la douleur ou autre, mais c'était ainsi.

La famille avait quitté l'Italie pour toujours, mais pas l'Action catholique d'Asti. Même depuis l'Argentine, ils continuèrent à y envoyer ponctuellement leur bulletin d'adhésion. En l'honneur de la professeure et amie avec laquelle elle avait tant partagé, ma grand-mère Rosa le remplissait toujours en français.

Par la suite, de nombreux événements tragiques se succédèrent en Europe et en Italie.

À commencer par la honte des lois raciales de 1938, par lesquelles l'État italien de l'époque devint officiellement un pays raciste. Pendant les semaines précédentes, dans un discours à ses collaborateurs de la radio catholique belge, le pape Pie XI avait déclaré que « l'antisémitisme est inadmissible. Spirituellement, nous sommes tous sémites ». Après leur promulgation, lors d'une audience privée avec le père jésuite Pietro Tacchi Venturi, il lâcha : « J'ai honte… j'ai honte d'être italien. Et vous, mon père, dites-le donc à Mussolini ! Ce n'est pas en tant que pape, mais en tant qu'Italien que j'ai honte ! » Dans un autre discours, il affirma qu'il s'agissait « d'une véritable apostasie », insistant également sur « ce nationalisme exagéré, qui entrave le salut des âmes, qui dresse des barrières entre les peuples, qui est contraire non seulement à la loi du bon Dieu, mais à la foi et au Credo mêmes ». Le genre humain, avait-il ajouté en une autre occasion, « ne consiste qu'en une seule et universelle race. Il n'existe pas de races spéciales… La dignité humaine consiste à construire une seule et grande famille, le genre humain, la race humaine. Telle est la pensée de l'Église ».

Pour sa part, l'archevêque de Milan, le cardinal Schuster, qualifia par trois fois ces lois d'« hérésie ».

Malgré cela, et malgré les exemples de courage, de véritable fraternité, voire d'héroïsme, la résistance de nombreux chrétiens contre la persécution des juifs – mais aussi des « Tsiganes », des Rroms, des Sinti, de centaines de milliers de personnes handicapées et de minorités – « n'a pas été ce que l'humanité était en droit d'attendre des disciples du Christ », comme le déclara par la suite Jean-Paul II en demandant pardon. Moi aussi, en 2014, j'ai demandé pardon pour les lois raciales qui ont persécuté nos frères et sœurs évangéliques et pentecôtistes, comme s'il s'agissait d'excentriques qui « ruinaient la race » : parmi les personnes qui persécutèrent et dénoncèrent ces chrétiens, se trouvaient des catholiques, des personnes baptisées qui ont été tentées par le Malin, qui n'ont pas compris que la diversité dans l'Esprit, cette diversité qui devient harmonie dans l'unité, est une vraie richesse. En 2019 encore, lorsque j'ai rencontré la population rrom à Blaj, j'ai éprouvé dans mon cœur le poids des discriminations, de la ségrégation et des maltraitances subies par cette communauté. L'histoire nous dit que même les chrétiens, même les catholiques ne sont pas étrangers à tout ce mal. Pour cela, j'ai demandé pardon, au nom de l'Église, au Seigneur et à ces hommes et ces femmes : pour quand, au cours de l'histoire, nous les avons discriminés, maltraités, quand nous les avons regardés avec les yeux de Caïn et non ceux d'Abel, quand nous n'avons pas été capables de les reconnaître, de les apprécier et de les défendre dans leurs particularités. Caïn ne se préoccupe pas de son frère. C'est dans l'indifférence que se nourrissent les préjugés et que naissent les rancœurs. Que de fois nous jugeons de manière irréfléchie, avec des mots qui blessent, des attitudes qui sèment la haine et créent des distances.

Mais quand on laisse quelqu'un au bord du chemin, c'est toute la famille humaine qui n'avance pas. Nous ne sommes pas chrétiens jusqu'au bout, ni humains, si nous ne savons pas voir la personne avant ses actions, avant nos jugements et nos préjugés.

Faisons-le nous aussi, aujourd'hui : demandons pardon pour notre temps présent, et souvenons-nous-en à chaque fois et partout où nous voyons ce vent trompeur se lever à nouveau.

Dans l'époque où nous vivons, ces sentiments que beaucoup croyaient dépassés semblent reprendre vie et se diffuser. Des sentiments de soupçon, de crainte, de mépris et même de haine contre des individus et des groupes jugés différents en raison de leur appartenance ethnique, nationale ou religieuse. Ce sont des sentiments dangereux et délétères, qui inspirent des actes d'intolérance, de discrimination, de violence et de négation de la dignité des personnes et de leurs droits fondamentaux. Il est inquiétant que la politique cède à la tentation d'instrumentaliser les peurs et les difficultés objectives pour formuler des promesses illusoires à des fins électorales à courte vue. Je m'inquiète du triste constat que même les communautés catholiques d'Europe ne sont pas exemptes de ces réactions, qu'elles voudraient justifier par un vague « devoir moral » de préserver une identité culturelle et religieuse originelle.

Il suffit de lire la première lettre de l'évangéliste Jean. « Si quelqu'un dit : J'aime Dieu, et qu'il haïsse son frère, c'est un menteur ; car celui qui n'aime pas son frère qu'il voit, comment peut-il aimer Dieu qu'il ne voit pas ? » (1 Jean 4, 20). Si nous sommes incapables d'aimer Dieu concrètement, c'est-à-dire à travers nos frères et sœurs, tous et toutes, pas seulement celles et ceux qui nous sont sympathiques ou qui nous sont le plus semblables, le plus utiles, il n'est tout simplement pas vrai que nous aimons Dieu. Nous mentons. Nous sommes comme ces biscuits que l'on offre au Carnaval, les *chiacchiere*. En piémontais, le dialecte dans lequel ma grand-mère Rosa m'a élevé, la langue de ses souvenirs, ces biscuits s'appellent des *bugie*, des mensonges. Car ils sont remplis d'air, inconsistants. Il en va de même pour l'esprit du monde : il est rempli d'air et trompe, car il est fils du mensonge. C'est un esprit de division, de haine, par lequel il ne faut pas se laisser tromper ni instrumentaliser, car il détruit l'âme.

Quand j'étais enfant, ma grand-mère Rosa m'a appris par cœur le début des *Fiancés* d'Alessandro Manzoni, un chef-d'œuvre intemporel de la littérature italienne. « Cette branche du lac de Côme, qui s'étend vers le midi, est entourée de deux chaînes ininterrompues de montagnes[2]... » Cela a été un grand cadeau. J'ai lu quatre fois le roman, et aujourd'hui encore il m'arrive de le garder près de mon bureau pour le relire. Il m'a tant apporté. Dans un passage, un capucin, frère Cristofore, un homme qui a commis de graves erreurs, qui a souffert et s'est converti, qui a appris en tant que franciscain cette science du concret que sont la véritable sagesse et la véritable proximité du peuple, dit au jeune héros : « Tu peux haïr et te perdre ; tu peux, par le sentiment que tu nourriras dans ton cœur, éloigner de toi toute bénédiction. Car, de quelque manière que les choses se passent pour toi, quel que puisse être ton sort, sois bien assuré que tout y sera châtiment[3]. » Comme c'est vrai. La haine détruit l'âme.

C'est pour cette raison qu'il faut refuser avec fermeté toute mentalité de fermeture : la xénophobie, le repli sur soi, et pire encore, la haine. Je l'ai écrit aux jeunes du monde, dans l'exhortation à la suite du Synode qui leur était consacré. La haine, la division et la vengeance ne font qu'empoisonner l'espérance, et nous ôtent tout ce que nous voudrions au contraire défendre, tout ce que nous aimons.

À celles et ceux qui, comme moi, ne sont plus jeunes et ont pu vivre de nombreuses pages de l'histoire, j'écris aujourd'hui : tout cela ne vous rappelle-t-il pas quelque chose ? Quelque chose contre lequel mettre en garde, afin que le pire n'advienne pas ? Quelque chose que, un jour ou l'autre, nous devrons tous fuir ?

4

Presque au bout du monde

« *Al mal tiempo, buena cara* », dit un proverbe argentin. Contre mauvaise fortune bon cœur. Trois années ne s'étaient pas écoulées depuis leur émigration vers le Río de la Plata que mes grands-parents durent affronter une autre chute, et une nouvelle résurrection.

Le torrent de la récession de 1932 avait tout emporté sur son passage, y compris l'entreprise de mes grands-oncles et leur maison. Dans le pays, le chômage était au plus haut. Mon grand-père Giovanni, ma grand-mère Rosa et mon père Mario se retrouvaient tous trois sans travail et sans le sou. Mais l'expérience de l'usine de goudronnage de Paraná n'avait pas été vaine : jusqu'à quelques mois plus tôt, mon père avait accompli plusieurs fois le voyage depuis la province d'Entre Ríos jusqu'à Buenos Aires pour suivre des commandes et des fournisseurs. Dans la capitale, il logeait habituellement dans la grande maison salésienne de calle Solís, dans le quartier de Montserrat, le plus ancien de la ville. Son expérience de catholique piémontais, qui le rapprochait de la famille salésienne, avait rendu ce choix naturel, presque inévitable.

C'est là qu'il rencontra le père Enrico Pozzoli, un prêtre originaire de Senna Lodigiana en Lombardie, qui avait été envoyé à Buenos Aires à un peu plus de vingt ans, en 1906. Comme pour mon père, le voyage vers le Nouveau Monde avait été un aller simple. Tous deux restèrent en Argentine toute leur vie, mon père et ce missionnaire salésien qui, dès 1929, devint son confesseur à la basilique María Auxiliadora y San Carlos Borromeo, dans le quartier d'Almagro, et par la suite le père spirituel de toute notre famille. Ils restèrent liés jusqu'à leur mort, qui survint la même année, en 1961, à moins d'un mois d'écart.

La rencontre avec *padre Enrique* fut une rencontre capitale dans la vie de mon père, puis dans la mienne, dans la nôtre à tous. Dans ce moment de besoin, quand ma famille perdit tout, avec la prévenance d'un père pour « ses enfants » qui traversent une passe difficile, il les mit en contact avec quelqu'un qui leur prêta deux mille pesos, grâce auxquels mes grands-parents purent ouvrir un magasin dans le quartier de Flores, où vivaient surtout des émigrés italiens et espagnols, au 2280 calle Francisco Bilbao. La maison et la boutique se trouvaient à la même adresse. La Boutique Bergoglio vendait des aliments de toutes sortes : farine, haricots, huile, vin. Des aliments en vrac aussi, tant que les clients apportaient leurs propres récipients et bouteilles. Mon père Mario tenait les comptes et s'occupait des livraisons.

Du moins jusqu'à ce que, grâce à l'audace de ma grand-mère, il trouve un emploi dans une teinturerie industrielle de chaussettes et autres textiles, toujours à Flores.

Mon père aidait aussi le prêtre dans ses œuvres caritatives et participait aux activités de la paroisse.

C'est toujours le père Enrique, photographe passionné et horloger amateur, qui lui présenta les Sívori, des jeunes comme lui, qui fréquentaient les Círculos Católicos de Obreros, les Cercles catholiques ouvriers. Le frère aîné, Vincente, avait le même âge que lui et était très proche de ce prêtre salésien, dont il partageait la passion pour la photographie. Nés à Buenos Aires mais originaires par leur père de Santa Giulia, un village sur les hauteurs de Lavagna, dans l'arrière-pays ligure, les Sívori faisaient partie de la multitude d'Italiens qui s'étaient embarqués pour chercher leur subsistance, la rédemption ou la fortune dans les lointaines Amériques.

C'est ainsi que mon père rencontra ma mère, une migrante argentine de deuxième génération. Son père Francisco était né à Buenos Aires, où mon arrière-grand-père avait débarqué depuis la Ligurie pendant la seconde moitié du XIXe siècle. Sa mère, Maria Gogna, était piémontaise. Née dans la province d'Alessandria, elle était fille de paysans qui s'étaient embarqués à Gênes pour « *la Merica* » alors que ma grand-mère n'était qu'une fillette de quatre ans.

Quand mon père la vit pour la première fois à l'oratoire salésien de Sant'Antonio, à Almagro en 1934, Regina Maria Sivori, ma mère, était une demoiselle réservée, menue, avec de grands yeux sombres et une élégance innée. Les deux jeunes gens tombèrent amoureux et quand, l'année suivante, ils décidèrent de se marier, ce fut encore le père Enrique qui célébra les noces, le 12 décembre 1935, toujours dans la basilique María Auxiliadora y San Carlos Borromeo. Mon père et ma mère, qui venait d'avoir vingt-quatre ans, s'établirent à Flores, au 268 de la calle Varela. Dans ce petit appartement de plain-pied en location, que l'on appelle à Buenos Aires « *propriedad horizontal* », je naquis à vingt et une heures, le 17 décembre de l'année suivante, leur aîné Jorge Mario. Je fus baptisé dans cette même église de bon matin le jour de Noël, avec pour parrain mon grand-père maternel, Francisco, et pour marraine ma grand-mère Rosa.

Mes parents, le jour de leur mariage, en 1935.

Ainsi, Noël a toujours été une double fête pour moi : le baptême est vraiment un grand jour. C'est un autre anniversaire, celui de la renaissance. C'est le jour qui nous enracine, qui nous offre les racines de notre vie terrestre comme de notre vie éternelle. Le jour où nous naissons pour toujours. Nous devons nous en souvenir, car c'est une flamme que l'on a allumée et qui doit être alimentée. Si Noël est aussi le temps où l'on échange des cadeaux, pour moi il a apporté le meilleur que je pouvais recevoir ; car le baptême est un don, c'est toujours un don gratuit pour tous. Enfants ou adultes, personne ne l'a mérité ; il faut le cultiver, afin que cette semence pleine de vie prenne pied et porte ses fruits. Ce don nous fait appartenir à Dieu, nous offre la joie du salut. Il nous dit que nous ne sommes pas seuls à tâtonner dans le noir de l'histoire, il nous immerge dans Son peuple. Ce don exige que nous regardions la vie comme Il la regarde, Lui qui voit toujours en chacun de nous un noyau irréductible de beauté. Le dernier mot de l'histoire de l'humanité n'est pas le mal, ce n'est pas la haine, ce n'est pas la guerre, ce n'est pas la mort : voilà ce que nous dit le baptême. Il s'agit de la première rencontre avec Jésus, non un personnage du passé, mais une Personne vivante aujourd'hui. Une Personne que l'on ne connaît pas à travers les livres d'histoire, mais que l'on rencontre dans la vie. Si nous voulons nous faire un cadeau à nous-mêmes, commençons par nous rappeler cette date, pour la fêter comme il se doit.

Ce fut naturellement le père Pozzoli qui officia, comme il le fit par la suite pour chacun de mes frères et sœurs – à l'exception du deuxième, mon frère Oscar, car au moment de sa naissance, le 30 janvier 1938, le père Enrique se trouvait en mission à Ushuaïa, dans la Terre de Feu argentine, le plus au sud possible. « Presque au bout du monde », écrivait-il dans les cartes postales qu'il envoyait de là-bas, où il prêtait son concours aux migrants italiens comme aux *indios*. Ushuaïa signifie d'ailleurs « baie vers la fin », dans la langue des indigènes arrivés sur les berges du chenal des milliers d'années plus tôt.

Un *Bulletin salésien* de cette mission, datant de la première décennie du XXe siècle, évoque un très ancien mythe du déluge raconté à Ushuaïa par la tribu Yagan, un peuple de pêcheurs, excellents navigateurs en canoë à la langue riche et musicale. Selon ce mythe, la lune tomba un jour dans la mer, faisant monter les eaux jusqu'à ce qu'elles recouvrent toutes choses. Les humains et les animaux se réfugièrent sur l'île Gable qui, détachée du fond de l'océan, se mit à flotter tel un grand bateau, jusqu'à ce que la lune retourne au ciel et que l'île s'enracine à nouveau sur le fond marin. Le rapport au mythe est toujours important, il constitue une manière contemplative de s'ouvrir au mystère de la réalité. C'est pour cela que des peuples différents, séparés dans l'espace et dans le temps par des milliers d'années, partagent parfois des mythes présentant des similitudes. Le véritable mythe interroge en profondeur et puise dans l'expérience humaine, pour atteindre l'essence et la vérité.

Quel spectacle désolant de voir aujourd'hui la destruction des bois et des grandes forêts, des territoires que pendant des siècles et des millénaires les peuples indigènes ont su respecter et préserver. Aujourd'hui, ces terres et ces peuples sont dévastés par le vertige d'un progrès mal interprété. Les fleuves qui ont vu les jeux des enfants et nourri leurs parents et leurs grands-parents sont souillés, pollués, morts. Peut-être les peuples originels n'ont-ils jamais été autant menacés qu'aujourd'hui sur leurs propres territoires. Lors de mes voyages apostoliques à Temuco parmi le peuple mapuche, à Puerto Maldonado en Amazonie, au Chiapas ou à la conférence d'Aparecida, j'ai respiré la sagesse, les connaissances, mais aussi les profondes blessures de ces hommes et de ces femmes qui savent entrer en relation harmonieuse avec la nature, qui la respectent comme source de nourriture, comme maison commune et autel du partage humain. Pourtant, trop souvent, de manière systématique et structurelle, ces peuples ont été incompris et exclus de la société. Beaucoup tiennent pour inférieures leurs valeurs, leur culture, leurs traditions. D'autres, ensorcelés par la soif de pouvoir et d'argent, les ont dépouillés de leurs terres, qu'ils ont pillées, polluées, violentées. Comme le chante la musicienne et poétesse chilienne Violeta Parra : « *Arauco tiene una pena que no la puedo callar, son injusticias de siglos*

que todos ven aplicar » (Arauco – la région des Mapuches, le « Peuple de la terre » – subit une douleur que je ne peux taire, ce sont des injustices de plusieurs siècles que tout le monde voit commettre). Pour ces douleurs, ces deuils, ces injustices, l'humanité tout entière doit demander pardon.

Confondre unité et uniformité est une tentation diabolique. L'unité n'est pas un simulacre d'intégration forcée ni une marginalisation harmonisatrice. Au contraire, il s'agit d'une diversité réconciliée. L'unité de celles et ceux qui s'écoutent et se respectent est la seule arme dont nous disposons contre la « déforestation », en premier lieu la déforestation de l'espérance et de la conscience. La vérité, une vérité dramatique et urgente, est qu'aujourd'hui nous avons un besoin énorme de cette sagesse, de ces connaissances, et même du trésor douloureux de ces blessures. C'est pour cela que j'ai dit humblement aux jeunes des peuples originels : ne vous résignez pas à ce qui arrive. Ne renoncez pas à votre vie, à vos rêves. Préparez-vous, formez-vous, mais s'il vous plaît, ne renoncez pas à l'héritage de vos grands-parents, de vos ancêtres. Car le monde a terriblement besoin de vous, nous avons besoin de vous comme vous êtes. Devenez nos maîtres : la crise environnementale que nous vivons, la plus grave de l'histoire si l'on tient compte de ses racines humaines et sociales, nous touche et nous interpelle toutes et tous. Nous ne pouvons plus faire comme si de rien n'était.

Il y a quelque temps, un jeune jésuite de culture maya m'a posé une question sur l'inculturation. Il m'a demandé ce que je pensais d'une formation qui obscurcit l'identité, la recouvre, et de celles et ceux, y compris des personnes religieuses, qui ne se sentent plus en harmonie avec leur peuple d'origine. Je me suis souvenu une fois de plus de ma grand-mère Rosa. Elle me racontait l'histoire d'un jeune homme de la campagne qui avait quitté son village pour aller à l'université, et qui n'y était pas retourné pendant de longues années, à tel point qu'il avait oublié jusqu'aux noms et aux objets quotidiens de ses origines. Cette drôle d'histoire me faisait toujours sourire : elle disait que si l'on oublie sa culture, ses racines – celles d'une famille de paysans comme la nôtre, par exemple –, on recevra tôt ou tard un coup de bâton pour nous les rappeler, comme ce garçon devenu amnésique après avoir posé par mégarde le pied sur les dents d'un râteau. Cet oubli de ses origines est terrible, quand se consacrer à Dieu est considéré comme un ascenseur social. J'ai dit à ce jeune jésuite : n'amidonne pas ton âme, je t'en prie ! Sois maya jusqu'au bout. Jésuite et maya jusqu'au bout. S'inculturer ne signifie aucunement oublier sa culture d'origine : au contraire, cela signifie la faire grandir.

Nous devons nous inculturer jusqu'au bout.

Il y avait tant à faire, en Terre de Feu. Le père Enrique, qui a passé sa vie entière au service des autres, a beaucoup construit, avec le cœur et avec les mains, y compris le campanile et l'horloge de l'église. Il fut, partout, un authentique ouvrier du Royaume, avec sa longue soutane noire et son éternel appareil photo en bandoulière.

Pour nous, les Bergoglio, jusqu'à mes neveux et nièces qui n'ont pas eu l'occasion de le rencontrer mais l'ont connu à travers les récits de leurs parents et de leurs oncles et tantes, il a toujours représenté une référence constante, sage et discrète, dans de nombreuses pages de notre histoire, heureuses ou difficiles, mais souvent cruciales. Nous lui devons beaucoup, surtout d'avoir su semer et faire grandir dans notre famille les fondements de la vie chrétienne. Il nous a offert cette joie de la reconnaissance que je savoure chaque jour davantage à mesure que les années passent.

« Merci » est un mot fondamental dans l'existence, à commencer par la vie de famille. Avec « s'il te plaît » et « pardon », c'est l'une des clés qui ouvrent la voie pour bien vivre, pour vivre dans la paix. Nous devrions imaginer ces trois mots comme des plaques à l'entrée de notre maison et de notre vie. Ils peuvent paraître faciles à prononcer, mais en réalité nous savons que ce n'est pas si facile à mettre en pratique. Pourtant, ils contiennent une grande force : la force de préserver la maison, jusque dans les difficultés et les épreuves. Inversement, leur absence agrandit des fissures qui affaiblissent cette maison, jusqu'à un possible effondrement.

On a parfois l'impression que notre société veut se comporter comme la civilisation des mauvaises manières et des mots blessants, comme s'il s'agissait d'un symbole d'émancipation. Nous le ressentons non seulement dans la sphère privée, mais aussi dans le discours public. La gentillesse, le soin, la capacité à remercier sont souvent perçus comme un signe de faiblesse, ils suscitent la méfiance, parfois même l'hostilité. Il faut lutter contre cette tendance, partout, à commencer par le noyau originel de la société, la matrice de la famille. Nous devons devenir intransigeants sur l'éducation à la gratitude, à la reconnaissance : la dignité des personnes et la justice sociale passent par là. Si la vie familiale néglige ces manières, si nous-mêmes les négligeons, la vie sociale et publique les perdra aussi. Particulièrement pour une personne croyante, la gratitude se trouve au cœur même de la foi : un chrétien qui ne sait pas remercier est quelqu'un qui a oublié la langue de Dieu.

Demander « s'il te plaît » est une attitude de délicatesse,

la demande de pouvoir entrer dans la vie de l'autre avec attention, dans le respect de son autonomie. J'ai souvent vécu ce comportement de la part du père Enrique. Il y a une belle expression dans les *Fioretti* de saint François : « Sache, mon frère bien-aimé, que la courtoisie est une des qualités de Dieu [...] ; et la courtoisie est la sœur de la charité, qui éteint la haine et conserve l'amour. » Si la réalité que nous vivons est violente et arrogante, cela signifie que nous avons besoin de davantage de courtoisie : à commencer par les familles, à commencer par nous.

Tel était aussi, tout simplement, le sens de mon « bonsoir » adressé à chacun des frères et sœurs quand, le 13 mars 2013, je suis apparu pour la première fois au balcon Saint-Pierre en tant qu'évêque de Rome, un évêque que mes frères cardinaux étaient allés chercher presque au bout du monde. J'ai salué, car ce petit mot que l'on ne remarque presque pas signifie déclarer notre soin, notre attention et notre amour pour l'autre. Cela signifie littéralement souhaiter le salut, et donc nous rappeler mutuellement les priorités de la vie, en montrant notre joie de la rencontre, notre bonheur que l'autre existe. Tout cela est contenu dans chaque simple salutation. Il s'agit d'un engagement, non d'une formule vide. Nous sommes ici sur cette terre, frères et sœurs, et nous avons tous et toutes besoin de salut. C'est pour cette raison que j'ai immédiatement proposé de prier ensemble, l'évêque avec la communauté, et la communauté pour son évêque, pour entamer ce chemin de fraternité.

De la même manière, l'air manque lorsque l'on ne se demande pas pardon. Tant de blessures des affects, tant de déchirements naissent avec l'oubli de ce mot si précieux et nécessaire. Ce n'est pas pour rien que dans la prière enseignée par Jésus, le *Notre Père*, qui résume toutes les demandes essentielles à notre vie, nous trouvons l'expression :

« Pardonne-nous nos offenses, comme nous pardonnons à ceux qui nous ont offensés » (Matthieu 6, 12). Reconnaître avoir manqué, et désirer rendre ce qui a été retiré – le respect, la sincérité, l'amour –, nous rend dignes du pardon.

C'est ainsi que s'arrête l'infection.

Si nous ne pardonnons pas, nous ne serons pas pardonnés ; si nous ne nous efforçons pas d'aimer, nous ne serons pas aimés. « Comme nous pardonnons à ceux qui nous ont offensés. » Jésus introduit dans les rapports humains la force du pardon. Dans la vie, tout ne se résout pas avec la justice. Là où il faut endiguer le mal, quelqu'un doit aimer plus que ce qui est dû, pour commencer une histoire de grâce. Nous savons bien que le mal connaît ses vengeances : si on ne l'interrompt pas, il risque de se répandre, d'étouffer le monde entier.

J'ai une profonde affection et plus d'une dette envers le père Pozzoli. Tant de beaux souvenirs. Et deux épisodes douloureux, que j'aimerais pouvoir revivre, pour me comporter d'une autre manière. L'un est lié à la mort de mon père, le 24 septembre 1961, alors que je n'avais pas encore vingt-cinq ans. Le père Enrique se présenta à la veillée funèbre, il voulait prendre une photo de papa avec ses cinq enfants… Mais moi, « j'avais honte », et avec la suffisance des jeunes je parvins à faire en sorte que cela ne se fasse pas. Je pense qu'il a compris mon attitude, même s'il n'en a rien dit… Le deuxième événement eut lieu une vingtaine de jours plus tard, alors que lui-même était sur le point de mourir. Quelques jours auparavant, j'étais allé lui rendre visite à l'hôpital italien. Il était endormi. Je n'ai pas permis qu'on le réveille. Je suis sorti de sa chambre, et je suis resté parler avec un prêtre qui se trouvait là. Quelques instants plus tard, un autre prêtre sortit et annonça que le père Pozzoli s'était éveillé ; on lui avait parlé de ma visite et il demandait si j'étais encore là. Mais j'ai répondu de lui faire savoir que j'étais déjà parti. Je ne sais pas ce qu'il m'a pris, si c'était de la timidité, de l'incapacité ou de la douleur, la douleur pour la mort de mon père qui se ravivait à l'occasion de ce nouveau deuil. Mais une chose est certaine : j'ai souvent éprouvé une profonde peine à cause de ce mensonge. Comme j'aurais voulu pouvoir « refaire » cette scène...

Pourtant, aujourd'hui encore, cet homme est un point de référence de mes journées, et je ne manque jamais de m'en souvenir dans mes prières.

Un autre grand don que ma grand-mère Rosa et le père Pozzoli m'ont laissé et pour lequel j'éprouve une intense gratitude est la dévotion à Marie. Bien des fois, dans son église du quartier d'Almagro, je me suis arrêté pour prier devant l'icône de Marie Auxiliatrice, bénie par don Bosco en personne puis transférée à Buenos Aires depuis Turin. Le grand *tanguero* Carlos Gardel chantait dans la chorale de cette église quand il était enfant. Cela avait aussi été la paroisse du bienheureux mapuche Zeffirino Namuncurá, le saint *indio* de Patagonie.

J'ai expérimenté dans ma chair que le regard maternel de Marie peut illuminer les obscurités et raviver les espérances. C'est un regard qui sait inspirer la confiance et transmettre la tendresse – un autre mot que beaucoup aujourd'hui voudraient éliminer du dictionnaire, malgré sa puissance révolutionnaire. Ce regard nous aide à nous enraciner dans l'histoire de l'Église, à prendre réellement soin de nous-mêmes et les uns des autres. Un monde qui regarde vers l'avenir sans un œil maternel est tout simplement myope ; il est peut-être en mesure de créer des profits, mais ceux-ci ne seront pas pour tout le monde : au contraire ils seront pour une poignée de personnes, car ce monde ne saura plus voir dans les humains des fils et des filles. Nous habiterons la même maison, mais plus en frères et en sœurs. Nous aurons peut-être un présent, souvent furieux et empoisonné, mais pas d'avenir. Nous nous croirons libres, mais nous serons esclaves.

Un jour, alors que mon enfance était révolue depuis plus de vingt ans, lors d'un congrès en Belgique, j'ai rencontré un couple de catéchistes, tous deux professeurs universitaires. Ils avaient une belle famille et parlaient admirablement bien de Jésus-Christ. Alors, je leur ai demandé : et la dévotion à la Madone ? « Ah, mais nous avons dépassé cette étape. Nous connaissons si bien Jésus que nous n'avons pas besoin de la Madone. » Ce qui m'est venu à l'esprit et au cœur a été : « Oh... pauvres orphelins ! » Ma grand-mère et le père Enrique m'ont appris par leur témoignage que la Madone n'est en rien un accessoire. Il ne s'agit pas de politesse spirituelle, mais d'une exigence de la vie chrétienne. Car la famille humaine se fonde précisément sur ce regard : elle se fonde sur les mères.

Peu après ma naissance, mes parents déménagèrent d'abord dans un petit appartement au 542, puis l'année suivante définitivement au 531 de la calle Membrillar, juste derrière la maison-boutique de mes grands-parents, toujours à Flores. C'était un quartier palpitant, qui portait le nom de la basilique San José de Flores, consacrée à saint Joseph, une autre des grandes dévotions du père Enrique. Tout autour, des immeubles Art nouveau, des maisons en brique rouge et une petite place, la *plazoleta* Herminia Brumana, où les enfants jouaient au ballon. Cette ambiance intime, familiale, rappelait à mon père et à ses parents celle des villages du Piémont. Nous devenions en quelque sorte une seule famille élargie. Pour aider ma mère qui voyait les tâches et les enfants s'accumuler, ma grand-mère me gardait souvent. Elle devint le barycentre de mon enfance, l'une des pierres angulaires de mon existence.

5

Si somos muchos, mucho mejor

J'aime la ponctualité, c'est une vertu que j'ai appris à apprécier. Je considère qu'arriver à l'heure est l'un de mes devoirs, une marque de politesse et de respect. Mais c'était la première fois, et j'étais déjà en retard. Le terme avait beau être dépassé depuis une semaine, je ne parvenais toujours pas à me décider. Cela me plaisait de rester avec ma mère. Heureusement, la *partera*, la sage-femme, madame Palanconi, était une femme experte, qui a fêté cinq mille naissances. Quand elle comprit qu'il ne fallait plus attendre davantage, elle fit appeler le médecin de famille, qui accourut. À son arrivée, ma mère était dans sa chambre, allongée sur son lit : le docteur Scanavino la vit, la calma… puis, et cela a souvent été un récit favori de nos réunions de famille, il s'assit sur son ventre, appuya et « sautilla » pour déclencher l'accouchement. C'est ainsi que je vins au monde, le jour de saint Lazare de Béthanie, l'ami que Jésus ressuscita d'entre les morts. Quand je « sortis », je pesais presque cinq kilos, et ma mère environ quarante-quatre : un effort énorme…

Maria Luisa Palanconi accompagna aussi à la vie tous mes frères et sœurs, et par la suite un fils de ma sœur.

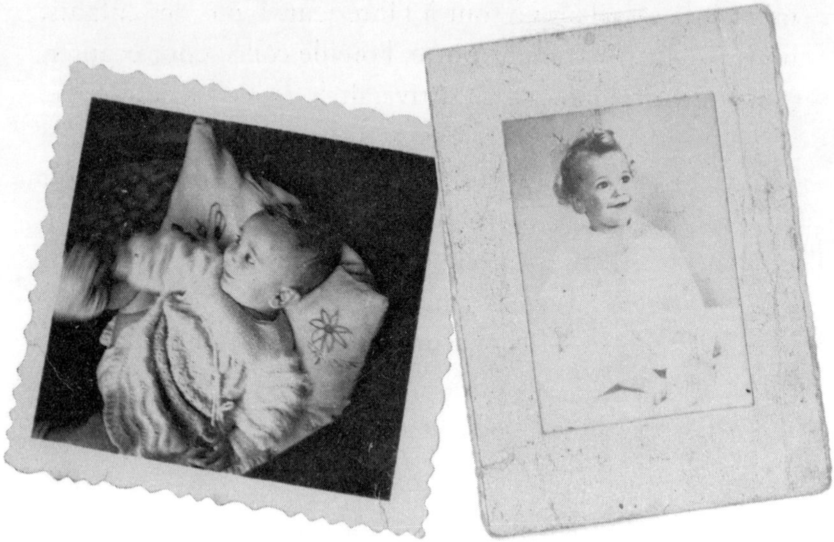

Moi, à quelques mois et à un an.

Je n'ai aucun souvenir de la naissance de mon frère cadet, Oscar Adrián, qui reçut le nom d'un oncle maternel, car à l'époque, le 30 janvier 1938, j'avais tout juste un an. Je me rappelle en revanche celle de ma sœur Marta Regina, le 24 août 1940. Et surtout celle du quatrième : une scène intime, familiale, que je revois encore comme si elle se produisait en ce moment même. Nous trois, les enfants, sommes tous malades de la grippe. Oscar et moi dans notre chambre, ma petite sœur dans la sienne. Le docteur Rey Sumai arrive et nous ausculte tous les trois, puis il se dirige d'un pas assuré dans le couloir, vers la bibliothèque, où avait été installée maman. Il entre, pose une main sur son ventre et s'écrie : « Oh, c'est pour bientôt ! » Quelques heures plus tard arrive madame Palanconi avec son grand sac. Papa et mon oncle sont dans la cuisine. La porte de la bibliothèque se ferme devant nous, ma mère et la sage-femme sont à l'intérieur. Nous, les enfants, nous massons derrière la porte, l'oreille collée pour écouter, pour saisir le moment où arriverait le nouveau petit frère, le premier cri de la vie. Les grands nous parlaient de la cigogne, qui devait toujours arriver de Paris – allez savoir pourquoi, peut-être parce que, depuis la grande Exposition universelle à la fin du siècle précédent, c'est de là que semblaient arriver toutes les choses nouvelles et modernes –, mais Oscar et moi avions déjà compris ce qu'il en était. Nous savions comment naissent les bébés. Et ce soir-là, le 16 juillet 1942, Alberto Horacio est né. L'équipe était presque au complet.

Avec ma mère et mon frère Oscar, en 1938.

Une famille ordinaire, digne. L'enseignement de la dignité a toujours été présent dans les mots et dans les gestes de nos parents.

De ma deuxième année de vie jusqu'à mes vingt et un ans, j'ai toujours vécu au 531 calle Membrillar. Une maison de plain-pied avec trois chambres à coucher, celle de mes parents et les deux que nous nous partagions avec mes frères et ma sœur, une salle de bains, une cuisine, une salle à manger plus formelle, une terrasse. Cette maison et cette rue ont été mes racines à Buenos Aires et dans toute l'Argentine. Un logement simple dans un quartier simple, tout en maisons basses ; on y respirait un air tranquille, pacifique, un climat de confiance dans les autres comme dans l'avenir. Si ma mère devait rentrer un peu plus tard le soir et craignait que nous soyons déjà sortis de l'école, elle laissait les clés au policier du quartier, au coin de la rue ; mais la vérité était que, comme on dit, on pouvait dormir la porte ouverte. Un *barrio* (quartier) de classe moyenne au cœur d'une ville en perpétuelle transformation, dans un grand pays, l'un des plus étendus au monde. Si le recensement national de 1869 avait dénombré une population encore éloignée des deux millions d'habitants, à ma naissance, en 1936, on en comptait déjà douze, un chiffre en augmentation exponentielle et qui, par la suite, allait plus que tripler. La capitale était désormais l'une des plus grandes métropoles de la planète. Un pays jeune, né sur une plaine immense, perdue aux confins du vaste empire espagnol – sans l'attrait miroitant des métaux précieux –, et qui a condensé son histoire complexe, tragique et merveilleuse en à peine plus de deux siècles, une poignée de générations. Ma patrie, pour laquelle je continue d'éprouver un amour inchangé, puissant et intense. Le peuple pour lequel je prie chaque jour, celui qui m'a formé, m'a préparé puis offert aux autres. Mon peuple.

C'est entre ces quatre murs qu'a commencé à se développer mon monde d'enfant. À cinquante mètres se trouvait la maison de mes grands-parents paternels, et non loin la teinturerie où mon père avait repris son métier de comptable. Un peu plus loin, vers le Boedo, la maison de mes grands-parents maternels. Puis, en remontant la calle Francisco Bilbao jusqu'au parc, la crèche du collège Notre-Dame de la Miséricorde, que j'ai commencé à fréquenter à l'âge de quatre ans. Et juste au coin, la petite place en terre battue où je m'enfuyais avec mon frère Oscar et mes amis pour jouer au ballon après l'école, les manches retroussées et, souvent, les genoux écorchés. Nos ballons étaient presque toujours en chiffon, la *pelota de trapo*, un petit prodige d'artisanat de récupération, car le plastique n'existait pas et les ballons de cuir coûtaient trop cher pour nous, les gosses de la *plazoleta* Brumana.

Nous formions une belle compagnie, un petit groupe d'enfants. Des gamins en chair et en os, pas des angelots. Les adultes du quartier constituaient une sorte de parentèle diffuse et collective, ils et elles nous surveillaient, nous dirigeaient, et parfois nous tiraient des ennuis. La place, la rue, le quartier étaient aussi notre salle de sport, un endroit où l'on apprenait à jauger les autres, à s'affronter, à découvrir les limites. L'un de mes meilleurs amis s'appelait Nenè, il mourut à vingt ans dans un accident de voiture. Il arrivait que des disputes éclatent, des échauffourées ; nous faisions généralement la paix dix minutes plus tard.

Je me rappelle aussi quelques scènes dont je ne suis pas fier. Au coin de la place se trouvait une maison où vivait une femme mariée à un employé de banque. L'homme était mort, et après la période de deuil – que l'on honorait alors avec de lourds habits noirs, des voiles sur le visage et des chapeaux sombres –, nous avions remarqué que la veuve faisait entrer en cachette l'un des policiers du quartier. Nous, les enfants – je devais avoir une dizaine d'années –, nous glissions jusqu'à la fenêtre de sa chambre et nous mettions à crier, à l'appeler, à cogner contre les vitres… bref, à l'embêter. J'y repense un peu embarrassé, un peu amusé, mais cela arrivait. Nous étions comme le garnement du feuilleton *Gian Burrasca** à la sauce latine.

Pendant le carnaval – nous avions entre sept et neuf ans –, un cortège défilait dans les rues. Tout le monde était déguisé et chantait : des chansons picaresques et potaches, certaines tout à fait vulgaires, que nous apprenait un Libanais qui vivait dans le quartier, dont je me souviens encore parfaitement. Une fois, je me suis déguisé en Tyrolien, avec le chapeau à plume et tout le reste. Une autre, je devais avoir onze ans et Oscar neuf, j'étais en marié et mon frère en mariée. Tandis que nous défilions, un garçon eut la mauvaise idée de mettre une main aux fesses d'Oscar ; il se retourna alors d'un bond, comme frappé par la foudre, souleva sa robe et se mit à le poursuivre pour lui flanquer une gifle. J'en souris encore aujourd'hui.

Dans le quartier, nous faisions la *murga*, une parade colorée et bruyante qui incarne la philosophie populaire « *Si somos mucho, mucho mejor !* » : « Plus on est de fous, plus on rit ! » On dansait au rythme des percussions, le *bombo*, la caisse claire, les cymbales, on chantait des chansons en échange d'une petite pièce, et pour finir on s'arrosait de

* *Il Giornalino de Gian Burrasca* (« Le journal de Jean la Bourrasque ») est un feuilleton italien de Vamba paru entre 1907 et 1908 puis sous forme de roman et adapté au cinéma et à la télévision. Il met en scène un jeune héros au comportement aussi turbulent que le suggère son surnom (*N.d.T.*).

J'aime le carnaval. Avec papa et Oscar, en 1940.

seaux d'eau pendant une bonne partie de l'après-midi. Puis, le soir, avait lieu l'immense parade des chars et des masques le long de l'avenida Rivadavia et de l'avenida de Mayo. Nous adorions le carnaval, c'était une grande fête. Une folie saine, propre et libre. Ce n'est pas pour rien qu'en 1976, la dictature annula cette fête par décret… Et puis il y eut le jour où nous, les enfants, sommes tous allés voir Charlie Chaplin : un film dans lequel Charlot utilisait son parapluie comme parachute. De retour à la maison, nous avons eu l'idée brillante de reproduire la scène. Nous sommes montés sur la terrasse. Qui commence ? Moi, annonça mon frère Alberto, le plus petit. Il ouvrit le parapluie, et sans hésiter sauta. L'atterrissage du premier étage ne fut pas aussi doux qu'à l'écran, on avait plutôt l'impression d'entendre les onomatopées des bandes dessinées, *boum ! crac !* Alberto se releva immédiatement, avec quelques bleus et égratignures. À leur retour, nos parents nous passèrent un savon. Nous protestâmes un peu, mais pour tout dire nous ne trouvions pas la punition injustifiée.

Situé au sud de la capitale, dans une zone originellement destinée à l'agriculture et à l'élevage au service de la ville avant que cette dernière ne l'engloutisse à la fin du XIXe siècle, Flores était un kaléidoscope luxuriant d'ethnies, de religions et de métiers, qui se manifestaient dans la société par la création de temples, d'écoles, d'hôpitaux, de clubs sportifs, de journaux. C'était un petit monde coloré, ouvert sur d'autres horizons.

Avec ma grand-mère et ma mère, j'allais souvent faire les courses au marché. Parmi tous les stands, celui du boucher me fascinait, avec son tablier blanc noué derrière le dos et son couteau aiguisé dans la grande poche où, tel un kangourou, il glissait l'argent. C'était un spectacle de voir cet homme couper la viande en morceaux avec des gestes rapides et précis. Il m'avait l'air de bien gagner sa vie. Ainsi, à cette époque, quand on me demandait ce que je voulais faire plus tard, je répondais : boucher ! En grandissant, les vocations se font plus claires.

J'ai connu une enfance tranquille. Tout semblait se dérouler avec un naturel extrême : les jeux, l'école, les études, ainsi que mon éducation religieuse. J'assimilais les enseignements de la foi avec la même simplicité : comme une langue, j'apprenais à croire comme on apprend à parler. C'est pour cela que je dis que la transmission de la foi doit se faire en dialecte, pas avec des artifices académiques et livresques, mais de la même manière qu'on communique dans la famille, que l'on vit au quotidien. « On parle comme on mange », dit le proverbe : on pourrait tout aussi bien dire « on prie ». À dix heures, le dimanche, nous allions ensemble à la messe au collège Notre-Dame de la Miséricorde, que fréquentait ma sœur Marta, et le reste coulait de source. Je me rappelle les processions du Vendredi saint, le soir, aux chandelles ; avec ma grand-mère, nous nous placions sur l'esplanade piétonne, au croisement des rails de tram, et nous attendions le passage du Christ gisant. Alors ma grand-mère nous faisait nous agenouiller et disait : « Regardez bien, les enfants. Il est mort… mais demain Il ressuscitera ! » Le samedi, qui était le jour de la messe de la Résurrection, dès que sonnaient les cloches nous allions nous laver les yeux pour voir le monde différemment, avec un regard neuf. C'est de ces racines profondes, de ces souvenirs affectueux que naissent mes liens avec la religiosité populaire.

Ma grand-mère Rosa était peut-être la figure la plus religieuse, mais toute ma famille contribuait à notre éducation à la foi, ma mère comme mon père.

Toute la journée du dimanche possédait ses rituels familiaux sacrés. Une fois rentrés à la maison, le déjeuner était une longue et bruyante cérémonie privée qui s'étirait jusque tard dans l'après-midi. Parfois chez nous, parfois chez mes grands-parents, où nous pouvions être jusqu'à une trentaine. Des déjeuners interminables et magnifiques, avec cinq, six plats. Sans compter les desserts. Nous ne vivions pas pour autant dans le luxe, bien au contraire. Mon père touchait un bon salaire, mais il avait de nombreuses bouches à nourrir, et on ne jetait rien chez nous : une chemise trouée de mon père, un pantalon élimé étaient réparés, coupés, recousus pour devenir un vêtement pour l'un des enfants. Nous étions pauvres dans la dignité, mais en cuisine fidèles à la tradition italienne.

Tanos, voilà comment on nous appelle en Argentine. Parmi les premiers immigrés italiens arrivés sur la Plata, les Génois étaient majoritaires, si bien que *Xeneixes* – « Génois » en dialecte ligure – devint l'adjectif pour nous désigner collectivement. Parmi ceux du Nord, beaucoup portaient le nom de famille Battista, alors *Bachicha* devint un surnom courant pour les Italiens. Et quand arriva la grande immigration depuis le sud de la péninsule, de Calabre, de Sicile, des Pouilles et de la Campanie, les nouveaux arrivants répondaient à qui leur demandait d'où ils venaient : « *Soy Napulitano.* » *Tanos* devint la partie pour désigner le tout. Nous tous, les mangeurs de pâtes.

À la maison, on faisait des pâtes fraîches, les *cappelletti*. Je me rappelle un jour où j'en ai vu faire par centaines, roulés avec le petit doigt. Ma mère disait qu'avant d'épouser mon père, elle ne savait même pas faire cuire un œuf. Grâce aux conseils de mes grands-mères, elle est devenue une grande cuisinière.

Le *barrio* était un microcosme complexe, multiethnique, multireligieux et multiculturel.

Ma famille a toujours eu d'excellents rapports avec les juifs, qu'à Flores on appelait « les Russes » car beaucoup venaient de la région d'Odessa, où vivait une très nombreuse communauté juive, qui fut par la suite décimée dans un terrible massacre par les forces d'occupation roumaines et nazies. De nombreux clients de l'usine où travaillait mon père étaient juifs, et beaucoup étaient nos amis.

De même, dans notre groupe de gamins, nous avions plusieurs copains musulmans, qui pour nous étaient « les Turcs » car ils avaient pour la plupart débarqué avec un passeport de l'ancien Empire ottoman. Ils étaient syriens, libanais, irakiens ou palestiniens. Le premier journal en langue arabe de Buenos Aires date du début du XXe siècle.

En partie grâce à cette habitude relationnelle enracinée dans mon enfance, j'ai toujours accordé une grande importance aux relations avec le monde musulman, dans toutes les phases de mon pontificat : je crois que l'on peut et que l'on doit faire beaucoup ensemble. Lors de mon voyage apostolique à Jakarta en septembre 2024, devant le « Tunnel de l'amitié » qui relie la cathédrale Notre-Dame de l'Assomption à la mosquée Istiqlal, la plus grande d'Asie du Sud-Est et parmi les plus grandes au monde, j'ai pu prononcer avec le grand imam Nasaruddin Umar une déclaration conjointe sur nos principes et nos valeurs communes : nous devons regarder en profondeur, là où se trouve vraiment ce qui nous unit au-delà des différences, et nous devons prendre soin de nos liens, isoler le rigorisme, le fondamentalisme, l'extrémisme, l'instrumentalisation de la religion. Nous en avons la responsabilité : aux menaces, aux temps sombres, à la déshumanisation, à la maltraitance de la Création, nous devons opposer le signe de la fraternité. En 2019, aux Émirats arabes unis, je venais de célébrer la messe dans un stade comble, la première d'un pape dans la région, et je roulais vers l'aéroport pour retourner au Vatican. Soudain, le chauffeur m'a indiqué une mosquée : « Regardez à qui elle est consacrée », m'a-t-il dit avec enthousiasme. J'ai lu le panneau : « Mary Mother of Jesus ». À l'époque du Jubilé 2016, un évêque africain m'a raconté que dès qu'il ouvrait sa cathédrale le matin, tout le monde y entrait : les chrétiens pour prier et pour se confesser, et les musulmans pour se rendre à l'autel de la Madone. La dévotion à Marie est un pont qui nous unit, et le dialogue constitue un style de vie que nous sommes appelés à protéger et à promouvoir, dans le *melting pot* frénétique de l'Indonésie comme dans une *calle* de Flores à la fin des années 1940.

Le Turc est là ? Le Russe vient aussi ? Dans le quartier de mes vertes années, les différences étaient la normalité, et on se respectait.

Une dame que nous aimions beaucoup, une veuve qui avait deux enfants, un garçon et une fille, était domestique dans la maison où elle habitait. Elle venait aider ma mère deux fois par semaine pour la lessive et le repassage. Concepción (Concetta) Maria Minuto était une femme énergique et aussi rusée que la faim dont elle avait souffert. Après la mort de son mari à la guerre, elle avait émigré en Argentine depuis la Sicile avec ses enfants, sans presque rien en poche, et avait réussi à faire vivre sa famille grâce à son incroyable force de caractère. C'était une génération de femmes fortes. Pour accoucher de son garçon, en Sicile pendant la guerre, dès les premières contractions, Concetta avait marché seule le long de la voie ferrée pour gagner l'hôpital. Avec son espagnol mâtiné d'italien, cette femme simple et courageuse nous a appris beaucoup de choses. Elle nous parlait de la « *bedda Sicilia* », la belle Sicile, des cultures et des champs. Mais surtout, elle nous racontait la guerre, ses horreurs, les privations, les deuils.

Un jour d'avril, le cri d'une autre femme du quartier, Mari, qui avait une fille du même nom que l'on appelait Mari *Chica* pour les distinguer, a déchiré l'air pour annoncer à tout le monde, ma mère la première, que le cauchemar était terminé. « C'est fini ! Regina, la guerre est finie ! » La radio venait de transmettre la nouvelle de la Libération.

Nous étions très liés à Concetta, mais quand mes parents déménagèrent, après mon entrée au séminaire, je la perdis de vue.

Vingt ans s'écoulèrent et, alors que j'étais recteur du Colegio Máximo de San Miguel, à Córdoba, elle et sa fille l'apprirent et vinrent me rendre visite. J'étais très occupé ce jour-là. Avec une légèreté que je ne me suis pas pardonnée pendant longtemps, je fis répondre que je n'étais pas là.

Quand je me suis rendu compte de ce que j'avais fait, j'ai pleuré.

J'ai prié pour la retrouver, pour avoir l'occasion de racheter cette injustice que j'avais commise contre les pauvres, j'en étais conscient à présent.

Pendant des années.

Jusqu'à ce qu'un jour, alors que j'étais cardinal, un prêtre vienne me rendre visite. Dès son arrivée à l'archevêché, il annonça : « Tu sais que le taxi qui m'a amené ici m'a dit que sa mère avait travaillé chez tes parents, à Membrillar ? » Il lui avait même laissé son numéro de téléphone ! J'ai aussitôt appelé Concetta, et pendant les dix années suivantes, nous ne nous sommes plus quittés. Quelques jours avant de mourir, elle a sorti de sa poche une médaille du Sacré-Cœur et me l'a remise. « Je veux que tu la prennes. » Chaque soir, je la retire de mon cou et l'embrasse. Le lendemain, quand je la remets sous ma soutane, l'image de cette femme m'apparaît. Elle est morte à quatre-vingt-douze ans, sereine, le sourire aux lèvres, dans la dignité de celle qui a travaillé.

À l'image de son marché, le quartier était un concentré d'humanité variée. Laborieuse, souffrante, dévote, bonne vivante.

Il y avait quatre « vieilles filles », les demoiselles Alonso, des femmes pieuses originaires d'Espagne qui avaient émigré sur la Plata, de très habiles brodeuses à la technique raffinée. Un point, une prière, un point, une prière. Ma mère envoya ma sœur chez elles pour qu'elle apprenne ; mais

Marta s'ennuyait à mort, elle protestait : « Maman, elles ne parlent jamais, elles ne disent pas un mot, elles prient et basta ! » Ces femmes étaient très bonnes, mais faisaient parfois les frais de nos plaisanteries d'enfants. Le jour de mon ordination sacerdotale, Carmen, Fina, Maria Ester et Maria Elena Alonso me remirent un mot que je conserve encore aujourd'hui. Je le relis tous les matins, et à présent c'est moi qui prie pour elles.

Non loin de là habitait une famille dont la fille était très belle. Un jour, elle se maria, et j'entendis dire qu'elle ne voulait pas avoir d'enfants « pour ne pas gâter sa silhouette ». Bien que je ne fusse encore qu'un jeune garçon, qui comprenait ces choses-là de manière confuse, j'en fus frappé, comme une gifle au cœur.

Au coin de notre rue se trouvait une *peluquería* avec un appartement attenant. La coiffeuse s'appelait Margot, et elle avait une sœur qui se prostituait. Elle conjuguait cette activité avec les shampooings, les coupes et les mises en plis. C'étaient des gens très bien, ma mère allait parfois se faire couper les cheveux chez elles. Un jour, Margot eut un fils. Je ne savais pas qui était le père, cela m'étonnait et me rendait curieux, mais le quartier ne semblait pas trop s'en préoccuper.

Au même numéro, dans un autre appartement, un homme était marié à une femme qui avait été danseuse de revue, et avait également la réputation d'être une prostituée. Elle mourut jeune, de tuberculose, éprouvée par cette vie. Je me rappelle la tristesse hâtive de son enterrement : son mari paraissait ombrageux et distant, replié sur son égoïsme, uniquement soucieux que la maladie ne l'atteigne pas et de la nouvelle femme qui remplacerait la défunte. La mère de cette femme, Berta, une Française, avait été danseuse elle aussi, on disait qu'elle s'était produite dans les night-clubs parisiens. À présent, elle travaillait comme domestique, pendant des heures et des heures, mais son maintien et sa dignité étaient impressionnants.

Ainsi, dès mon enfance, j'ai aussi connu le côté plus sombre et pénible de l'existence, l'un et l'autre ensemble, dans le même pâté de maisons. Le monde de la prison aussi : les brosses que nous utilisions pour les vêtements étaient fabriquées par les détenus de la prison locale, c'est ainsi que j'ai découvert pour la première fois cette réalité.

Deux autres filles du *barrio*, sœurs elles aussi, étaient prostituées, mais haut de gamme. Elles fixaient des rendez-vous par téléphone, on venait les chercher en voiture. On les appelait la Ciche et la Porota, tout le quartier les connaissait.

Les années passèrent, et un jour, alors que j'étais évêque auxiliaire de Buenos Aires, mon téléphone sonna : c'était la Porota qui voulait me parler. Je l'avais complètement perdue de vue depuis que j'étais gamin. « Hé, tu te souviens de moi ? J'ai appris qu'on t'avait fait évêque, je veux te voir ! » Un véritable fleuve en crue. Je l'ai reçue à l'évêché. J'étais encore à Flores, ce devait être en 1993. « Tu sais, j'ai été prostituée partout, même aux États-Unis, m'a-t-elle dit. J'ai gagné de l'argent, et puis je suis tombée amoureuse d'un homme plus âgé, il a été mon amant. Quand il est mort, j'ai changé de vie. J'ai une pension, maintenant. Je vais donner le bain aux petits vieux et aux petites vieilles qui n'ont personne pour s'occuper d'eux dans les maisons de repos. Je ne vais pas beaucoup à la messe. J'ai tout fait avec mon corps, mais maintenant je veux prendre soin des corps qui n'intéressent personne. » Une Madeleine contemporaine. Elle m'a dit que sa sœur aussi, la Ciche, avait changé de vie, et qu'elle passait son temps à prier à l'église. « C'est devenu une suceuse de cierges ! Toi aussi, dis-lui de se bouger les fesses et de faire quelque chose pour les autres ! » Elle avait un langage pittoresque et très imagé, quatre jurons tous les cinq mots. Et elle était malade.

Quelque temps plus tard, alors que j'étais déjà cardinal de Buenos Aires, la Porota m'a rappelé pour me dire qu'elle voulait organiser une fête avec ses amies, et me demander si je pouvais dire la messe pour elles, dans la paroisse San Ignazio. J'ai répondu oui, bien sûr, tout en me demandant qui pouvaient bien être ces amies. « Viens en avance, il y en a beaucoup qui veulent se confesser », ajouta la Porota.

À cette époque, je voyais souvent le père Pepe, don José María di Paola, un jeune prêtre que je connaissais depuis le début de mon épiscopat, et qui depuis 1997 était curé à la Virgen de Caacupé, dans la *Villa 31*. C'était un homme de Dieu, l'un des prêtres qui ont toujours apporté leur concours dans les *villas miserias*, les bidonvilles qui constellent Buenos Aires – une trentaine rien que dans la capitale, un millier dans toute la province. Les *villas* sont un concentré d'humanité, des fourmilières où vivent des centaines de milliers de personnes. Des familles pour la plupart originaires du Paraguay, de Bolivie, du Pérou et d'autres régions du pays. L'État y a toujours été aux abonnés absents, et quand depuis quarante ans il n'y a ni logements, ni électricité, ni gaz, ni transports, il n'est pas étonnant qu'une organisation parallèle se mette en place. Avec le temps, la drogue a commencé à circuler massivement, ce qui a entraîné la violence et la désagrégation familiale. Le *paco*, la « pâte de coca » – ce qui reste de la production de la cocaïne pour les marchés riches –, est la drogue des pauvres : un fléau qui multiplie le désespoir. Dans ces périphéries qui doivent toujours plus constituer un nouveau centre pour l'Église, un groupe de laïcs et de prêtres comme le père Pepe vivent et témoignent chaque jour de l'Évangile parmi les exclus d'une économie qui tue. Celles et ceux qui disent que la religion est l'opium du peuple, un récit rassurant pour aliéner les personnes, seraient bien inspirés d'aller faire un tour dans les *villas* : ils verraient comment, grâce à la foi et à l'engagement pastoral et civil, ces endroits ont progressé de manière inimaginable, malgré des difficultés colossales. Ces gens feraient aussi l'expérience d'une grande richesse culturelle. Ils verraient de leurs yeux que, comme la foi, chaque service est toujours une rencontre, et que c'est surtout nous qui avons beaucoup à apprendre des pauvres. Quand on dit de moi que je suis un pape *villero*, j'espère seulement en être toujours digne.

Rencontrer le père Pepe fait toujours du bien à mon âme et à ma vie spirituelle. Avec le temps, nous sommes devenus de plus en plus proches. Cette année-là, ce devait être en 2001, Pepe était un *cura villero* depuis longtemps, et il vivait une période complexe, difficile, de crise dans sa vocation sacerdotale, qu'il raconta lui-même par la suite. Il en parla avec franchise à ses supérieurs, demanda à être dispensé de

Avec le père Pepe dans la *Villa 31*, un bidonville de Buenos Aires.

l'exercice du sacerdoce et partit travailler dans une usine de chaussures. Quand il m'en avisa, je lui dis simplement : viens me voir quand tu veux. Et c'est ce qu'il fit. Plus d'une fois, après le travail, il faisait deux heures de route pour venir jusqu'à la cathédrale. Je l'attendais, je lui ouvrais la porte, je l'écoutais, nous parlions. Toujours dans la liberté. Une rencontre après l'autre, un mois après l'autre, le temps passait, jusqu'à ce qu'un soir il me dise : « Mon père, me voici… J'aimerais célébrer la messe. » Nous nous sommes pris dans les bras. « Tu veux que nous la célébrions ensemble le 20 juillet, le jour de la *Fiesta del Amigo* ? » Il en fut ravi. « Alors faisons ça à San Ignazio, ai-je dit. Je vais dire la messe là-bas parce qu'une dame de Flores me l'a demandé. »

Ainsi, nous y sommes allés ensemble. Nous sommes partis à pied de l'archevêché le long de la calle Bolívar, et nous sommes arrivés à l'église : c'étaient toutes d'anciennes prostituées et des membres du « syndicat ». Toutes voulaient se confesser. Ce fut une célébration magnifique. La Porota aussi était contente, presque émue.

Elle me fit appeler une dernière fois quelque temps plus tard, alors qu'elle était hospitalisée. « Je t'ai demandé de venir pour que tu me donnes l'onction des malades et la communion, parce que cette fois, je ne vais pas m'en sortir, tu sais. » Le tout entre une imprécation contre un médecin et un cri vers une autre patiente ; même épuisée, elle n'avait pas perdu de sa vigueur. *Genio y figura hasta la sepultura*, « génie et élégance jusque dans la tombe », comme on dit en Argentine.

Elle est partie en paix, comme « les publicains et les prostituées » qui « nous devanceront dans le royaume des Cieux » (Matthieu 21, 31). Je l'ai beaucoup aimée. Aujourd'hui encore, le jour anniversaire de sa mort, je n'oublie pas de prier pour elle.

6

Comme une corde tendue

Mes grands-parents maternels habitaient une vaste maison à Almagro, au 556 calle Quintino Bocayuva. Aujourd'hui encore je la revois dans mon esprit : on entrait dans un vestibule, puis on passait un petit couloir, une porte et une autre encore, qui donnait sur le patio, puis un salon, la grande salle à manger, la cuisine, la salle de bains et deux chambres à coucher qui me paraissaient immenses. Il y avait aussi des dépendances et le jardin, rempli de fleurs, qui touchait d'un côté une basse-cour, de l'autre l'atelier où mon grand-père, le señor Francisco Sívori, exerçait le métier de menuisier et d'ébéniste, comme son frère. Meubles raffinés, marqueterie, placages réalisés avec soin et une patience de chartreux.

Un ami de mon grand-père était marchand ambulant d'anilines, les colorants pour le bois. Il venait chaque semaine à son atelier. Ils s'asseyaient dans la cour et bavardaient longuement, buvant de longues gorgées de thé mêlé de vin. Pour moi, c'était seulement un monsieur gentil, habillé de noir, à la longue barbe blanche, qui avait des manières élégantes et ne semblait pas rouler sur l'or. Je fus surpris quand les grands m'apprirent que cet homme, qui se présentait simplement comme don Elpidio, avait été vice-président du pays, puis ministre de l'Intérieur lors de la présidence d'Hipólito Yrigoyen, dans le gouvernement de l'Unión Cívica Radical, renversé en 1930 par le premier d'une longue série de coups d'État militaires. Il s'appelait Elpidio González. Il avait passé deux ans en prison et, à sa libération, pauvre comme Job, avait refusé toute pension ou rente. Il dormait dans un hôtel miteux sur la calle 9 de Julio, qui fut rasé quand on décida que cette rue devait être transformée en avenue. La plupart des pensionnaires furent transférés à l'*Hotel de Inmigrantes*, un trou à rats encore pire. Quand vint le jour de la démolition, don Elpidio regroupa ses maigres possessions, les glissa dans une valise cabossée, sortit et reprit sa tournée d'agent de commerce, comme chaque jour. On raconte que, peu de temps avant, un émissaire du nouveau président, sans doute inquiet des remous politiques qu'aurait pu déclencher cette situation, s'était présenté à l'hôtel avec une enveloppe remplie de billets pour le señor Elpidio, une somme qui lui aurait permis d'acheter n'importe quelle maison à Buenos Aires. Mais il l'avait refusée avec détermination, répondant à son interlocuteur que, s'ils s'avisaient de recommencer, il la dénoncerait comme une tentative de le faire taire. De même, quand le Congrès national promulgua une loi permettant à tous ceux qui avaient occupé une charge exécutive de bénéficier d'une pension significative, il la refusa. Il mourut dans la pauvreté, un matin d'octobre 1951, trois ans avant son ami Francisco. Mon grand-père racontait souvent l'histoire de don Elpidio pour nous prêcher le devoir d'honnêteté en politique.

Comme González, mon grand-père était un radical, un homme doué d'une forte passion politique. Sa génération fut la première à effectuer son service militaire en Argentine, à la fin du XIXe siècle. Il fut envoyé à Cura Malal, dans la pampa. Jusqu'à sa mort, le 26 juillet 1954, je me le rappelle toujours mince, soigné et élégant : je ne crois pas l'avoir jamais vu sortir de chez lui sans sa cravate, son gilet, sa canne et même parfois ses *polainas*, les guêtres que l'on mettait alors à hauteur des mollets. Il était né à Buenos Aires quatre-vingts ans plus tôt, le 12 mars 1874, de parents originaires de la Riviera ligure, dans les environs de Cogorno, le premier d'une fratrie de trois. Sa femme, doña Maria Gogna, ma grand-mère, était une immigrée de première génération, fille d'un cordonnier et d'une paysanne. Venue au monde le 3 juin 1887 dans cette partie du Piémont qui sent déjà la Ligurie, à l'endroit où ces deux régions sont liées et séparées par la verdoyante frontière des Apennins, au numéro 1 de Teo, un minuscule hameau de la commune de Cabella Ligure, dans lequel ne vivent plus aujourd'hui qu'une douzaine de personnes, ma grand-mère avait gagné Buenos Aires dès les premières années de son enfance. Quand ils se marièrent, le 4 avril 1907, dans la paroisse de San Carlos Borromeo, ma grand-mère avait dix-neuf ans et mon grand-père trente-trois. Mais le jour des noces fut tragiquement endeuillé par le décès de la mère de la jeune épouse, mon arrière-grand-mère. Ainsi le nom de sa mère, Regina, se fixa-t-il encore plus dans le cœur de ma grand-mère : elle résolut de prénommer ainsi la première fille à qui elle donnerait naissance.

Avant de se marier, ma grand-mère Maria avait travaillé comme domestique dans une famille parisienne de Buenos Aires. En plus de savoir presque tout faire dans la maison, elle parlait donc parfaitement le français ; elle nous apprenait des chansons françaises que je me surprends encore parfois à fredonner. C'était une femme robuste, silencieuse et énergique, une grande travailleuse qui avait su se bâtir une culture, car en tant que gouvernante dans cette famille française, elle avait eu l'occasion de lire beaucoup. Elle menait tout le monde à la baguette. D'ailleurs, toutes les figures féminines de ma famille étaient dotées d'un fort caractère : c'étaient des femmes fortes, toutes différentes les unes des autres. Elle se chamaillait constamment avec son mari, mais mon grand-père n'y accordait pas trop d'importance : il faisait le dos rond et travaillait.

De leur union naquirent cinq enfants, trois garçons et deux filles, comme dans notre famille. Ma mère fut la troisième, la première fille. Elle naquit le 28 novembre 1911 et fut baptisée le 27 avril deux ans plus tard, toujours à San Carlos. Elle vécut dans la grande maison de calle Bocayuva jusqu'à son mariage avec mon père.

Au centre, mes grands-parents maternels, Francisco et Maria.

À la mort de mon grand-père Francisco, alors que j'avais dix-sept ans, cette branche de ma famille s'est brisée et divisée. Des disputes, un douloureux climat de rancœur, de ruine et d'affliction. Ma grand-mère partit habiter avec la sœur de ma mère, ma tante Catalina, la dernière-née, et, toujours accompagnée de cette douleur d'une famille divisée, elle mourut de nombreuses années plus tard.

Regina Maria Sivori, ma mère, était une femme franche et sincère, à l'image de ma grand-mère. Une femme à l'esprit pratique, qui a toujours eu l'ambition de faire progresser sa famille, y compris socialement, avant tout par la culture et l'instruction. Elle nous a tous fait étudier le piano, et à Alberto, qui refusait obstinément cet instrument, le violon. Une femme ambitieuse donc, qui souffrait parfois des contraintes économiques que subissait inévitablement notre famille – même si nous, les enfants, étions heureux et ne manquions de rien. Chez mes grands-parents maternels comme paternels, il n'y avait pas de réfrigérateur – un bloc de glace dans un appentis en bois et tôle ondulée faisait l'affaire –, et nous n'avons jamais possédé d'automobile. Pourtant, je me rappelle parfaitement la confusion dans les rues de Buenos Aires, un dimanche de 1942, quand la conduite passa de gauche, comme au Royaume-Uni, à droite, comme en Europe et surtout aux États-Unis. Les premières voitures semblaient se regarder en chiens de faïence, elles se flairaient, affrontaient ce changement, désorientées et prudentes, comme on s'engage dans un pari à l'issue incertaine.

Malgré les difficultés, ma mère se débrouillait comme elle pouvait et contribuait à sa manière. Nous n'avons eu la télévision que de nombreuses années plus tard, et nous ne possédions pas de tourne-disque à l'époque, mais nous avions toujours la radio, qui fournissait l'occasion d'apprendre et d'être ensemble. Tous les samedis, à deux heures de l'après-midi, la Radio del Estado diffusait un opéra lyrique. Maman nous réunissait alors, les trois aînés, et nous racontait le livret. Elle nous expliquait les personnages et les voix jusque dans les moindres détails. Voilà Desdémone qui se prépare pour la nuit, en proie à un funeste pressentiment. À présent, par une porte dérobée, entre Othello, il s'approche, l'embrasse mais… Attention, les enfants : il va la tuer ! Nous sursautions. Et maintenant, voilà le guerrier Radamès qui rentre victorieux : écoutez la marche triomphale ! Ces guerriers égyptiens semblaient sur le point de s'arrêter devant nous d'un instant à l'autre, avec leur harnachement, leurs fanions et tout le toutim. Nous étions en extase.

Dès l'adolescence, nous avons commencé à aller à l'opéra tout seuls, je devais avoir seize ans et ma sœur Marta dix. Nous montions dans le *gallinero*, le poulailler, d'où, pour un peso, nous avons vu les plus grands. J'ai assisté, parmi une véritable marée humaine, au grand concert de Tito Schipa à Buenos Aires, dans l'arène à ciel ouvert, l'une des dernières apparitions de l'un des plus grands ténors de l'histoire de l'opéra. Un demi-million de personnes absorbées à écouter *La Traviata* et *L'Élixir d'amour*.

Il y avait aussi la musique populaire : je me rappelle l'année où Carlo Buti est venu en Argentine, cette vedette du *bel canto* à l'italienne qui a traversé la première moitié du XXe siècle. En 1946, plus de deux cent mille personnes se sont massées pour l'écouter chanter au Casino de Buenos Aires. C'étaient les chansons légères de l'époque, d'avant et d'après-guerre. À la maison nous l'écoutions comme on va à la messe : c'était sacré. Quand on annonçait sa présence à la radio, aucune défection n'était admise. Dans ces occasions, entre *Non ti scordar di me*, *Regina della pampa* et une chanson napolitaine, je voyais mon père revivre. C'est ainsi que j'ai appris *'O sole mio* par cœur : « *Che bella cosa è 'na jurnata 'e sole, n'aria serena dopo a 'na tempesta...* » L'entendre entonnée par un chœur d'enfants lors d'une visite pontificale à Naples m'a fait retrouver une émotion familière.

Par la suite, la musique populaire a toujours été un lien entre deux mondes, une corde tendue de part et d'autre de l'océan ; plus tard arriveraient *Parole parole* de Mina ou *Zingara* d'Iva Zanicchi qui nous prenait par la main.

De même, ce fut un deuil collectif, et pas seulement dans la communauté piémontaise de Buenos Aires, quand survint en mai 1949 la tragédie de Superga : l'avion qui transportait l'équipe de Turin, l'une des meilleures au monde, la colonne vertébrale de l'équipe de foot nationale italienne, s'était écrasé contre la muraille du terre-plein de la basilique. Il n'y avait eu aucun survivant. Des années plus tard, j'ai visité personnellement cette basilique et me suis attardé, ému, devant la pierre portant les noms des trente et une victimes. La corde ne s'est pas rompue, cette douleur populaire a au contraire renforcé les liens.

Comme ma mère, nous adorions Beniamino Gigli et Maria Caniglia, peut-être les deux chanteurs italiens les plus populaires de l'époque. Comme mon père, nous adorions ma mère. Alors que, de retour de ma visite apostolique au Sri Lanka en janvier 2015, je répondais à brûle-pourpoint à des journalistes sur les rapports entre la sacro-sainte liberté religieuse et la non moins sacro-sainte liberté d'expression, tout en appelant à pratiquer la douceur, j'ai ajouté quelque chose du genre : « Mais si quelqu'un insulte ta mère, il doit s'attendre à recevoir une beigne. » Cette phrase a provoqué la stupeur chez certains. Pourtant, je faisais seulement référence au respect que l'on doit aux sentiments et aux convictions intimes d'autrui. Par exemple, la foi. Ou l'amour viscéral pour une mère.

Mon père a toujours été très amoureux d'elle. Il lui apportait des fleurs, lui offrait de petits cadeaux. C'était un homme presque toujours joyeux. Une figure normative, l'autorité à la maison, mais sans aucun machisme. Un regard de sa part nous suffisait : l'œil réprobateur de mon père était un éclair capable de t'annihiler. J'aurais préféré une gifle.

Dans ma fratrie, nous étions tous plutôt turbulents. Cependant, outre l'exubérance de l'enfance et le don naturel des gamins pour se fourrer dans d'aventureux pétrins, j'étais capable de nostalgies soudaines, et je me rappelle distinctement le malaise que l'on éprouve en grandissant. Pas tant de la tristesse que de la mélancolie.

La mélancolie a toujours été une compagne de vie – pas tout le temps, bien sûr, mais elle constitue une part de mon âme, un sentiment qui m'accompagne et que j'ai appris à reconnaître. De nombreuses fois je me suis retrouvé dans les poèmes de Paul Verlaine : « Les sanglots longs des violons

Avec maman, Marta et Oscar en 1941.

de l'automne blessent mon cœur*... » Je me rappelle mon anniversaire, un 17 décembre, j'avais alors dix ou onze ans. Mes grands-parents maternels étaient à la maison, et les parents de mon père devaient arriver. J'étais sur la terrasse, en train de jouer seul. Ma sœur Marta est venue me voir : « Papi et mamie sont arrivés, viens. » Oui, oui, ai-je dit. Mais je ne me décidais pas à y aller. Je me sentais mieux seul, avoir un an de plus me mettait en difficulté, c'était un défi : qu'allait-il se passer, à présent ? Ce défi s'accompagnait d'une étrange mélancolie du temps qui passe et s'accumule.

La mélancolie revient de temps à autre, c'est un lieu où je me trouve parfois et que j'ai appris à reconnaître. Elle a son utilité : elle me permet de m'arrêter, de clarifier les choses. La brume, le brouillard de l'existence est un lieu de relation. Si j'y entre, c'est important : c'est un signe qui m'avertit que je dois faire attention, qu'il se passe quelque chose, et que la vie me demande une réponse. J'ai appris à faire le premier pas. C'est pour cette raison que les romantiques m'ont toujours beaucoup plu, tant en musique qu'en littérature. Hölderlin me remplit et me met en joie : « Bienheureuse Nature ! Ce que je ressens quand je lève les yeux sur ta beauté, je ne saurais le dire, mais tout le bonheur du ciel habite les larmes que je pleure devant toi, la mieux aimée[1] ! » Ou encore le poème lyrique composé pour l'anniversaire de sa grand-mère, qui se termine par les mots : « Puisse l'homme accomplir la promesse de l'enfant qu'il a été. »

Lorsque Maria Elena naquit, toujours dans la maison de Membrillar, le 17 février 1948, après que ma mère eut perdu un enfant en début de grossesse, la tribu fut au complet. Sans

* Cette citation figure en français dans le texte (*N.d.T.*).

oublier Churrinche, un chiot de race indéfinie et indéfinissable, que nous avons baptisé ainsi en l'honneur d'un autre quadrupède indomptable de la pampa, qui avait appartenu à mes grands-parents maternels. Ma mère disait que tous les cinq, nous étions comme les doigts de la main : tous différents, mais tous à elle, « car si je me pique un doigt, j'éprouve la même douleur que si je m'en piquais un autre ».

Son dernier accouchement ne fut pas facile : ma mère a subi une sorte de parésie, et a mis une année entière à s'en remettre totalement. C'est l'année où j'ai appris à cuisiner. J'avais presque douze ans, j'étais l'aîné et c'était surtout à moi d'agir : en rentrant de l'école, nous la trouvions assise dans son fauteuil, les ingrédients déjà prêts autour d'elle. La leçon pouvait commencer pour Oscar et moi : maintenant mettez ça là, ça ici, faites revenir les oignons, la poêle à feu doux, attention, tout doux… Le cours accéléré m'a

Au mariage de l'oncle Vincent, avec ma fratrie (à gauche, Oscar et Marta ; à droite, Alberto et Maria Elena).

été utile en tant que recteur du Colegio Máximo de San Miguel, en 1972, quand la cuisinière s'absentait le dimanche et que je devais faire à manger pour les étudiants. Ma sœur dit que mes calamars farcis étaient particulièrement bons. Quoi qu'il en soit, je n'ai jamais tué personne…

Comme les doigts de la main, ma fratrie a toujours été très unie. Un lien spécial s'est formé avec Maria Elena. Quand mon père est mort, elle était encore petite, à peine adolescente.

Mon père était au stade avec mon frère Alberto, et alors qu'il exultait pour un but du San Lorenzo, il fut frappé par un infarctus. Il fut secouru et ramené à la maison. Je me trouvais alors chez les jésuites, à San Miguel. On me prévint, et je me précipitai auprès de lui. Deux jours plus tard, alors qu'il était au lit, entre la visite de deux médecins, mon père eut une deuxième attaque cardiaque. Puis une troisième, peu après, alors que j'étais déjà arrivé à son chevet. Ce fut la dernière. Pendant ces vingt jours, la situation était tragique, les événements néfastes se succédaient, mais il est des choses que les enfants peinent à accepter, comme la mort d'un père. Même face à l'évidence, elle nous paraissait inattendue. Il avait seulement cinquante-trois ans, ce 24 septembre 1961.

Ce fut un coup dur pour tout le monde, un traumatisme pour la famille. Cette année-là, je suis inévitablement devenu davantage un père qu'un grand frère pour Maria Elena. Être loin de ma sœur est peut-être l'un de mes plus grands sacrifices. C'est pour cette raison qu'aujourd'hui encore, je lui téléphone chaque dimanche soir.

Quelque temps plus tard, le cœur de ma mère commença lui aussi à donner des signes de faiblesse, et il fallut l'opérer. On lui remplaça la valve mitrale par une prothèse en tissu animal, probablement porcin, une technique chirurgicale inaugurée au début des années 1970. Elle vécut quelque temps sans problèmes particuliers, mais la prothèse finit par s'abîmer et les caillots firent le reste. Elle mourut vingt ans après mon père, à soixante-neuf ans, le 8 janvier 1981.

Quand, le 15 juin 2010, Alberto, le dernier de mes frères, s'en est allé à son tour – Oscar l'avait précédé le 25 octobre 1997, et ma sœur Marta le 11 juillet dix ans plus tard, un jour où il neigeait fort –, nous sommes restés seuls, Maria Elena et moi.

Ainsi qu'une exubérante nichée de neveux, nièces et leurs enfants.

7

Je jouais sur le globe de Sa terre

J'ai toujours aimé jouer au football, et peu importe si je n'avais rien d'un champion. À Buenos Aires, on appelait un type de mon genre une « *pata dura* » – ce qui veut dire que j'avais deux pieds gauches. Mais je jouais. J'étais gardien le plus souvent, mais ça aussi c'est un beau poste : il vous habitue à regarder la réalité en face, à affronter les problèmes ; on ne sait pas toujours très bien d'où ce ballon est parti, mais on doit quand même essayer de l'attraper. Comme dans la vie.

Si jouer est un droit, c'est un droit sacro-saint de ne pas être un champion. Derrière chaque ballon qui roule, il y a un enfant avec ses rêves et ses aspirations, son corps et son esprit. Tout son être participe au jeu : non seulement les muscles, mais la personne entière, dans toutes ses dimensions, même les plus profondes. On dit d'ailleurs de quelqu'un qui s'implique à fond qu'« il y met toute son âme ».

Le jeu et le sport sont une excellente occasion d'apprendre à donner le meilleur de soi, à se sacrifier même, et surtout à ne pas le faire seul. Nous vivons aujourd'hui dans une époque où il est facile de s'isoler, de créer des liens virtuels, à distance. Connectés en théorie, mais seuls dans la pratique.

Au contraire, ce qui est beau dans le fait de taper un ballon, c'est que nous devons le faire avec d'autres : passer la balle, apprendre à construire des actions, grandir en tant qu'individus et apprendre à se connaître en tant qu'équipe… Le ballon alors n'est plus seulement un outil, mais un instrument pour inviter des personnes réelles à partager une amitié véritable, à se retrouver dans un espace concret, à se regarder en face, à s'affronter pour tester ses talents respectifs. Pour beaucoup, le football est « le plus beau jeu du monde », et il l'a aussi été pour moi. S'il est vécu de cette façon, comme un jeu qui encourage avant tout la sociabilité dans la gratuité, il peut vraiment faire du bien au corps tout entier : pas seulement aux jambes, mais aussi à la tête et au cœur. Les garçons et les filles le savent bien, ils le sentent sans qu'on ait besoin de le leur expliquer. C'est pour cela que saint Jean Bosco aimait dire à ses éducateurs : « Vous voulez voir venir des enfants ? Lancez un ballon en l'air et, avant qu'il ait touché terre, vous verrez combien se seront approchés ! » C'était vrai en 1841, quand fut fondé son premier Oratoire, et cela reste vrai aujourd'hui, dans une société qui exacerbe souvent le subjectivisme, c'est-à-dire qui met le moi au cœur de toutes choses comme un principe quasi absolu.

« Je jouais sur le globe de Sa terre », dit la Sagesse dans le livre des Proverbes (Pr 8, 31). Avant tout. Avant que toute autre chose ait été créée, des millions de garçons et de filles dans le monde entier peuvent s'imaginer qu'on jouait au ballon.

Eduardo Galeano, un grand écrivain latino-américain, raconte qu'un journaliste a demandé un jour à la théologienne protestante Dorothee Sölle :

« Comment expliqueriez-vous à un enfant ce qu'est le bonheur ?

– Je ne le lui expliquerais pas, a répondu la théologienne. Je lui donnerais un ballon pour jouer. »

Il n'y a pas de meilleur moyen d'expliquer le bonheur que de rendre heureux. Et jouer rend heureux, parce qu'on peut exprimer sa propre liberté, se livrer à une compétition pour rire, vivre le temps de l'amateurisme, tout simplement... Parce que l'on peut poursuivre un rêve sans devoir à toute force devenir un champion. Ça vous rend heureux même si vous êtes une *pata dura.*

Pourtant, à en croire ma mère, Regina, qui était une Sivori, un peu de sang de champion courait aussi dans nos veines : le grand-père d'Omar Sívori, qui allait devenir l'un des plus grands attaquants de l'histoire du football, était originaire comme nous des environs de Lavagna, dans l'arrière-pays ligure. Omar, qui fut le premier à être surnommé *El pibe de oro* quand Maradona était encore dans le sein de Dieu, était né en Argentine un peu plus d'un an avant moi ; et après avoir remporté le championnat d'Argentine avec River Plate, il avait été transféré en Italie, à la Juventus d'abord puis à Naples. Quand nous parlions en famille des Sívori d'Argentine, et que l'on faisait allusion à ce joueur, maman racontait qu'en effet nous étions tous parents, bien qu'assez éloignés, et qu'au cours des années nous nous étions disséminés un peu partout dans le pays. Omar Sívori allait endosser le maillot des deux équipes nationales et recevoir un Ballon d'or au début des années 1960. Nous étions du même âge et vaguement apparentés, mais lui, c'est certain, n'avait pas reçu deux pieds gauches en héritage...

C'était un champion, mais ce ne pouvait pas être mon idole quand j'étais enfant ; nous étions tous les deux trop jeunes à l'époque, et puis moi, j'étais un supporter du San Lorenzo ! Dans le quartier de Boedo, dont la maison de mes grands-parents maternels était assez proche, le bleu et le grenat du San Lorenzo de Almagro étaient partout : ils coloraient les rues, ils s'agitaient aux balcons, ils ornaient les fenêtres. Dans ce club multisport fondé au début du siècle par un prêtre salésien lui aussi d'origine piémontaise, le père Lorenzo Massa, aux couleurs du voile de Marie Auxiliatrice, mon père Mario, qui était un homme costaud, jouait au basket-ball. J'aimais bien le basket, et j'y jouais un peu. C'est un sport qui peut être lui aussi un bel apprentissage de la vie. Aujourd'hui encore, quand je parle de points fermes de l'existence et de la nécessité de « faire pivot », l'image qui me vient à l'esprit et que j'aime utiliser est celle d'un joueur de basket qui plante un pied à terre et se démène pour protéger la balle, pour trouver un espace par où la faire passer, par où prendre sa course pour aller au panier. Et pour nous les chrétiens, et en particulier pour nous les prêtres, ce pied ancré dans le sol, qui est le pivot autour duquel nous devons construire quotidiennement notre existence, c'est la croix du Christ.

Parmi tous les sports, c'était quand même le football qui se taillait la part du lion. Et moi, si je laissais à désirer en tant que joueur, comme supporter, j'étais imbattable ! Avec mon père et mes frères Oscar et Alberto, nous allions toujours voir le San Lorenzo au Viejo Gasómetro, le stade qui était notre berceau à nous les *cuervos*, les « corbeaux » – le surnom dont nous avaient affublés les supporters rivaux à cause de l'habit noir des salésiens. Et bien souvent, ma mère nous accompagnait. C'était un football romantique, familial, les pires insultes que l'on pouvait entendre dans les gradins étaient « vendu ! » ou « pauvre type ! » – cela n'allait guère plus loin. Avant le match, nous nous mettions en route pour le stade en portant deux gros bocaux en verre que nous laissions sur le trajet dans une pizzeria où mon père s'arrêtait pour passer commande. Au retour, nous reprenions nos deux bocaux remplis cette fois d'escargots à la sauce piquante, accompagnés d'une pizza cuite sur pierre sortant du four. Ainsi, quel qu'ait pu être le résultat, l'après-match était une fête.

Je crois encore sentir le parfum de cette pizza : c'est peut-être un peu ma madeleine de Proust. Et à dire vrai, aller manger une pizza dehors est l'un des petits plaisirs qui me manquent le plus. J'ai toujours été un grand marcheur. Quand j'étais cardinal, j'adorais aller à pied par les rues et prendre le métro. Cela paraissait bizarre à certains qui insistaient pour m'accompagner, pour que je prenne la voiture, mais parfois la réalité est aussi simple que cela : moi, j'ai toujours aimé marcher. La rue me dit bien des choses, j'apprends beaucoup en m'y promenant. Et j'aime la ville dans toutes ses dimensions : les rues, les places, les tavernes, la pizza qu'on déguste sur une petite table dehors, et qui a un tout autre goût que celle qu'on peut se faire livrer à domicile : je suis un citadin dans l'âme.

Depuis mon enfance jusqu'à l'archevêché,
j'ai toujours aimé vivre la ville.

Le Viejo Gasómetro du San Lorenzo n'existe plus. En 1979, la dictature militaire a contraint le club à jouer son dernier match dans ce stade, qui a été détruit pour une opération de spéculation immobilière. Le San Lorenzo a été expulsé du Boedo, qui était son quartier. Pendant une quinzaine d'années, l'équipe a erré entre différents terrains de foot de la ville, jusqu'à ce qu'un nouveau stade soit finalement construit. Mais le désir de retourner au Boedo est toujours resté dans le cœur des *cuervos*. En 2019, le Club Atlético San Lorenzo de Almagro a annoncé qu'il était rentré en possession des terrains de l'ancien stade et qu'il voulait y reconstruire le Gasómetro. On m'a dit que le nouveau stade devrait s'appeler « Papa Francisco », ce qui ne me plaît guère.

Les matchs à domicile du championnat de 1946, que nous avons remportés quelques jours avant mon dixième anniversaire, je les ai presque tous vus, et, plus de soixante-dix ans plus tard, j'ai encore cette équipe devant les yeux : Blazina, Vanzini, Basso, Zubieta, Greco, Colombo, Imbelloni, Farro, Martino, Silva… Les dix magnifiques. Et puis… et puis il y avait Pontoni. René Alejandro Pontoni, l'avant-centre, le buteur du San Lorenzo, l'entraîneur du « *Ciclón** », mon favori. Il n'avait pas deux pieds gauches, lui. Il tirait du droit comme du gauche indifféremment, il était habile à dribbler, créatif, fort dans le coup de tête, champion du retourné acrobatique. Il pouvait marquer un but de toutes les façons, et je l'ai vu faire de toutes les façons.

« Voyons si l'un de vous a le courage de tirer un but comme Pontoni… », ai-je dit en rencontrant les équipes

* *El Ciclón* (« le Cyclone ») était le surnom du club dans les années 1930 où il enchaînait les victoires. (*N. d. T.*)

nationales d'Argentine et d'Italie, menées respectivement par Messi et Buffon, pour une rencontre amicale à but caritatif, peu après avoir été élu pape. Ces garçons m'ont souri d'un air un peu perplexe : ils ne savaient sans doute pas de qui je parlais. Mais moi, cette façon de tirer un but – ce « tac, tac, tac, goal ! » –, je l'ai gravée dans la tête, comme beaucoup des détails qui captivent le regard d'un enfant, à l'âge où l'œil est une éponge, et qui y restent gravés pour toujours. En octobre 1946, le championnat est sur le point de s'achever et le San Lorenzo joue contre le Racing de Avellaneda : centre depuis l'aile gauche, Pontoni dos à la cage contrôle de la poitrine et, sans jamais laisser tomber le ballon à terre, il le reprend du talon, contourne d'un lob le défenseur qui fonce vers lui, puis, à la limite de la surface de réparation, il décoche une flèche qui passe à la droite du gardien. Goooooaal ! Parce que si chaque goal en Amérique du Sud a plus de « o » qu'en Europe, si chaque but, même quand c'est un petit but, devient le but du siècle, alors imaginez celui-là. J'embrasse mon père, j'embrasse mes frères, tout le monde s'embrasse. Pontoni a été pour moi l'emblème de ce jeu, de ce football au sein d'une communauté, de l'amour pour un sport qui n'était pas seulement un compte en banque : au point qu'aux sirènes de l'argent qui l'appelaient en Europe il a préféré son club, pour rester parmi sa famille, ses amis, tous ceux qui l'aimaient. C'était un grand, il l'est resté, même après le grave accident de jeu qui deux ans plus tard devait mettre un coup de frein à sa carrière. Il a tourné un peu partout en Amérique du Sud, en Colombie, au Brésil, puis il est revenu au San Lorenzo avant de raccrocher les crampons et d'ouvrir une trattoria. Il a eu une belle vie.

Son fils, qui s'appelle René comme son père, est venu me trouver au Vatican un ou deux ans après mon élection.

J'ai cessé de regarder la télévision depuis 1990, pour respecter un vœu que j'ai fait à la Vierge du Carmen la nuit du 15 juillet de cette même année. Ce soir-là j'étais dans ma communauté à Buenos Aires, nous regardions la télévision et sur l'écran est apparue une scène sordide qui m'a violemment frappé : alors je me suis levé et je suis parti. Le lendemain, je devais être transféré à Córdoba. C'est comme si Dieu m'avait dit que la télévision n'était pas pour moi, qu'elle ne me faisait pas du bien. À la messe j'ai fait un vœu à la Vierge, et depuis lors cette promesse n'a connu que de rares exceptions : la journée du 11 septembre 2001 par exemple, ou l'avion tombé sur Buenos Aires en 1999. Du coup, cela fait trente ans que je n'ai pas vu de match du San Lorenzo à la télé. Un jour, au cours d'un entretien, on m'a même demandé si, entre « papes », je me sentais « plus proche d'un Messi ou d'un Mascherano », et j'ai dit que je ne pouvais pas répondre, que je ne savais pas distinguer leurs styles, parce que même si Messi est venu au Vatican dans le cadre d'une visite officielle, je ne regarde plus le foot depuis des années. Je suis sûr en tout cas qu'aucun des deux n'est une *pata dura* comme moi ! Mais je m'informe, évidemment. Sur tout, et aussi sur le San Lorenzo. Il y a un garde suisse qui me laisse chaque semaine sur la table les résultats et le classement. L'année où j'ai été élu au siège de saint Pierre, les *azulgrana* (bleu et grenat) ont remporté le championnat et ensuite, pour la première fois de leur histoire, la Copa Libertadores. Et quand, au bout de quelques jours, ils sont venus me trouver en délégation avec la Coupe des champions d'Amérique, je leur ai dit à l'issue de l'audience : « Vous faites partie de mon identité culturelle. » Comme l'a écrit un grand chantre du football, Osvaldo Soriano, qui était lui aussi un *cuervo* du Boedo :

« Au football, on ne choisit pas un vainqueur. Être du San Lorenzo est une charge qui irrigue ma vie d'autant de trouble et d'orgueil que d'être argentin. » Et puis, la main de mon père qui m'accompagne au stade dans mon enfance, le quartier, ses habitants, la petite place, les amis, nos rêves d'enfants…

J'ai entendu un entraîneur dire que sur le terrain, il faut marcher sur la pointe des pieds pour ne pas piétiner les rêves sacrés des enfants. C'est si important de ne pas les opprimer avec des formes de chantage qui bloquent la liberté et l'imagination. Et de ne pas enseigner de raccourcis qui ne conduisent qu'à s'égarer dans le labyrinthe de l'existence. Quelle tristesse quand les parents se transforment en supporters de leurs enfants, ou en managers, comme cela arrive parfois. Être grands dans la vie : voilà notre victoire à tous, la seule qui compte vraiment.

En 2011, un cardinal heureux de recevoir le maillot *azulgrana* du San Lorenzo.

Pour moi, les plus beaux matchs de football restent ceux qui se jouent sur la place, qu'elle s'appelle Herminia Brumana comme la mienne ou qu'elle porte un autre nom, sur la chaussée, sur la pelouse d'un jardin ou sur une esplanade poussiéreuse en terre battue, dans n'importe quel endroit du monde. « Les technocrates ont beau le programmer dans ses moindres détails, les puissants ont beau le manipuler, le football continue à vouloir être l'art de l'imprévu », écrivait encore Galeano. Et à appartenir au peuple.

Alors, reprenons la comptine et voyons qui sera dans mon équipe ; traçons deux traits par terre et faisons semblant que c'est une cage ; peut-être que le plus *pata dura* fera le gardien, ou bien ils le feront un peu chacun leur tour, le fameux « goal volant ». Tous ensemble pour suivre et maîtriser un ballon, peu importe comment tu t'appelles, de qui tu es le fils, d'où tu viens. Ce sera toujours la véritable beauté du jeu. C'est ainsi qu'on grandit.

8

La vie est l'art de la rencontre

Ce qui caractérise l'activité sportive, c'est qu'elle unit au lieu de diviser. Elle construit des ponts, et non des murs. Toute activité sociale authentique combat l'inculture de l'écart et du préjugé, et favorise toujours la culture de la rencontre, qui correspond à la plus profonde et intime substance de notre être, naturellement orienté vers la relation, l'interaction, la découverte de l'autre. Comme l'a écrit Romano Guardini, un grand théologien né en Italie mais qui a émigré enfant en Allemagne : « L'homme est créé de telle façon qu'il est avant tout donné à lui-même comme “forme-de-commencement[1]” – dans une ouverture et une prédisposition vis-à-vis de ce qui va venir à sa rencontre. S'il se bloque, s'il se raidit, s'il reste enfermé en lui-même, s'il ne court jamais le risque de s'engager dans la réalité, alors il deviendra de plus en plus misérable et rigide. Il a “gardé son âme pour lui”, et ainsi il n'a cessé de la “perdre”. »

Quand, en 1860, la façade de la cathédrale de Buenos Aires a été restaurée et achevée, le choix a été fait de copier celle du palais Bourbon à Paris, dans un pur style néoclassique, même s'il n'avait rien à voir avec le style baroque d'origine ; et comme c'était l'époque de la « réorganisation nationale » et que l'on recherchait l'unité du pays, on a décidé de sculpter sur le frontispice la scène de la rencontre entre Joseph et ses frères. Cette image m'a toujours frappé, sans doute en partie à cause de ma propre histoire familiale et surtout par la grâce de Dieu.

Dans ma famille aussi, il y a une longue histoire de disputes. Des oncles, des cousins en conflit, séparés en Argentine même et entre l'Argentine et l'Italie. Jusqu'à ce que la situation finisse par s'apaiser. Quand on commentait certaines de ces affaires ou qu'un conflit quelconque s'annonçait, étant enfant je pleurais beaucoup en cachette, et j'allais parfois jusqu'à faire un vœu pour que cela n'arrive pas. Cela me troublait profondément. À la maison, grâce à Dieu, mon père, ma mère et nous les cinq enfants, nous vivions en paix ; mais je pense que ces histoires m'ont marqué et ont accru dans mon cœur l'envie de faire en sorte que les gens restent unis au lieu de s'affronter. Et si on doit se disputer, qu'ensuite on fasse la paix.

En repensant à mes peurs d'enfant, un épisode précis me revient en mémoire. Quand je sentais que papa et maman étaient en conflit, le plus souvent pour des choses banales, je commençais à avoir peur. C'était une angoisse sans nom, irrationnelle, mais qui m'assaillait au plus profond. Je me rappelle un jour où mes parents s'étaient disputés, je ne sais pas bien pourquoi, ce n'était pas quelque chose d'habituel. Cela s'était passé au déjeuner ; puis mon père était allé prendre un peu de repos avant de retourner au travail et ma mère avait mis son chapeau et son manteau et était sortie, sans doute pour faire des courses. Mais je restai fixé sur le fait qu'elle était partie. Et si c'était pour toujours ? Alors j'allai dans le jardin et j'éclatai en sanglots désespérés, au point que la fille de notre voisine, qui avait une vingtaine d'années, sortit de chez elle pour voir ce qui m'arrivait. Je le lui dis, entre deux sanglots, ou plutôt je lui racontai ce que je m'étais confusément imaginé ; alors elle me prit dans ses bras et avec un calme maternel réussit peu à peu à m'apaiser.

Aujourd'hui, je dis toujours la même chose aux jeunes époux que je rencontre : disputez-vous, cassez même quelques assiettes si vous pensez que ça peut vous soulager, dans une certaine mesure c'est tout à fait normal, mais à condition de ne pas le faire devant les enfants, et d'essayer de faire la paix avant la fin de la journée. Parce que la guerre froide du lendemain, c'est là le véritable danger.

Je crois que dans ces histoires, il y a comme un germe de ce que j'ai conceptualisé des années plus tard comme la « culture de la rencontre ». C'est au fond une angoisse et une aspiration que je porte en moi depuis mon enfance.

La culture de la rencontre exige que nous soyons disposés non seulement à donner, mais aussi à recevoir des autres, et elle nous pousse à sortir de nous-mêmes pour être des pèlerins. Si nous donnons la priorité à la rencontre entre les gens, au fait de cheminer ensemble, voire de nous affronter, même avec âpreté, mais avec respect, il sera plus facile ensuite d'abandonner et de dépasser les différences. Le poète et compositeur brésilien Vinícius de Moraes écrivait : « La vie, mon ami, c'est l'art de la rencontre, en dépit de tous les désaccords. » Il chantait cela sur un air de samba, une musique qui, du reste, est née de la rencontre de diverses cultures et d'instruments. Depuis les Amérindiens de Bahia et les Afro-Brésiliens jusqu'aux « tziganes » et aux Polonais, et d'autres immigrés encore qui, ensemble, formaient la classe ouvrière et partageaient la dure vie des chantiers. S'approcher vraiment des autres, c'est ne pas craindre d'entrer aussi dans leur nuit.

À part le football et le basket, j'aimais aussi collectionner les timbres, une passion que m'avait transmise mon oncle Oscar Adrian, le quatrième frère de ma mère, qui devait mourir dans un accident. Je pouvais voyager par l'imagination, faire connaissance avec les personnages, les animaux étranges, les fleurs, les plantes, les bâtiments de toutes sortes inscrits dans ces petits cadres aux bords dentelés, visiter des époques disparues ou m'aventurer dans des endroits lointains et exotiques. Ils avaient pour moi le charme des personnages des livres de mon enfance.

Parce que, par-dessus tout, j'aimais lire. Je pouvais le faire partout, y compris au bord du terrain de foot que nous avions dessiné par terre. Pour mes parents, la culture était une exigence à satisfaire et à encourager, aussi naturelle que de manger ou de boire. Je me rappelle une encyclopédie en vingt volumes destinée aux enfants qui s'appelait *El tesoro de la juventud* (Le trésor de la jeunesse) ; des milliers d'enfants la possédaient en Argentine parce qu'elle était vendue au porte-à-porte à tempérament. L'édition un peu plus luxueuse était expédiée dans un coffret en bois. C'était un véritable trésor qui contenait des extraits des grands classiques, des récits d'aventures, de l'histoire, des photos, des histoires sur les progrès scientifiques, les merveilles de la nature et la créativité humaine. Et puis, nous avons tous lu à l'époque le roman de De Amicis, *Le Livre-cœur*, qui a été pour moi une éducation à la sensibilité. Dans mon esprit, Enrico, Silvia, Antonio, Stardi, Luigi, Garrone et même Franti, « l'infâme » qui ricane, tous les enfants de cette école élémentaire de Turin en 1881 se confondaient avec ma propre bande d'amis et de camarades. Mais je lisais un peu de tout, et aussi bien sûr des bandes dessinées : depuis *Patoruzú*, qui est peut-être l'histoire comique la plus populaire en Argentine – un riche cacique tehuelche qui possède de grandes propriétés en Patagonie, doté d'une force physique surhumaine et d'un cœur charitable mais aussi d'une grande naïveté –, jusqu'à Superman. J'étais un lecteur curieux et vorace. Mais pas un bûcheur, un *secchione* comme on dit en Italie – ni le premier de la classe, ni son porte-étendard. Je travaillais bien à l'école, j'étais parmi les meilleurs mais jamais le premier : j'étais deuxième ou troisième.

J'ai fait le *nivel inicial*, la maternelle, au collège catholique Notre-Dame de la Miséricorde, où j'allais ensuite retourner pour ma première communion. J'avais pour maîtresse sœur Dolores Tortolo, et si j'ai aimé l'école c'est en premier lieu grâce à elle. Elle m'a fait sentir que l'on ne grandit pas tout seul, que c'est toujours un regard autre qui nous aide à grandir. Je ne l'ai jamais oubliée. J'ai aimé l'école parce que cette femme m'a appris à l'aimer.

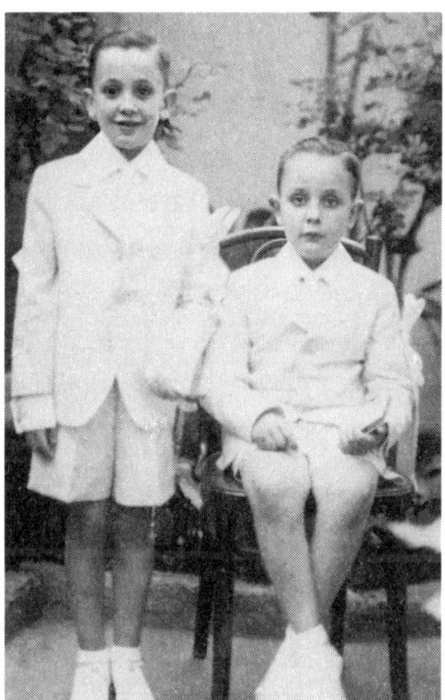

Avec mon frère Oscar,
le jour de notre première communion.

Puis, pour la *primaria*, l'équivalent italien de l'école élémentaire et des deux premières années de collège, mes parents m'ont inscrit à l'école publique Coronel Pedro Cerviño de la calle Varela, une rue perpendiculaire à l'avenida Directorio, également proche de la maison. Peu importait que nous n'ayons pas de voiture : à pied, j'y étais en un instant. Dans ces années-là, le quartier de Flores était un peu le poumon vert de la ville, au point que souvent ses rues étaient encore en terre battue, et quand je les traversais en courant j'enlevais mon tablier blanc pour ne pas le salir. Chaque maison ou presque avait un patio ou un petit jardin, on vivait beaucoup dehors, les gens se connaissaient et se saluaient.

Je me souviens de toutes mes maîtresses d'école. La première s'appelait Stella Dora Quiroga de Arenaz, et nous avons entretenu une belle et profonde relation. C'est avec elle que j'ai fait mes deux premières années. Puis il y a eu la signora Elvira Rosa Morales, Lia Julia Peluffo et enfin le maître d'école Roberto Brusa. Un jour, je ne me rappelle plus pour quelle raison, ma maîtresse Lia me gronda ; et moi, en réponse, je ne trouvai rien de mieux que de l'envoyer balader. La maîtresse ne se démonta pas. Elle prit mon cahier et écrivit qu'elle voulait voir ma mère – et bien sûr le lendemain ma mère était là. Elles discutèrent un moment à voix basse avant de m'appeler. J'entrai l'oreille basse, les yeux fixés sur mes pieds, et maman me gronda. « Demande pardon à la maîtresse », me dit-elle, et je m'exécutai. « Donne un baiser à la maîtresse », et je le fis. La maîtresse me fit rentrer en classe, et j'étais tout content de m'en être aussi bien tiré. Sauf qu'il restait le deuxième acte, qui allait se jouer à la maison après l'école…

Ce fut une éducation très humaine. Et même cette défense du rôle de l'éducatrice à l'école et de l'institution scolaire était importante. Elle garde toute son importance aujourd'hui encore ; peut-être aujourd'hui surtout.

Pour nous, la maîtresse était une figure de référence, comme une seconde maman. La première année, quand la mère de Stella disparut, je la vis revenir toute de noir vêtue, et pour la première fois je compris ce qu'était le deuil. Ensuite, nous ne nous sommes plus jamais perdus de vue tout au long de notre existence. Elle est veuve désormais, elle a quatre-vingt-quatorze ans, et je l'accompagnerai jusqu'à son dernier souffle.

De même que nous n'avions pas d'automobile, nous n'avions pas de vacances ; ou plutôt, nous allions en vacances chez nos grands-parents, et c'était très bien. Des étés très longs, de presque trois mois. Nos parents nous répartissaient : deux d'entre nous chez les grands-parents paternels, les trois autres chez les grands-parents maternels. Et l'année suivante, c'était le contraire : ceux qui étaient allés d'un côté allaient de l'autre. Papa et maman, pendant ce temps, restaient seuls à la maison et soufflaient un peu. C'est sans doute du fait de cette « non-habitude » de partir en vacances que je continue à passer mes vacances à la maison comme je l'ai toujours fait – même si aujourd'hui, la maison, c'est Sainte-Marthe au Vatican. J'ai lu un jour un livre très intéressant, paru dans les années 1930, du psychiatre américain Louis Edward Bisch ; il avait pour titre *Be Glad You're Neurotic* (Réjouissez-vous d'être névrosé). Les névrosés, écrivait-il, sont à classer en deux catégories : les malheureux et les heureux. Si les premiers se sentent coupables de leur différence, de leur hypersensibilité, de leur vie intérieure encombrante et complexe, les seconds en revanche découvrent que tout cela est une ressource, ils la déploient et se réalisent. On pourrait dire qu'il faut bien traiter ses névroses ! Il faut leur donner leur maté quotidien… L'expression de la spiritualité de saint Ignace, « chercher et trouver Dieu en toute chose », peut s'affirmer même dans nos petites névroses, si nous acceptons qu'elles soient illuminées par Sa miséricorde.

Moi aussi j'en ai quelques-unes ; et l'une d'elles est que je suis un peu trop casanier. La dernière fois que j'ai pris des vacances hors de la maison, c'était il y a cinquante ans, avec la communauté jésuite, en 1975. Pourtant, à l'époque comme aujourd'hui, je prends vraiment des vacances : je change de rythme. Si pendant l'année je me réveille normalement avant cinq heures, pendant les vacances je dors un peu plus, je prie encore plus, je lis ce qui me plaît, j'écoute de la musique… C'est tout cela qui me repose et me ressource.

La musique classique est une fleur que je cultive depuis mon enfance, et cela aussi c'est un présent et un héritage de ma mère. Schubert, Chopin, qui me plaisait tant quand j'étais jeune, Wagner, Beethoven, et aussi ce sentiment poignant de nostalgie, les grands romantiques, et l'*Erbarme dich* de Bach, qui m'apparaît à chaque fois plus sublime, et puis Mozart, bien sûr : l'*Et incarnatus est* de sa *Grande messe en ut mineur* sait vous prendre par la main pour vous mener à Dieu.

Il y a quelque temps, j'ai trouvé une citation de Gustav Mahler, le grand compositeur et chef d'orchestre romantique, qui m'a beaucoup plu. Au sujet de la tradition, il écrivait : « La tradition n'est pas le culte des cendres, mais la gardienne du feu. » Ce n'est pas un musée, la tradition, c'est la garantie de l'avenir. L'idée de revenir en permanence aux cendres est la nostalgie des intégristes, mais ce n'est pas là le véritable sens de cette phrase : la tradition au contraire est une racine, indispensable pour que l'arbre puisse donner des fruits toujours nouveaux.

La musique classique a été une fréquentation constante que j'ai toujours tout naturellement alternée avec la musique populaire. Édith Piaf par exemple, une autre grande passion de ma mère. Ou le tango et la milonga. Carlos Gardel disait qu'il ne suffit pas d'avoir une voix mélodieuse pour chanter un tango ; il faut aussi le sentir, parce que le tango vient de l'intérieur. C'est un sentiment que nous connaissons bien, nous, les Argentins, et surtout les *porteños*, ainsi qu'on appelle les habitants des villes portuaires.

Le tango parle de tout un tas de choses, et aussi de défaite : quelque chose qui est allé de travers, ou peut-être que l'on a perdu. « *Saber perder es la sabiduría* », dit un vers du poète jésuite argentin Osvaldo Pol : Savoir perdre, c'est la sagesse. Il y a un beau tango qui s'intitule *Rencor* et qui parle d'une « maudite haine que je porte dans mes veines », qui rend « la vie amère comme une malédiction », « une blessure ouverte qui remplit ma poitrine de rage et d'amertume ». Il arrive aussi dans la vie que l'on plonge dans ces profondeurs qui disent quelque chose de notre faiblesse, de notre misère humaine, de nos contradictions… Et qui nous placent devant un choix : ou l'on choisit la vie, ou l'on choisit la mort.

Il y a toujours une sagesse dissimulée dans les échecs.

Savoir perdre, « *es la sabiduría* ». La sagesse des vrais lutteurs, de ceux qui savent qu'on peut tomber, même durement, mais que l'important est de ne pas rester à terre. C'est aussi ce que dit un beau chant des Alpes : dans l'art de l'ascension, la victoire n'est pas de ne pas tomber, mais de ne pas rester sur cette chute. Et la force, comme le savent bien les grands alpinistes, n'est pas un don de la nature : on se la fabrique tout au long du chemin.

Du reste, sans l'échec, il n'y aurait pas non plus de salut :

l'« échec » de la croix, portée jusqu'à la fin, est le fondement de notre vie nouvelle.

Est sage celui qui se relève. Celui qui avance. Celui qui ne passe pas son temps à se lamenter mais se remet en selle. Celui qui n'endurcit pas son cœur dans le ressentiment et dans l'égoïsme, mais qui prend la vie à bras-le-corps. Toujours.

Il y a l'écho de tout cela dans la musique populaire. Pour autant, on m'a dit que je n'étais pas le premier pape à écouter du tango au Vatican : il semble que Casimiro Aín, un danseur argentin qui avait fait fortune en Europe – *El Vasquito*, on l'appelait –, a dansé devant Pie XI dans les années 1920.

Julio Sosa, l'orchestre de Juan D'Arienzo, les milongas d'Astor Piazzolla et Amelia Baltar, Ada Falcón, qui plus tard se fera nonne dans un village de la province de Córdoba, ou encore Azucena Maizani, qui habitait près de chez nous, et à qui, quelques semaines après avoir été ordonné prêtre, j'ai donné l'extrême-onction à l'hôpital... Eux aussi m'ont accompagné, eux aussi sont un pilier sonore de mon existence.

Le tango peut être tragique mais jamais pessimiste, parce qu'il reflète le tourment et l'élan, il évoque à la fois la nostalgie et l'espérance. C'est du nerf, c'est de la force, du caractère, un dialogue plein d'émotions, quelque chose de viscéral qui vient de loin, d'une racine antique, et qui inclut aussi bien la guidance que l'être guidé, la tendresse et la responsabilité de prendre soin de l'autre. « Il offre un passé à qui n'en a pas et un avenir à qui ne l'espère pas », a-t-on écrit. Un beau tango sait faire danser même le silence.

9

La journée filait comme une flèche

Nous étions toujours allés à l'école publique, mais après sa dernière grossesse, l'état de santé de ma mère exigeait qu'elle soit soulagée le plus possible des tâches domestiques : aussi nous, les trois plus grands, fûmes envoyés au collège dans un internat. Le père Pozzoli trouva pour Oscar et moi une place au collège salésien Wilfrid Barón de Los Santos Ángeles, à Ramos Mejía, une ville de la banlieue de Buenos Aires, où j'ai fait ma sixième en 1949.

La vie du collège était un tout. Nous étions immergés dans une trame unique et la journée filait comme une flèche, sans qu'on ait le temps de s'ennuyer. Je me sentais plongé dans un monde qui, bien que préparé « artificiellement » avec un grand souci pédagogique, n'avait précisément rien d'artificiel. On prenait le petit déjeuner, on allait à la messe, on suivait les cours, on jouait pendant la récréation, on étudiait, tout cela de façon naturelle et sans sentiment de rupture. Je vivais les différents aspects de ma vie non pas dans des compartiments étanches, mais dans une unique expérience de formation. Le collège édifiait une culture catholique qui n'était ni bigote ni dépourvue de direction. Et cela a créé en moi une conscience non seulement morale et chrétienne, mais aussi humaine, sociale, ludique, artistique... L'étude, les valeurs du vivre-ensemble, l'attention aux plus nécessiteux, à ceux qui étaient moins bien lotis – je me rappelle que j'ai appris là à me priver de quelque chose pour le donner à plus pauvre que moi –, le sport, la compétence... Tout nous apparaissait bien réel et constituait des habitudes, et cet ensemble d'habitudes modelait une façon d'être. Nous vivions totalement immergés dans ce monde, qui restait pourtant ouvert à la transcendance de l'autre monde. Et nous nous efforcions de faire chaque chose en lui donnant un sens. Rien ne paraissait « dépourvu de signification », du moins dans l'ordre fondamental des choses ; parce qu'il y avait bien sûr des gestes d'impatience de la part de certains éducateurs, de petites injustices quotidiennes, des querelles entre les enfants. Je ne veux pas tomber dans la psychologie de l'ancien élève, dans une attitude nostalgique, proustienne, qui ne retient que les meilleurs souvenirs en oubliant les aspects plus limités ou déficients. Au collège il y avait des défaillances, naturellement, mais la structure éducative n'avait rien de défectueux. Et jamais, dans mon souvenir du moins, on n'y négociait une vérité.

L'exemple le plus typique était celui du péché. Le sens du péché fait partie de la culture catholique, et ce que j'avais apporté de la maison s'est renforcé au collège, a pris corps. Après, on pouvait bien faire le rebelle, l'athée... le sentiment du péché était imprimé au plus profond : une vérité que l'on ne pouvait pas jeter aux orties pour se faciliter la vie.

Le pire mensonge, le plus grand et le plus dangereux, est « la vérité moins un », disait Lanza del Vasto, une personnalité aux multiples facettes, écrivain, philosophe, penseur chrétien et activiste non violent contre la guerre et les armements nucléaires. Un artisan de paix. Non pas la vérité, mais son semblant négocié, sa distorsion comique ou dramatique : une attitude qui rend le faux vraisemblable, l'erreur acceptable, qui fait de l'inapte un arrogant, de l'ignorant un savant, de l'incapable un puissant. C'est Judas le maître du vraisemblable, de la médisance. Et la médisance et le vraisemblable sont les adversaires les plus déloyaux de la vérité des choses. Il y a toujours quelque chose de démoniaque dans la médisance et dans la calomnie.

Au collège, j'ai appris presque inconsciemment à rechercher le sens et la vérité des choses.

Et j'ai appris à étudier. Les heures d'étude dans le silence créent une habitude de concentration, de domination de la dispersion. J'ai appris une méthode d'étude que je n'avais pas jusque-là, et même des règles mnémotechniques.

Au collège Wilfrid Barón (je suis le quatrième en partant de la gauche, au deuxième rang des élèves debout).

Mais on jouait aussi, et beaucoup. Le sport était un aspect fondamental de cette expérience. Et dans l'étude comme dans le sport, la compétition avait aussi une certaine importance : on nous apprenait le bon type d'affrontement, on nous apprenait à jouer proprement. Avec les années, j'ai eu l'occasion d'entendre maintes critiques sur cet aspect compétitif de l'existence… mais, curieusement, elles venaient la plupart du temps de chrétiens qui se disaient « libérés » de cette composante pédagogique mais qui ensuite, dans la vie quotidienne, s'entretuaient pour de l'argent ou du pouvoir… et ce d'une façon fort peu chrétienne.

Une dimension que le collège a beaucoup renforcée, c'est ma capacité à « sentir » ; et je me suis aperçu que la graine avait été plantée précisément pendant cette année d'internat. À Ramos Mejía, on a éduqué mon sentiment. Je ne parle pas de « sentimentalisme », mais du sentiment comme valeur du cœur : ne pas craindre de ressentir et de te dire à toi-même ce que tu ressens. L'éducation à la piété était aussi un autre élément clé. Une piété virile, adaptée à notre âge. Enfin, en étroite union avec l'amour et le sentiment, on nous enseignait l'amour de la pureté. À ce propos, il y a souvent une très grande incompréhension. Je ne sais pas ce qui est arrivé aux autres, dans d'autres collèges, ou au cours d'autres années scolaires, mais à moi on m'a enseigné à aimer la pureté sans aucun caractère obsessionnel. Il n'y avait pas d'obsession à l'égard de la sexualité au collège, j'en ai trouvé bien plus par la suite chez certains éducateurs ou psychologues qui faisaient grand étalage de leur « laisser-faire », mais au fond interprétaient chaque comportement avec une clé freudienne qui voyait du sexe partout.

Et puis il y avait le moment de la « Bonne nuit ». C'était une activité réservée au directeur, le père Emilio Cantarutti, même s'il était parfois remplacé par l'inspecteur, don Miguel

Raspanti. Je me rappelle fort bien un soir d'octobre 1949 où le père Raspanti venait tout juste de rentrer de Córdoba parce que sa mère s'en était allée... Ce fut ce soir-là qu'il nous parla de la mort. Et des années plus tard, je m'aperçois que cette petite réflexion vespérale est restée le point de référence de toute ma vie ultérieure sur ce thème. Ce soir-là, sans aucune peur, je sentis qu'un jour je mourrais, et cela me parut la chose la plus naturelle du monde.

Inconsciemment, on se sentait grandir en harmonie, un sentiment que j'aurais été bien incapable d'exprimer à cette époque, mais que j'ai compris par la suite. En somme, ces salésiens m'ont préparé au lycée et à la vie.

Il me revient aussi un épisode lié à cette année au collège de Ramos Mejía, qui peut sembler infime, mais qui ne le fut pas du tout pour moi. Un jour, j'ai prêté ma bicyclette à un camarade, il a eu un accident et il l'a cassée. Je lui ai alors dit qu'il devait la faire réparer, ce qu'il a fait : sa mère a dû payer. Certainement en faisant des sacrifices, étant donné qu'ils ne roulaient pas sur l'or. Voilà, cette faute m'est restée sur le cœur pendant des années. Vraiment pendant des années. Je sentais que j'avais été injuste, que j'avais accompli un geste qui manquait de générosité, et ce sentiment m'a accompagné très longtemps.

Je n'avais plus jamais revu ce garçon.

Jusqu'à ce que, bien des années plus tard – on était alors en 2009 et j'étais cardinal –, une juge de Buenos Aires, une femme de mon âge, vienne me dire qu'ils avaient découvert un document attestant un risque crédible d'attentat contre moi et qu'ils devaient donc me placer sous surveillance et sous escorte. Je tentai de m'y opposer, mais la juge se montra inflexible : cela relevait de sa responsabilité personnelle, me dit-elle. On me recommanda aussi de porter un gilet pare-balles, mais sur ce point ce fut moi qui me montrai intraitable : il n'en était pas question. Cela dura trois mois. Les premiers jours, les agents de l'escorte restaient un peu sur la réserve, puis ils comprirent que je voulais vivre cette expérience aussi de la façon la plus normale possible, dans la simplicité, et nous commençâmes à parler un peu de tout. Un jour, je racontai que j'étais allé au collège de Ramos Mejía.

« Mon père aussi y est allé, dit un des jeunes gens de l'escorte.

– Et comment tu t'appelles ? dis-je.

– Peña.

– Et ton père s'appelle José Valentin ?

– Oui. »

C'était le fils du garçon à la bicyclette ! Je me fis donner son numéro de téléphone, je l'appelai, je lui demandai pardon enfin, et une seconde fois encore, et ce remords qui m'avait accompagné pendant cinquante-neuf ans finit par lâcher prise.

Quelqu'un m'a demandé un jour quand finit l'enfance, quand on cesse d'être des enfants. Je crois savoir quand s'est terminée la mienne.

Je venais de terminer le premier cycle du collège, c'était l'été 1950, j'avais presque quatorze ans, et mon père m'a appelé : « Maintenant, tu as trois mois de vacances devant toi, m'a-t-il dit, tu iras chez tes grands-parents comme toujours, mais pour un mois seulement ; les deux autres, tu vas les passer à travailler. » Voilà : ce jour-là, j'ai d'une certaine façon perçu que le temps de l'enfance était terminé, qu'une nouvelle phase s'ouvrait. Je l'ai vécue pleinement, mon enfance, c'est pourquoi elle ne me manque pas. Si quelque chose me manque, tout compte fait, c'est du temps pour corriger ce que j'aurais voulu faire autrement dans l'enfance.

J'avais déjà travaillé un peu dans le commerce de mes

grands-parents depuis l'âge de dix ans, mais ce que j'aimais surtout, c'était fureter dans la boutique et chiper des bonbons. C'était un commerce à l'ancienne, où la confiance régnait : on remettait la marchandise, on l'inscrivait sur un calepin et les clients ne payaient qu'à la fin du mois. Pour mes grands-parents c'était un travail, mais pour moi, au fond, c'était un jeu.

À présent, les choses devenaient plus sérieuses. Mon père m'avait trouvé du travail dans une usine de chaussures par le biais d'un de ses clients, un juif grec qui s'appelait Mosè Nahmias, un brave homme qui allait ensuite venir à ma prise d'habit de séminariste. À l'usine, j'étais employé au ménage. J'ai travaillé là pendant les vacances trois étés de suite : avec un groupe de femmes et d'autres garçons je nettoyais les sols et les toilettes et je complétais cette activité avec quelques travaux administratifs.

À cette époque, j'envisageais de devenir médecin. Je m'étais même préinscrit dans un lycée proche de la maison, calle Carabobo ; juste en face habitait un footballeur qui s'amusait dans sa jeunesse à défier les gamins de Flores dans ces matchs de tous contre tous qui durent jusqu'à la tombée du jour, et qui allait devenir l'un des plus grands footballeurs de tous les temps : il s'appelait Alfredo Di Stéfano. En somme, je pensais que j'irais pendant cinq ans au lycée General Urquiza, puis à l'université. Mais un dimanche, au déjeuner chez mes grands-parents maternels, l'oncle Luigi et l'oncle Vincente m'ont dit : « Et après ? Quand tu sortiras de là, tu seras une encyclopédie à la manque, qui sait un peu de tout et rien à fond ; choisis plutôt une école technique, tu feras une année de plus, six au lieu de cinq, mais tu sortiras avec un avenir, tu seras chimiste, mécanicien, constructeur, tu pourras signer tes propres projets… » Ceux qui sortaient de ces écoles étaient habilités à concevoir des bâtiments ne dépassant pas deux étages.

Je fus convaincu. Et il se trouvait qu'un institut de chimie avait ouvert quelques mois plus tôt, spécialisé dans l'agro-alimentaire : une école expérimentale, modèle, où l'on n'acceptait chaque année qu'une poignée d'élèves, qui pourraient ensuite aller à l'université, voire à Chicago, connu alors comme aujourd'hui pour être l'un des plus grands centres mondiaux d'études et de recherche. Ce fut donc là que je m'inscrivis.

En mars 1950, j'ai ainsi entamé mes études à la Escuela Técnica Especializada en Industrias Quimicas n° 12, au 351 calle Goya, dans le quartier de Floresta – une école qui s'appelle aujourd'hui Escuela Técnica nº 27 Hipólito Yrigoyen, du nom du président de la République dont l'ami de mon grand-père Francisco, le señor Elpidio, avait été le vice-président. Nous étions quatorze, tous des garçons, parce qu'à cette époque les écoles étaient encore non mixtes. Mon père devint le premier président de la coopérative de l'école.

Avec mes camarades de l'Escuela Técnica
(je suis le premier debout en partant de la droite).

Ce fut un cursus sérieux, exigeant, qui alternait la pratique et la théorie le matin et l'après midi, tout en faisant place pendant les trois premières années aux humanités, à la littérature espagnole, à l'anglais et à l'histoire. Mais bien sûr c'était avant tout une école scientifique. Le programme de chimie inorganique de troisième année était le même que celui de la faculté ; quand on sortait de ces écoles, on pouvait donc sauter la première année d'université et passer les examens pour entrer directement en deuxième année.

À partir de la quatrième année, le stage pratique s'effectuait en usine ou en laboratoire. J'eus droit à la seconde option, un laboratoire d'analyses spécialisé dans l'industrie alimentaire. Nous pratiquions des analyses bromatologiques pour déterminer la valeur nutritive des aliments, des examens organoleptiques ; je me souviens qu'une fois j'ai eu à analyser le taux de rancidité du chocolat, et, entre une épreuve et l'autre, j'avoue en avoir mangé pas mal. Au laboratoire Hickethier-Bachmann, situé dans le centre-ville, calle Azcuénaga, entre Arenales et Santa Fe, j'arrivais le matin à sept heures et je travaillais jusqu'à treize heures ; puis une heure de route jusqu'à l'école où je restais de quatorze heures à dix-huit ou dix-neuf heures, et ainsi chaque jour. Un rythme très soutenu, certes, mais on apprenait beaucoup, et le travail était rémunéré : je gagnais deux cents pesos, une bonne paie pour un débutant.

L'atmosphère entre camarades était amicale, même s'il y avait ici et là quelques brouilles ou quelques affrontements. Surtout avec deux garçons que, superficiels comme nous l'étions, nous tenions pour des idiots, des incapables. Ce n'était pas du harcèlement, mais plutôt du dénigrement, du mépris.

Je me battis une fois avec l'un des deux. J'en suis resté longtemps meurtri, parce que pour ma part, je n'avais pas agi proprement. Au cours de la bagarre, je l'avais jeté à terre et en tombant il s'était cogné la tête et s'était évanoui ; qui plus est, je m'étais conduit d'une façon lâche, avilissante à mes yeux. Mon père m'emmena lui rendre visite chez lui : je le trouvai au lit, je m'excusai, les choses s'arrangèrent peu à peu, et le garçon finit par s'intégrer au reste du groupe... Mais le poids de ce geste me restait sur le cœur.

Les années passèrent et, alors que j'étais archevêque de Buenos Aires, je le rencontrai à nouveau : il était devenu pasteur évangélique, avec une belle famille de cinq enfants. Il m'apparut comme un homme d'une grande bonté, qui venait encore de me donner une magnifique leçon. Depuis lors, nous ne nous sommes plus perdus de vue.

Un autre de mes anciens compagnons, Alberto, d'origine napolitaine, est venu lui aussi me trouver au Vatican avec toute sa famille. Quand j'étais évêque de Buenos Aires, il m'a téléphoné un jour : « S'il te plaît, m'a-t-il dit, viens rendre visite à ma mère, elle est à bout de forces mais elle ne veut pas mourir parce qu'elle dit qu'elle se fait beaucoup de souci pour moi, qu'elle a un poids sur le cœur et se sent très coupable. » J'allai trouver cette dame de plus de quatre-vingt-dix ans qui, avec un filet de voix, me raconta ses tourments.

« Tranquillisez-vous, madame, votre fils va bien, lui dis-je.

– Alors je peux m'en aller ?

– Oui, madame. »

Et le lendemain, le cœur en paix, la maman d'Alberto est morte.

Nous sommes quatre de cette classe à être encore en vie, et soixante-cinq ans plus tard nous sommes toujours en contact : le Jour de l'amitié, le 20 juillet, les lettres se croisent, nous nous racontons les nouvelles, nous échangeons des vœux, nous nous moquons un peu de nous-mêmes. Dans la mesure du possible, la classe reste unie.

Mais ils n'allaient pas recevoir leurs diplômes tous ensemble à la fin de l'année 1955, ces quatorze garçons qui six ans plus tôt, au mois de mars, avaient mis le pied pour la première fois à la Escuela Técnica Especializada en Industrias Quimicas n° 12, remplis d'espérance. Pas tous, hélas.

L'un d'eux devait tomber tragiquement sur le chemin.

10

Ils se reconnurent de loin

C'était le fils d'un policier. Et sans doute, à bien des égards, le plus intelligent et le plus doué d'entre nous, connaisseur passionné de musique classique, avec une culture littéraire du même niveau que sa culture musicale… C'était un génie, ce grand et gros garçon, le plus corpulent d'entre nous. Un génie.

Mais l'âme de l'homme est parfois un mystère insondable. Et un jour en apparence comme un autre, ce garçon a pris le pistolet de son père et a tué un garçon de son âge, l'un de ses amis du quartier.

Pour nous aussi, cette nouvelle fut une déflagration : elle nous laissa sous le choc. Ils l'enfermèrent dans la section pénale de l'asile, où j'allai le trouver. Ce fut ma première expérience concrète de la prison, d'un double enfermement, puisqu'il était détenu dans le secteur réservé aux malades mentaux. Je ne pus parler à mon ami qu'à travers une minuscule fenêtre, un timbre-poste plié en quatre encastré dans une lourde porte en fer et protégé par une grille. Ce fut terrible, et j'en restai profondément perturbé. J'y retournai avec quelques camarades pour lui rendre visite. Mais quelques jours plus tard, j'entendis à l'école un membre du personnel et des garçons d'une autre classe parler de lui sur un ton de moquerie. J'entrai en fureur. Je les traitai de tous les noms, puis je me précipitai chez le directeur pour exprimer ma désapprobation, pour lui dire que des choses pareilles ne devaient plus arriver, que c'était d'autant plus grave qu'un membre du personnel était impliqué, et que ce garçon subissait déjà assez d'épreuves entre l'asile et la prison. Cet accès de fureur me conféra à l'école une certaine réputation d'homme droit, dont je ne sais pas jusqu'à quel point elle était méritée ; c'est comme ça, avec la réputation. Mon ami fut ensuite envoyé en maison de correction – il avait échappé à la perpétuité parce qu'à l'époque des faits il était encore mineur – et nous continuâmes à nous écrire. Il fut libéré quelques années plus tard.

Après mon diplôme, alors que j'avais entamé mon noviciat, un ancien camarade de classe me téléphona : il me dit qu'il avait réussi à entrer en contact avec la sœur de ce garçon, et qu'elle avait eu la tristesse de lui apprendre qu'il s'était suicidé peu après sa sortie de la maison de correction. Il avait alors vingt-quatre ans.

Parfois, comme dit le psaume, le cœur de l'homme est un abîme.

Ce fut une douleur, qui me remit à l'esprit et au cœur une autre douleur.

J'étais en classe de seconde quand, dans l'autobus, un garçon qui entamait le lycée s'approcha de moi. Je crois qu'il me demanda si je pouvais lui procurer un livre dont il avait besoin ; je lui dis que je l'avais à la maison et que je le lui apporterais – et c'est ainsi que commença notre relation. Il était fils unique, et bien connu à l'école pour ses indisciplines. J'avais déjà entendu en moi l'appel, je percevais de façon intense ma vocation, sans en avoir encore parlé à quiconque ; je compris que ce garçon n'avait pas encore fait sa première communion et j'entrepris de l'accompagner, de lui parler, de prendre soin de lui comme je le pouvais. J'allai aussi chez lui pour faire la connaissance de ses parents, des braves gens, cette famille Heredia, mais… Mais à la fin, alors que j'étais en terminale, ce garçon tua sa mère avec un couteau. Il ne devait pas avoir plus de quinze ans.

Je me rappelle la veillée funèbre dans cette maison, le visage terreux du père, accablé par cette double douleur, qui ne pouvait trouver la paix. Il semblait porter le masque de Job : « Mon œil est obscurci par la douleur ; tous mes membres sont comme une ombre » (Job 17, 7).

Cette nouvelle aussi fit l'effet d'une bombe à l'école, on pourrait sans doute dire qu'elle nous introduisit au tragique et à la complexité de la vie. Jorge Luis Borges a écrit : « J'ai tenté, je ne sais avec quel succès, de composer des récits linéaires. Je n'ose pas affirmer qu'ils sont simples : il n'y a pas sur terre une seule page, une seule parole qui le soit. »

L'humilité est un secours pour représenter l'expérience complète de la vie.

J'ai beaucoup apprécié et estimé Borges, j'ai été frappé par le sérieux et la dignité avec lesquels il menait son existence. C'était un homme très sage et très profond. Quand, à vingt-sept ans à peine, je devins professeur de littérature et de psychologie au collège de l'Immaculée Conception de Santa Fe, je donnai un cours d'écriture créative, et j'eus l'idée de lui envoyer par le biais de sa secrétaire, qui avait été ma professeure de piano, deux histoires écrites par les élèves. J'avais l'air encore plus jeune que je ne l'étais, au point qu'ils m'avaient surnommé entre eux « *Carucha* » (face de bébé). Borges, au contraire, était déjà l'un des auteurs les plus célèbres du XXe siècle ; et pourtant, il se fit lire ces histoires – puisqu'il était déjà pratiquement aveugle –, et elles lui plurent beaucoup. Il me demanda de les recueillir dans un livre, qui fut ensuite publié par l'éditeur argentin Castellví sous le titre *Cuentos originales*, dont Borges se proposa d'écrire le prologue, qui fut sans doute sa préface la plus généreuse : « Ce prologue est non seulement pour ce livre, mais aussi pour chacune des œuvres, en nombre encore indéfini, que les jeunes gens réunis ici pourront rédiger dans l'avenir. »

Je l'invitai à donner quelques leçons sur le thème des gauchos en littérature, et il accepta ; il pouvait parler de tout sans jamais se donner de grands airs. À soixante-six ans, il prit un train de nuit depuis Buenos Aires et fit un voyage de huit heures pour rejoindre Santa Fe. Une fois, nous arrivâmes en retard parce que, quand j'allai le chercher à l'hôtel, il me demanda si je pouvais le raser. C'était un agnostique qui récitait chaque soir le *Notre Père* parce qu'il l'avait promis à sa mère, et qui allait mourir muni des saints sacrements. Seul un homme d'une grande spiritualité aurait pu écrire un tel récit : « Abel et Caïn se rencontrèrent après la mort d'Abel. Ils marchaient dans le désert et se reconnurent de loin, parce qu'ils étaient tous deux très grands. Les frères s'assirent par terre, firent du feu et mangèrent. Ils gardaient le silence, à la façon des gens fatigués lorsque le jour décline. Dans le ciel apparaissaient quelques étoiles, qui n'avaient pas encore reçu de nom. À la lumière des flammes, Caïn aperçut au front d'Abel la marque de la pierre ; il laissa tomber le pain qu'il allait porter à sa bouche et demanda que son crime lui fût pardonné. Abel répondit : “C'est toi qui m'as tué ou bien c'est moi qui t'ai tué ? Je ne me souviens plus ; nous sommes ici ensemble comme avant. – Maintenant, je sais que tu m'as vraiment pardonné, dit Caïn, parce que oublier, c'est pardonner. Moi aussi j'essaierai d'oublier[1]..." »

Outre les amis de l'école, il y avait ceux de la paroisse de San José de Flores. Nous commençâmes à nous fréquenter plus assidûment à l'issue de nos trois ans d'études. On sortait en bande, on organisait des fêtes, ma sœur Marta se fiança avec un garçon du groupe.

Moi aussi j'étais attiré par deux filles à cette époque, l'une de la paroisse de Flores, et l'autre du quartier de Palermo, qui est un peu la Little Italy de Buenos Aires, avec en son cœur la Plaza Italia et, au centre de la place, le monument équestre à Giuseppe Garibaldi. J'avais fait la connaissance de cette jeune fille parce que nos pères étaient amis et que nos deux familles s'étaient mises à se fréquenter. Mais il n'y eut pas de fiançailles officielles, nous sortions simplement

À une fête avec des amis et des cousins (ma sœur Marta est la première en haut à gauche, je suis en bas à droite).

ensemble, nous allions danser le tango. J'avais dix-sept ans, et je sentais déjà monter en moi l'inquiétude de la vocation et du sacerdoce. Ces deux dames sont encore en vie, et je les ai rencontrées toutes les deux alors que j'étais évêque : l'une participait à l'encadrement d'une paroisse du quartier de Caballito, avec un mari et des enfants, et l'autre vivait toujours à Palermo, elle aussi avec une grande et belle famille.

Mais avant cela encore, je connus un amour enfantin pour une petite fille de Flores, une histoire tendre que j'avais oubliée et qui m'a été rappelée peu après mon élection au siège de saint Pierre.

C'était une de mes camarades de l'école élémentaire, nommée Amalia Damonte. Je lui écrivis une lettre dans laquelle je lui disais que nous devions nous marier, que c'était elle ou personne, et pour appuyer cette proposition je dessinai même la petite maison blanche que j'achèterais et où nous irions vivre un jour – un dessin que, curieusement, cette enfant a conservé toute sa vie. Elle habitait une maison de la calle Membrillar à quelques pas de la nôtre, et sa famille était elle aussi d'origine piémontaise. Mais en dépit de nos racines communes, sa mère avait semble-t-il d'autres projets pour elle ; et dès qu'elle me voyait dans les parages, elle me chassait en agitant son balai.

C'était la normalité et la simplicité de la vie affective et relationnelle, d'un enfant d'abord et d'un adolescent ensuite. Le jeu, l'étude, le divertissement, l'amitié, les sorties ensemble, les premiers élans amoureux.

Et en même temps, la complexité de l'existence réservait des histoires plus amères et plus tristes, d'injustice et de fatigue de vivre, au sein même de la famille. Comme l'histoire de la tante Rosa.

Rosa Gogna était la sœur aînée de ma grand-mère maternelle, et elle habitait une simple pièce dans le jardin de la grande maison de la calle Bocayuva, tout à côté de l'atelier de menuiserie de mon grand-père. Elle approchait de la quarantaine et elle avait été la marraine de la dernière sœur de ma mère, Catalina. C'était une femme étrange, célibataire depuis toujours, qui menait une vie extrêmement solitaire et d'une certaine façon séparée du reste de la famille. Elle ne venait pas aux célébrations avec nous et ne participait pas aux déjeuners et aux fêtes de famille. Elle avait eu un AVC qui lui avait laissé une paralysie partielle du visage, et pour cette raison, avec la superficialité et l'effronterie des enfants, nous l'appelions entre nous *la zia Settebello* – « la tante beau sept », du nom d'une figure du jeu de cartes nommé *scopa*. Elle nous semblait un peu folle, et elle était parfois la cible de nos plaisanteries.

Et puis, nous grandîmes. À l'adolescence, quand j'avais seize ou dix-sept ans, j'éprouvai le besoin de la voir. Elle avait quitté la maison de mes grands-parents et avait loué une petite chambre avec une salle de bains et une cuisine minuscule, qu'elle avait remplie d'une infinité de choses, pour l'essentiel saugrenues et inutiles ; aujourd'hui on dirait qu'elle était atteinte du syndrome de Diogène, ce besoin compulsif d'accumuler – il faudrait plutôt appeler ce trouble la « jettophobie ». On découvrit plus tard qu'elle avait enroulé et dissimulé l'argent de sa pension dans du papier hygiénique. J'allai donc lui rendre visite et j'éprouvai une grande peine à la voir aussi seule et dans cet état : il me semblait que cette femme n'avait jamais connu dans sa vie la chaleur d'une caresse. Dans cette petite maison elle vivait l'existence d'un chien errant, submergée par les objets qu'elle avait amassés et qu'elle continuait d'accumuler ; en entrant chez elle, je devais me tailler un chemin comme un explorateur entre tout un fourbi de boîtes et de babioles, et en sortant de là je passais une demi-heure à me gratter. J'aurais voulu l'aider, ça me faisait mal, mais je ne savais pas quoi faire face à cette situation : ma grand-mère Maria était en vie, ses cinq enfants également, mais la tante Rosa avait été comme effacée de la famille. C'était ma tante « clocharde ».

Un jour de 1958, alors que j'effectuais mon noviciat jésuite à Córdoba, mon père vint me rendre visite : « Je t'en prie, lui dis-je, va voir tante Rosa. » Et papa, qui était un homme très charitable, me le promit et y alla aussitôt. Il y était retourné plusieurs fois, m'écrivit-il – puisque pendant cette période de noviciat il n'était pas permis de nous téléphoner –, et quand il revint me voir je lui demandai : « Pourquoi vous ne la prenez pas chez vous ? » Ils résidaient déjà avenida Rivadavia à l'époque, au numéro 8862, dans la grande maison où je n'ai jamais habité et où mon père allait mourir trois ans plus tard. Ils le firent. Ils préparèrent pour elle une jolie petite chambre à côté de l'escalier, et la tante emménagea chez eux. C'est dans cette maison, et non dans la solitude, qu'elle a vécu la dernière partie de son existence.

Alors que j'étais en première année de philosophie, un jour que j'étudiais en écoutant *Le Messie* de Haendel, le téléphone sonna et je reçus la nouvelle : je crois que c'était le 15 août 1962. Tante Rosa était morte à quatre-vingt-trois ans, et elle était partie dans la sérénité. Sa vie pendant de longues années avait été une injustice que la générosité de mes parents avait finalement réussi à réparer.

11

Comme la branche de l'amandier

C'était le 21 septembre 1953 et le rendez-vous était fixé. Un lundi, mais un lundi férié : dans cette partie du monde, la mienne, on célèbre ce jour-là le début du printemps, et avec les amis de la paroisse nous en parlions depuis un moment.

El Día de La Primavera est aussi la Journée nationale de l'étudiant, et donc une grande fête pour tous les jeunes gens. On sort en bande, on fait des pique-niques, on s'allonge sous le premier soleil qui vient chasser l'humidité et le froid de l'hiver, on joue de la guitare ou on écoute des concerts en plein air, et les ruelles et les jardins s'ornent des fleurs violettes des jacarandas. En général, à Buenos Aires, on va au « Jardín Japonés », ou sur la plaza Francia, ou à Los Bosques de Palermo, qui sont parmi les plus beaux endroits de la capitale. En tout cas, nous étions d'accord.

Ce matin-là, je devais faire une commission pour ma mère – une histoire de papiers pour aider une dame du quartier à obtenir sa pension – et je devais ensuite retrouver les autres à l'arrêt d'autobus. Mais avant d'y arriver, en passant devant l'église San José, j'ai entendu comme l'appel de quelqu'un – ou plus exactement : j'ai senti quelque chose qui me poussait à entrer ; quelque chose de fort et de jamais entendu jusque-là, que j'abordai même avec un peu de superstition : si tu n'entres pas, il pourrait t'arriver quelque chose… J'entrai donc, je regardai au fond de la longue nef de la basilique, vers l'autel, et je vis venir à moi un prêtre que je ne connaissais pas, que je n'avais jamais vu auparavant, alors que c'était l'église où nous allions habituellement à la messe le dimanche. À cet instant, j'éprouvai la nécessité de me confesser. Le prêtre s'assit dans un confessionnal, le dernier à la gauche de l'autel, et j'y entrai aussi. Je ne sais pas raconter autrement ce qui s'est passé : je confessai mes péchés bien sûr, et ce prêtre fit preuve envers moi d'une très grande gentillesse… Et pourtant je m'aperçois que cela ne suffit pas à tout expliquer. Le fait est que, quand je ressortis, je n'étais plus le même, et je savais que je deviendrais prêtre.

Jusqu'alors, l'idée m'en était confusément passée par la tête au cours de mon année d'internat au collège salésien, comme une possibilité, mais ce n'était guère plus qu'une idée de gamin, quelque chose que j'avais gardé pour moi ; et c'était reparti comme ça m'était venu, avec l'été, les vacances et le travail de nettoyage à l'usine.

Ce qui est sûr, c'est qu'en cette journée de printemps, ça ne faisait pas partie de mes projets. Pas plus que cette pensée ne m'avait traversé quand j'étais entré dans l'église ce matin-là.

Mais désormais, j'étais « tombé du cheval » et tout avait changé.

Je ne retrouvai pas mes amis à l'arrêt d'autobus comme nous en étions convenus. On a écrit quelque part que j'étais censé me déclarer ce jour-là auprès d'une hypothétique fiancée, mais il n'en est rien : c'est une pure invention romanesque. Mais en tout cas, je n'allai pas au rendez-vous. Quelque chose de grave était arrivé, et je ne pouvais pas l'ignorer. Je ne savais pas que j'avais déjà pris un autre rendez-vous, mais comme j'allais souvent en faire l'expérience par la suite, le Seigneur a de l'avance sur nous. En Argentine, on a une expression un peu plus rude qui rend bien cette idée : Il nous *primerea*, Il nous passe devant. Comme la branche d'amandier, par laquelle le définit le prophète Jérémie, celle qui au printemps fleurit la première (Jér 1, 11). On croit que c'est nous qui Le cherchons, mais Lui nous a déjà trouvés. Nous péchons, et Lui nous attend pour nous pardonner.

Il était déjà là, et moi, je l'ai appris avec stupeur.

Je fis la commission pour l'amie de ma mère, je rentrai à la maison pour déjeuner et j'y restai.

Mais avant, une fois sorti du confessionnal, je m'étais arrêté un instant pour parler à ce prêtre, qui devait avoir une cinquantaine d'années : « Je ne vous ai jamais vu, vous n'êtes pas d'ici, n'est-ce pas, mon père ? »

Il me dit qu'il s'appelait Carlos Duarte Ibarra et qu'il était de Corrientes, une province située à huit cents kilomètres de Buenos Aires, à la frontière avec le Brésil.

Je ne lui racontai rien d'autre, et certainement pas ce que je venais d'éprouver à ce moment, pas plus que je n'en parlerais à personne pendant mes années de lycée.

Mais je laissai passer une semaine, puis, au cours des mois suivants, je continuai à aller voir ce prêtre, parfois avec l'un de mes amis proches, Luigi Maria Canton. Et avec lui – avec le père Duarte, j'entends –, je commençai à parler, d'un peu de tout, et aussi de ce qui m'était arrivé. Il venait de la ville de São Tomé, un petit chef-lieu de vingt mille habitants qui avait été fondé à titre de réduction jésuite, relié à la ville brésilienne de São Borja par le Ponte da Integração et à présent il demeurait à la maison du clergé de Flores parce qu'il était suivi pour un cancer à l'hôpital militaire où il était chapelain. Il avait une leucémie. Il me raconta qu'il était un converti et qu'avant de devenir prêtre, il avait été artiste de théâtre. On sentait bien d'ailleurs que c'était un homme de culture. Nous allâmes ensemble au théâtre ou à l'opéra ; et une fois, il m'invita à voir un film d'inspiration chrétienne, un péplum qui avait eu cette année-là un succès colossal : *La Tunique*, avec Richard Burton, que je devais revoir ensuite avec ma grand-mère Rosa. En somme, nos rencontres se poursuivaient tout comme nos discussions, il me tranquillisait avec beaucoup de respect et d'humanité.

Jusqu'à ce que la maladie finisse par s'aggraver et que le père Duarte en meure en l'espace de quelques mois. J'étais avec lui à l'hôpital quand cela arriva. Je pleurai d'angoisse, comme je ne me rappelle pas avoir pleuré auparavant. C'était la première fois que je connaissais un pareil désespoir. Je me sentis totalement perdu, seul, abandonné ; presque avec la crainte que, une fois cet homme parti, le seul avec qui j'avais partagé ces pensées, cet homme qui me faisait éprouver la miséricorde de Dieu, Dieu Lui-même m'ait abandonné.

Et au contraire, j'allais rencontrer Sa miséricorde une fois de plus.

Le 21 septembre est la Saint-Matthieu, et Bède le Vénérable, parlant de la conversion de celui-ci, dit que Jésus regarda Matthieu le publicain, « *miserando atque eligendo* ». Cette phrase allait devenir ma devise épiscopale, puis papale, une expression qu'il est impossible de traduire littéralement mais qui, mot à mot, signifierait : « en accordant miséricorde et en choisissant » – un peu comme un travail artisanal, de ceux qu'exécutait mon grand-père Francisco dans sa menuiserie de Bocayuva. « Il lui accorda Sa miséricorde. » Quand des années plus tard, en récitant le bréviaire latin, j'ai découvert cette lecture, j'ai compris que le Seigneur m'avait modelé artisanalement avec Sa miséricorde. Chaque fois que je venais à Rome et que je logeais via della Scrofa, j'allais à l'église Saint-Louis-des-Français pour prier devant le tableau du Caravage, *La Vocation de saint Matthieu*, cette scène si symbolique, avec des personnages contemporains de l'artiste, plongés dans une épaisse pénombre traversée d'un rayon de lumière blanche.

Mais il ne faut pas croire qu'en ce jour de septembre je sois resté foudroyé, comme par quelque chose qui vous cloue sur place une fois pour toutes. C'est une pensée qui vous marque, mais qui s'en va et qui revient, une idée forte sur laquelle viennent se greffer des mécanismes, parfaitement humains, de défense et de refoulement, une idée que l'on range dans un coin et qui reprend corps, et qui revient, encore et encore, à chaque fois plus forte.

Quand je lis la conversion de saint Paul, ce qui lui est arrivé sur la route de Damas le jour où son cheval l'a désarçonné, je pense que pour lui aussi, ça s'est passé comme ça. Je ne pense pas qu'il ait compris tout de suite : il est allé dans le désert, puis en Arabie, et puis il est retourné à Damas… Les processus humains sont lents, ils ont besoin de temps pour mûrir.

Je suis retourné à l'école, évidemment, j'ai continué ma vie et j'ai été dans le monde, avec les leçons, les amis, les sorties entre camarades, le camping, le travail au laboratoire, les activités de l'Action catholique, la paroisse, sans jamais parler à personne de ma volonté de me faire prêtre. J'ai vécu l'expérience de la solitude, une « solitude passive », de celles dont on souffre sans motif apparent, qu'aucune crise ni aucune perte n'a fait naître. Et pourtant, j'étais tombé de cheval, et une autre voie s'était ouverte.

Ma première carte d'identité, à dix-huit ans.

Et jusque dans les moments obscurs, même au moment du péché, j'ai entendu que le Seigneur ne m'avait pas abandonné, qu'Il avait ouvert Son cœur – c'est le sens étymologique du mot « miséricorde » – au malheureux. Pour moi c'est vraiment cela la carte d'identité de Dieu : la miséricorde. J'ai toujours été frappé par l'histoire d'Israël telle qu'elle est racontée dans la Bible, au chapitre 16 du livre d'Ézéchiel. Cette histoire compare Israël à une enfant nouveau-née, dont on n'a pas coupé le cordon ombilical, qui est laissée dans son sang, jetée là. Dieu la vit qui se débattait dans son sang, Il la nettoya, Il l'oignit d'huile, Il la vêtit, et quand elle eut grandi, Il la couvrit de soie et de joyaux. Mais elle, infatuée de sa propre beauté, se prostitua, non en se faisant payer, mais en payant elle-même ses amants. Dieu pourtant n'oubliera pas son alliance et Il la mettra au-dessus de ses sœurs aînées, pour qu'Israël se souvienne et qu'elle soit couverte de honte (Ez 16, 63), quand il lui sera pardonné ce qu'elle a fait. C'est là pour moi l'une des plus grandes révélations : tu continueras à être le peuple élu, tes péchés te seront pardonnés. Jésus a dit qu'Il n'était pas venu pour les justes, mais pour les pécheurs. Non pour les bien-portants, qui n'ont pas besoin du médecin, mais pour les malades. Voilà : la miséricorde est profondément unie à la fidélité de Dieu. Le Seigneur est fidèle parce qu'Il ne peut pas se renier Lui-même. Saint Paul l'explique très bien dans la Deuxième Épître à Timothée (2, 13) : « Si nous manquons de foi, Lui reste fidèle à Sa parole, car Il ne peut se rejeter Lui-même. »

Je me souviens de mes péchés et j'en ai honte, mais même dans ces moments-là le Seigneur ne m'a jamais laissé seul : Il ne laisse jamais personne seul.

Je suis un pécheur. C'est la définition la plus juste. Et ce n'est pas une façon de dire, un artifice dialectique, un genre littéraire, une pose théâtrale. Je suis comme Matthieu dans cette toile du Caravage : un pécheur sur lequel le Seigneur a posé les yeux. Et c'est ce que j'ai dit quand on m'a demandé si j'acceptais l'élection au pontificat : « *Peccator sum, sed super misericordia et infinita patientia Domini nostri Jesu Christi confisus et in spiritu penitentiae accepto* ». « Je suis pécheur, mais je m'en remets à la miséricorde et à l'infinie patience de Jésus-Christ notre Seigneur, et je l'accepte dans un esprit de pénitence. »

Quand quelqu'un s'étonne que j'aie à maintes reprises souligné cette idée, c'est moi qui suis rempli de stupeur : je me sens pécheur, je suis certain de l'être ; je suis un pécheur que le Seigneur a regardé avec miséricorde. Comme je l'ai dit en me présentant aux gardiens de la prison de Palmasola, lors de mon voyage apostolique en Bolivie en

2015 : celui que vous avez devant vous est un homme pardonné. Un homme qui a été et qui est encore sauvé de ses nombreux péchés.

Dieu m'a regardé avec miséricorde et Il m'a pardonné. Aujourd'hui encore je commets des erreurs et des péchés, et je me confesse tous les quinze ou vingt jours. Et si je me confesse, c'est parce que j'ai besoin d'entendre que la miséricorde de Dieu est encore sur moi.

Il faut faire confiance à Dieu et à Sa miséricorde, qui a la force de nous transformer. Toujours. Et Dieu pardonne avec une caresse, non avec un décret. Si le chrétien veut que tout soit clair et certain, alors il ne trouve rien. La tradition et la mémoire du passé doivent nous aider à avoir le courage d'ouvrir à Dieu de nouveaux espaces. « Nous sommes la nouveauté, écrivait don Mazzolari, même si nous portons sur les épaules deux mille ans d'histoire. L'Évangile est la nouveauté. » Ceux qui aujourd'hui ne cherchent jamais que des solutions disciplinaires, qui visent à l'excès la « sécurité » doctrinale, ceux qui cherchent obstinément à retrouver le passé perdu, ont une vision statique et involutive. Alors la foi devient une idéologie parmi d'autres, non une expérience vivante.

Moi-même j'ai une certitude dogmatique : Dieu est dans la vie de chaque individu, Il est dans la vie de chacun. Même si la vie de quelqu'un a été un désastre, s'il l'a détruite par des vices, par la drogue ou par quoi que ce soit d'autre, Dieu est dans cette vie. On peut et on doit Le rechercher dans chaque vie humaine. Même si c'est un terrain rempli de ronces et de mauvaises herbes, il y a toujours un endroit où le bon grain peut croître. Et Dieu ne se borne pas à rasséréner sur le plan psychologique, ce n'est pas un anxiolytique. Il fait beaucoup plus : Il nous offre l'espérance d'une vie nouvelle. Il permet de ne pas rester emprisonné dans son passé, quel qu'il soit, et de commencer à regarder le présent d'une autre façon.

Nous sommes tous des pécheurs. Si je disais de moi que je ne le suis pas, je serais le plus corrompu de tous. Dans la prière à Marie nous disons qu'elle est notre mère à nous, les pécheurs, et c'est bien ainsi. Mais elle n'est pas la mère des corrompus. Elle ne peut pas l'être. Parce que les corrompus vendent leur mère, ils vendent l'appartenance à une famille, à un peuple. Ils font un choix égoïste, je dirais même satanique : ils ferment la porte à clé de l'intérieur. Ils s'enferment à double tour. Le corrompu ne se reconnaît pas pécheur, il n'en a pas l'humilité ; il n'a jamais péché, il ne connaît pas la faute. L'incapacité à se sentir coupable est une maladie grave et répandue, surtout à notre époque. Une maladie qui fait peur. Matthieu, le publicain que le Christ a fait apôtre en transformant son cœur et son monde, était un traître à sa patrie et un pécheur, mais pas un corrompu. Il n'avait pas complètement fermé la porte. Un soupirail suffit à Dieu pour entrer, et c'est ce qu'a fait Sa miséricorde avec moi.

12

Ils dévorent Mon peuple comme on mange du pain

Je poursuivis mes études, et avec elles le travail chaque matin au laboratoire d'analyses. Ça me plaisait. J'avais pour chef une grande dame, Esther Ballestrino de Careaga, chercheuse en biochimie pharmaceutique, qui, entre les alambics, les réactifs et les microscopes, m'apprit non seulement la culture du travail, mais la méticulosité qui doit nécessairement l'accompagner. La hâte avec laquelle je lui apportais parfois les résultats d'une analyse la rendait suspicieuse : « Mais tu as fait aussi tel ou tel test ? » Je lui répondais que je n'en voyais pas la nécessité, du moment que tous les tests précédents laissaient prévoir que le résultat devait être celui-là. « Ça ne marche pas comme ça, me disait-elle : Le scrupule et la précision font tout dans notre travail. Les raisonnements scientifiques sont fondés sur l'expérience empirique. »

Mais cette grande dame fit encore davantage : elle m'apprit à penser ; à penser la politique, je veux dire.

Elle était née en 1918 à Encarnación, au Paraguay. Elle avait d'abord été maîtresse d'école avant de passer ses diplômes d'université, tout en devenant aussi une activiste du Parti révolutionnaire fébrériste comme du Mouvement fébrériste d'émancipation des femmes et des travailleurs des campagnes. Marxiste, dans le viseur des autorités et des latifundistes, et pour cela persécutée sous la dictature de Morínigo, elle choisit l'exil en Argentine où elle se maria et eut trois filles, avec lesquelles je suis encore en contact.

Nous nous sommes rencontrés quand elle avait trente-cinq ans et moi pas encore dix-sept ans, c'était l'époque de la célèbre affaire Rosenberg, ce couple de juifs américains condamnés à mort aux États-Unis. Arrêtés en plein maccarthysme, ils avaient été jugés coupables d'avoir remis à l'Union soviétique des documents relatifs au projet de la bombe atomique, au terme d'un procès dominé par l'émotion, confus et contesté. L'affaire avait profondément bouleversé l'opinion publique mondiale, au point qu'il y eut une vaste campagne d'appels internationaux demandant leur grâce, signée notamment par l'auteur américain Dashiell Hammett, par Bertolt Brecht, Pablo Picasso, Frida Kahlo, Jean-Paul Sartre, Albert Einstein et jusqu'au pape Pie XII. Rien n'y fit. Les deux époux furent finalement envoyés à la chaise électrique au pénitencier de Sing Sing. Je me rappelle que ce fut l'un de nos premiers débats avec Esther, elle m'en parlait, elle me donnait sa version de militante.

Elle m'a fait lire des livres, elle m'a poussé à élargir mes connaissances par d'autres lectures. Dans ces années-là, la *unidad básica*, la section locale du mouvement péroniste, tout comme le comité radical ou le siège du parti socialiste, était un lieu de culture politique ; la vie politique y était extrêmement encouragée. J'aimais aller dans tous ces endroits. Je me retrouvais même à lire *La Vanguardia*, la revue qui était alors distribuée dans la rue par les militants socialistes. Et quand Esther m'apportait le journal communiste *Nuestra Palabra*, je le lisais ; je n'étais pas d'accord avec tout, mais j'en discutais avec elle et cela me donnait matière à penser. C'était une femme respectueuse, nullement fanatique, et dotée d'un grand sens de l'humour. De la même façon, je m'intéressais à l'art social et au travail culturel et politique du Teatro del Pueblo de Leónidas Barletta, qui donnait ses représentations dans un sous-sol de la rue Diagonal Norte.

J'ai dit un jour que les communistes nous ont volé la bannière, parce que la bannière des pauvres est chrétienne, c'est indiscutable. L'Évangile, le chapitre 25 de Matthieu, le protocole selon lequel nous serons jugés, tout cela est un peu plus ancien que Lénine. À tous points de vue.

Celui qui croit en Dieu, qui croit en Jésus-Christ et dans son Évangile sait que le cœur de l'Évangile est l'annonce faite aux pauvres. Il suffit de le lire. Jésus est extrêmement clair sur ce point. Il dit de Lui-même : « Il m'a oint pour annoncer une bonne nouvelle aux pauvres ; Il m'a envoyé pour guérir ceux qui ont le cœur brisé, pour proclamer aux captifs la délivrance, et aux aveugles le recouvrement de la vue, pour renvoyer libres les opprimés… » (Luc 4, 18). Aux pauvres. Ceux qui ont besoin d'être sauvés, qui ont besoin d'être accueillis dans la société. Puis, si on lit l'Évangile, on voit aussi que Jésus avait une préférence pour les marginaux : les lépreux, les veuves, les orphelins… Et aussi pour les pécheurs, et c'est là ma consolation. Parce que vraiment le péché est une pauvreté à rédimer, un esclavage dont s'affranchir.

Je venais d'une famille radicale : mon grand-père maternel avait été un radical en 1890, de ceux qui ont donné naissance à ce que l'on a appelé la *Revolución del Parque*, la révolution du Parc, qui à la fin du XIXe siècle a provoqué la chute du président Miguel Juárez Celman. Nous étions, d'une certaine façon, une famille élitiste ; de façon incongrue aussi, car nous n'étions certes pas riches. Des pauvres qui s'étaient hissés sur l'échelle sociale jusqu'à la classe moyenne, et qui à un moment donné en étaient redescendus avec fracas. En 1946, tandis qu'en Italie, à la grande satisfaction de mon grand-père Giovanni, on votait contre la monarchie et on proclamait la République, en Argentine s'ouvrait la longue, complexe et multiforme expérience du péronisme. Et les miens étaient antipéronistes, tous. Le vice-président de Juan Domingo Perón s'appelait Hortensio Quijano, et à nous les enfants on nous avait appris à chanter : « Perón, Quijano ont tous deux les mains sales ! »

Puis, quelques années plus tard, vers l'adolescence, j'ai commencé à manifester de la curiosité pour les réformes sociales que Perón mettait en place, et elles ont fini par m'inspirer une certaine sympathie. Je me rappelle un dimanche, je devais avoir quinze ans, au déjeuner chez mes grands-parents maternels : un de mes oncles, Guillermo, qui était entrepreneur, un homme bon, le mari de tante Catalina, n'arrêtait pas de dire du mal de Perón, et ça n'en finissait pas… Alors j'en ai eu assez d'entendre ce disque rayé et je me suis énervé : « Mais toi tu n'as pas le droit, lui ai-je lancé, tu es riche, qu'est-ce que tu connais des pauvres, des problèmes et des souffrances des pauvres ? » Et puis, il s'en prenait à Evita : c'est une femme de mauvaise vie, disait-il, parce qu'elle a été actrice de cinéma. Et moi : « Mais elle fait du bien aux pauvres ; tu en fais, toi, du bien aux pauvres ? » Les insultes ont fusé, la discussion a dégénéré… jusqu'à ce que je prenne le siphon à eau de Seltz pour lui en asperger la figure. Ma tante m'a emmené dehors et alors, c'est le cas de le dire, les eaux se sont apaisées. Par la suite je me suis excusé, évidemment. Mais cet incident a été en quelque sorte le baptême public de ma passion politique, même si l'eau, ce n'était pas moi qui l'avais reçue. Du reste, dans la première formulation de la doctrine péroniste, il y a bien un lien avec la doctrine sociale de l'Église. Et Perón remettait ses discours à monseigneur Nicolás De Carlo, qui était dans ces années-là évêque de Resistencia, dans le Chaco, pour qu'il les lise et lui dise s'ils étaient en accord avec cette doctrine.

J'ai toujours été intéressé par la politique, toujours. Dans l'ex-Yougoslavie, on disait : « Avec deux Slovènes on forme un chœur, avec deux Croates un parlement et avec deux Serbes une armée. » En Argentine, avec deux d'entre nous, on forme un conflit interne.

Mais surtout, cela a été ma première réaction manifeste de défense des pauvres. Une tension, un aspect social que j'ai recherché par la suite dans l'Église, dans sa doctrine qui nous invite à lutter contre toutes les formes d'injustice, sans nous laisser entraîner ni dans la colonisation idéologique, ni dans la culture de l'indifférence.

Esther Ballestrino de Careaga était une femme extraordinaire et je l'aimais beaucoup.

Quand a commencé la « guerre sale », le violent programme de répression qui a écrasé dans le pays toute forme d'opposition dans les domaines culturel, politique, social, syndical et universitaire, Esther a senti la corde se resserrer autour de son cou. Après le coup d'État de Jorge Rafael Videla et des généraux du 24 mars 1976, Esther demanda et obtint du Haut Commissariat aux Nations unies pour les réfugiés la reconnaissance de son statut de réfugiée, mais même cela ne suffit pas à la protéger : son appartement fut perquisitionné plusieurs fois, et ses proches furent arrêtés.

Le 13 septembre 1976, son gendre Manuel Carlos Cuevas, le mari de sa fille Mabel, fut enlevé. Le 13 juillet 1977, sa fille Ana María fut arrêtée à son tour : elle n'avait que seize ans et était enceinte de trois mois. Le mois suivant,

Esther se rendit à la rédaction du *Buenos Aires Herald* pour dénoncer son arrestation et sa disparition, et tout le monde fut frappé par le regard ferme de cette femme et l'autorité avec laquelle elle parlait. Un regard et une autorité que j'avais bien connus. En octobre, après quatre mois d'horreur, Ana María rentra à la maison. Elle avait été séquestrée dans le centre clandestin de détention Club Atlético, un entrepôt de fournitures de la police qui avait été transformé en camp de détention. Elle raconta qu'elle avait été enchaînée avec d'autres, tandis que des haut-parleurs transmettaient des chants nazis et des discours d'Hitler à plein volume pour couvrir les cris des prisonniers torturés. Elle raconta qu'on lui avait mis une cagoule sur la tête, qu'on l'avait déshabillée, frappée, qu'on lui avait appliqué des décharges électriques sur le corps, qu'elle avait été suspendue par les bras et les jambes, la tête enfermée dans un sac en plastique, brûlée avec des cigarettes. Le viol faisait partie intégrante de la torture, mais Ana María réussit à échapper à ce supplice grâce à une trouvaille improvisée : quand les bourreaux la déshabillèrent, il se trouvait qu'elle avait une mycose de la peau. « Qu'est-ce que tu as là ? » lui demandèrent-ils. La jeune fille ne levait pas les yeux. Mais elle était rusée. « J'ai honte de le dire », répondit-elle. Ils se mirent à hurler :

« Parle !

– J'ai la lèpre, dit-elle alors avec un filet de voix.

– Tu es lépreuse ?

– Oui », dit-elle.

Et on la remit dans ses chaînes.

De son beau-frère, qui avait été arrêté quelques mois avant elle, on a perdu la trace. Il fait partie des trente mille *desaparecidos* argentins.

Ce fut après la libération de sa fille que je reçus un appel d'Esther. J'étais provincial jésuite et j'enseignais alors au Colegio Máximo de San Miguel de Córdoba. Elle me téléphona en me disant : « Ma belle-mère est dans un état grave, elle va très mal et je veux que tu lui donnes l'extrême-onction. Tu peux venir chez moi ? » Ils n'étaient pas croyants – même si la belle-mère l'était, et même assez dévote – et l'affaire me parut tout de suite assez bizarre. Je compris qu'elle me cachait quelque chose et je partis avec une petite camionnette. Dès que j'entrai chez elle, Esther me révéla le véritable motif de cette urgence : elle avait une bibliothèque bien fournie de livres qu'elle avait lus, relus, soulignés, qu'elle avait appréciés et étudiés, des textes de sociologie, de politique, beaucoup de livres marxistes. À présent qu'elle était placée sous surveillance, ces ouvrages risquaient d'aggraver ses ennuis. Elle me demanda si j'avais un endroit où dissimuler et conserver sa bibliothèque, et je lui dis que oui. Nous chargeâmes tous les livres dans la camionnette et je les apportai dans la réserve du Colegio Máximo.

Esther mit en sécurité sa vieille belle-mère et ses trois filles, d'abord au Brésil puis en Suisse, où Ana María donna naissance à sa fille. Les filles demandèrent à leur mère de rester avec elles en exil, mais Esther refusa. Ceux qui connaissaient cette femme extraordinaire n'en furent pas surpris. « Je continuerai jusqu'à ce qu'ils aient tous réapparu, parce que tous les *desaparecidos* sont mes enfants. » Elle avait participé dès le début aux réunions des Mères de la place de Mai et collaboré avec d'autres associations de familles de prisonniers politiques et de disparus.

Le 8 décembre 1977, Esther fut enlevée par des fonctionnaires de la police politique devant l'église de Santa Cruz. Elle avait cinquante-neuf ans. Aucun de ceux qui l'aimaient ne devait plus la revoir vivante.

J'ai rencontré deux des filles d'Esther, Ana María et Mabel, à la nonciature d'Asuncíon, au Paraguay, au cours du voyage apostolique de juillet 2015. Après 1977, j'avais conservé des liens épistolaires avec leur père, Raymundo Careaga, jusqu'à sa mort. Il était retourné au Paraguay en 1984, sous le régime dictatorial du général Alfredo Stroessner, et pour notre correspondance il m'avait assigné un nom fictif, Nahir Leal.

Nous nous sommes étreints. « Nos jeunes font du bruit, et vous en faites vous aussi », m'ont-elles dit. J'ai répondu que, pour continuer à en faire, j'aurais toujours besoin de leur aide. Elles m'ont offert une photographie d'Esther au laboratoire Hickethier-Bachmann, entourée de ses employés ; et parmi eux, dans ma blouse blanche, il y avait moi aussi avec ma tête de gamin, le jeune Jorge. Et, accompagnant la photo, il y avait un poème de Galeano :

> Les mères de la place de Mai, des femmes accouchées par leurs enfants, sont le chœur grec de cette tragédie…
>
> « Je me réveille, et je sens qu'il est vivant », dit l'une d'elles, disent-elles toutes.
>
> « Je décline peu à peu dans la matinée. Je meurs à midi. Je ressuscite l'après-midi. Alors je recommence à croire qu'il va venir et je dresse la table pour lui, mais il recommence à mourir, et la nuit je m'endors sans espoir. Je me réveille et je sens qu'il est vivant… »
>
> On les appelle les folles.
>
> En général on ne parle pas d'elles. Une fois la situation normalisée, le dollar se dévalue et certaines personnes aussi. Les poètes fous vont chez le mort et les poètes normaux embrassent l'épée et se répandent en éloges et en silences. Tout est normal : le ministre de l'Économie va à la chasse aux lions et aux girafes dans la jungle africaine, et les généraux vont à la chasse aux ouvriers dans les faubourgs de Buenos Aires.

De nouvelles normes de langage contraignent à appeler « Processus de Réorganisation nationale » la dictature militaire.

Une troisième fille réside encore en Suisse : elle porte le nom de sa mère.

Des années plus tard, on allait découvrir un dernier aspect de l'opération au cours de laquelle, dans les premiers jours de décembre 1977, Esther avait été enlevée : un espion avait réussi à gagner la confiance des familles et des militants qui se réunissaient dans l'église de Santa Cruz. Il se faisait appeler Gustavo Niño ; surnommé « l'ange blond », il racontait souvent l'histoire d'un de ses frères, prisonnier dans Dieu sait quel autre abattoir des militaires. Parfois, il restait à se confier dehors avec les religieuses. Un baiser sur la joue était le signal convenu pour marquer les personnes à arrêter. L'homme qui se présentait sous le nom de Gustavo Niño s'appelait en réalité Alfredo Astiz, et c'était un officier de la marine militaire argentine. En même temps qu'Esther, en l'espace de deux jours, tout le « groupe de Santa Cruz » fut arrêté. Parmi tant d'autres, Azucena Villaflor et María Ponce, deux fondatrices des Mères de la place de Mai, et deux sœurs françaises des Missions étrangères Notre-Dame de La Motte, Alice Domon, connue sous le nom de sœur Caty, et Léonie Duquet, qui avaient été envoyées par leurs instituts religieux parmi les pauvres des *villas miserias* de Buenos Aires. Une nièce de sœur Léonie, sœur Geneviève Jeanningros, des Petites Sœurs de Jésus, avec qui je suis resté en contact, vit depuis plus de cinquante ans dans une roulotte du Luna Park de Rome, où je suis déjà allé la voir deux fois en tant que pape : un petit poêle, des livres, des feuilles éparses, un mince matelas par terre, témoin de l'Évangile parmi les forains et leurs chapiteaux.

À cette époque, le groupe préparait une pétition avec les noms des divers disparus pour demander au gouvernement de divulguer leur lieu de détention. La pétition fut publiée par le journal *La Nación* le 10 décembre 1977, le jour même de la disparition des deux religieuses. Parmi les signataires figurait aussi le fameux Gustavo Niño. Il allait être condamné à la perpétuité trente-quatre ans plus tard.

J'ai tenté de toutes les façons possibles d'obtenir des informations, comme bien d'autres fois, au fur et à mesure que la gravité de ce qui se passait commençait à apparaître : pour Esther, pour les deux sœurs françaises, comme pour un autre garçon que je connaissais bien et qui avait été arrêté à la même période, lui aussi sur délation du pseudo-Gustavo Niño. Il s'appelait Remo Carlos Berardo, c'était un peintre, un idéaliste et un très brave garçon. Il avait grandi dans le quartier de La Boca, où tout le monde le connaissait. Il avait cinq frères. Amado, le plus jeune, employé de banque, avait disparu cinq mois plus tôt : il travaillait avec le père Carlos Mugica, le prêtre martyr assassiné de cinq coups de pistolet le 11 mai 1974 devant l'église de San Francisco Solano, dans la *Villa 31*, où il venait tout juste de célébrer la messe. Pour chercher son frère, Remo avait commencé à fréquenter le groupe de Santa Cruz.

Dans les années qui ont suivi, on a appris par divers témoignages qu'Esther ainsi que les deux autres « Mères » et les sœurs françaises avaient subi dix jours de tortures inhumaines dans le secteur *Capucha* de l'ESMA, la Escuela de Mecánica de la Armada, l'École de mécanique de la marine, l'épouvantable centre de détention situé au cœur même de Buenos Aires. Le 17 ou le 18 décembre, toutes ces femmes furent endormies, embarquées dans un avion de la marine et jetées à la mer, vivantes, en face de Santa Teresita, à deux cents kilomètres de la capitale, dans l'un de ces innombrables vols de la mort, pratique habituelle de la dictature. La mort survenait au moment de l'impact avec l'eau.

On frappait à toutes les portes, avec rage, avec douleur, avec frénésie et une grande frustration. Entre mensonges et fausses pistes.

Pour deux prêtres jésuites qui ont été arrêtés et détenus pendant près de cinq mois, le père Orlando Yorio et le père Franz Jalics, j'ai tout essayé. Jusqu'à aller dire la messe pour le dictateur Videla. Après une première rencontre formelle et non concluante, au cours de laquelle Videla prit des notes et me dit qu'il allait faire une enquête, je décidai qu'il fallait explorer d'autres voies. Je réussis à découvrir quel aumônier militaire devait célébrer la messe dans la résidence du commandant en chef, messe à laquelle devait assister toute la famille Videla, et je lui dis : « Toi, tu te fais porter pâle. » Je pris sa place, et après le service, je demandai résolument à Videla de faire quelque chose. Et quand à Flores ont commencé à circuler des bruits disant que les deux prêtres avaient été enlevés par un détachement spécial de la marine, je me rendis deux fois chez Emilio Massera, l'amiral en chef, pour m'informer et débloquer la situation. Ils prenaient leur temps, ils niaient, ils tournaient autour du pot. Je me levai en fureur pour m'en aller et je leur dis : « Je veux qu'ils reviennent vivants ! »

Finalement, ceux-là revinrent.

Mais il y aurait eu des milliers d'assassinats, de tortures, de disparitions. « Ils dévorent Mon peuple comme on mange du pain » (Psaume 13, 4). Il suffisait de bien peu pour connaître la même fin, et la délation avait été institutionnalisée par le régime.

Ce furent des années terribles, et pour moi de tension énorme : transporter en cachette des gens à travers les barrages autour de la place de Mai, se voir confier leur vie, leur salut commun. Ou encore organiser la fuite d'un jeune homme qui m'avait été confié par un prêtre uruguayen, parce qu'il risquait sa vie dans son pays. Il arriva par avion à Buenos Aires avec des faux papiers et j'allai le chercher avec ma propre voiture. Je le fis s'allonger à l'arrière, dans l'espace entre les sièges, je le recouvris d'une épaisse couverture et, passant à travers trois barrages, je l'emmenai jusqu'à San Miguel, au Colegio Máximo. Une fois arrivés, je lui fis ôter l'alliance qu'il avait au doigt, parce que ce jeune homme était déjà marié, et je le présentai comme un jeune venu faire des exercices spirituels pour éventuellement devenir prêtre : il valait mieux que personne d'autre ne soit impliqué. Il resta une semaine, pendant qu'on organisait sa fuite au Brésil. Un matin de bonne heure, je l'habillai en prêtre, je lui remis ma carte d'identité, parce que ce jeune homme me ressemblait un peu, et je l'emmenai à l'aéroport Jorge-Newbery, où l'attendait un vol pour Foz do Iguaçu, la ville brésilienne de l'autre côté de la frontière ; nous étions bien conscients tous les deux que s'ils le découvraient, ils le tueraient, et remonteraient jusqu'à moi. Grâce à Dieu, tout alla pour le mieux : le jeune homme se sauva, il attendit au Brésil la fin de la dictature et put finalement revenir chez lui, où il vit encore. Il m'a même écrit au Vatican… Mais c'étaient des situations très dures à affronter sur le plan émotionnel. Pendant presque un an, une psychiatre m'a suivi à ce sujet, une femme juive très sage et très capable qui m'aidait déjà auparavant à comprendre les tests psychologiques pour les séminaristes. J'allais chez elle une fois par semaine, et ses indications m'ont toujours été utiles. Je m'en souviens encore, elles restent un enseignement pour moi.

Même si dans ces années de ténèbres les ombres n'ont pas manqué non plus dans l'Église – et c'est pour cela qu'au nom d'une mémoire pleine et intègre, en tant que pape j'ai donné l'autorisation d'ouvrir les archives vaticanes des première et deuxième sections du secrétariat d'État et de la nonciature de Buenos Aires –, beaucoup de prêtres ont été tués pendant la dictature. Et même des évêques. Parmi ceux-ci, monseigneur Enrique Angelelli, lui aussi un fils d'immigrés italiens, que j'ai bien connu parce que dans le diocèse andin de La Rioja, dont il était évêque, nous avions des missionnaires jésuites. Il conduisit notre retraite spirituelle de 1973, quelques semaines avant que je sois élu provincial, et à La Rioja, où j'arrivai pour accompagner le père Arrupe, le supérieur général de l'Ordre, nous trouvâmes une Église persécutée, lapidée, mais entière : le peuple et le pasteur réunis. À cette occasion, il nous donna à tous un conseil que j'ai cultivé au cours des années comme une précieuse semence : « Une oreille pour écouter la parole de Dieu et une oreille pour écouter le peuple », nous dit-il. Trois ans plus tard, il m'enverrait trois séminaristes qui risqueraient leur peau et que j'irais cacher à San Miguel, établissant un lien d'amitié qui ne s'est jamais démenti ; l'un est devenu évêque auxiliaire à Santiago del Estero, et les deux autres curés dans leurs diocèses. J'allais suivre plusieurs autres jeunes au cours des deux années suivantes, que je présentais comme des participants à une retraite spirituelle ou des étudiants.

Angelelli était un grand pasteur, un homme de Dieu, de prière, de grande liberté et d'autant d'amour. Dans le sillage de Vatican II, il a donné une nouvelle et courageuse impulsion à son diocèse et dénoncé l'usure, la drogue, les maisons de jeu, les multiples formes d'exploitation de la part des puissants et des latifundistes : « Je ne peux pas prêcher la résignation, disait-il. Dieu ne veut pas d'hommes et de femmes résignés. » Il fut menacé à de multiples reprises, y compris peu avant sa mort, mais il refusa toujours de se taire. « Bien sûr que j'ai peur, mais on ne peut pas cacher l'Évangile sous le lit », confiait-il à l'un de ses proches. Il fut brutalement assassiné le 4 août 1976, alors qu'il revenait de Chamical, où il avait célébré la messe en mémoire de deux prêtres et d'un laïc qui étaient parmi ses plus proches collaborateurs, assassinés tous les trois ; les cadavres des deux prêtres avaient été retrouvés quelques jours plus tôt, affreusement tuméfiés et portant des traces de torture, les yeux bandés, les pieds et les mains liés. La Fiat 125 d'Angelelli, de son côté, fut éperonnée plusieurs fois ; le prêtre qui l'accompagnait, le père Arturo Pinto, ne survécut que parce qu'on l'avait laissé pour mort. La police d'abord et la magistrature ensuite se hâtèrent de classer l'affaire comme un banal accident de voiture, et la condamnation à perpétuité pour les deux hauts gradés de l'armée qu'un témoin avait vus donner le coup de grâce dans la tête de l'évêque ne serait prononcée que trente-huit ans plus tard. Mais nous, nous avions aussitôt compris ce qui s'était réellement passé.

Chaque histoire dissimulait un drame. Chaque drame racontait une histoire. Parfois avec une fin heureuse.

Comme celle de mon très cher ami Sergio Gobulin, un Italien arrivé à Buenos Aires à l'âge de quatre ans, qui avait été séminariste avant de se marier. Une fois ses études achevées, il avait choisi de partir dans la *villa* de Mitre, à San Miguel, pour aider les pauvres, non loin du collège des jésuites où pouvaient étudier aussi les laïcs. J'allai le trouver là-bas, dans sa maison au sol en terre battue. Et quand en 1975 il décida d'épouser Ana, une enseignante qu'il avait rencontrée dans le quartier, ce fut moi qui les mariai. L'année suivante, les militaires arrivèrent pour les arrêter. Ana put leur échapper parce qu'elle se trouvait hors de la maison avec sa fille de quelques mois. Ils enlevèrent Sergio alors qu'il était en train de construire de ses propres mains le réseau d'arrivée d'eau, avec l'aide des habitants du bidonville.

On disait qu'ils étaient retenus dans une zone qui relevait de l'armée de l'air. J'allai trouver le chef de la base aérienne : il semblait mal à l'aise et ne cessait de toussoter. J'ai fini par dire à ce militaire : « Le sang de cet homme te conduira en enfer. » Et je lui ai même décrit l'enfer. C'était un brave homme au fond, « un bon diable ». Deux jours plus tard, il me fit savoir que mon ami était innocent et qu'il serait libéré le soir même. Mais un autre problème surgit : ils n'avaient pas bandé les yeux de Sergio, qui avait vu tout et tout le monde. Il fallait absolument le tuer, disaient les autres. Ce furent encore deux jours d'angoisse et de désespoir. Mais à la fin, il fut libéré. Ils lui bandèrent les yeux et l'abandonnèrent sur la route à un kilomètre de sa maison. Il était dans un état pitoyable, frappé jusqu'au sang, souffrant de blessures physiques et psychologiques. Il m'a raconté ensuite qu'il avait été torturé pendant dix-huit jours. Sa femme fut prévenue, et je réussis à obtenir un permis pour que Sergio soit admis avec elle et leur petite fille à l'hôpital italien. Puis j'appelai le consulat pour qu'on lui accorde l'asile politique. Il fallait qu'ils s'en aillent, même s'ils n'en avaient pas envie, pour ne pas connaître la même fin que les autres disparus. Peu après, ils furent envoyés en Italie par bateau.

Aujourd'hui encore, Sergio habite à Pordenone avec sa femme, et nous sommes restés en contact. Il m'a dit un jour au téléphone qu'à présent que j'étais pape, il ne savait plus très bien comment m'appeler. « Figure-toi qu'à l'état civil, ils n'ont pas changé mon nom », lui ai-je répondu.

En juillet 2005, une équipe médicale a annoncé qu'elle avait identifié les restes des cinq femmes qui avaient été enlevées entre le 8 et le 10 décembre 1977, hâtivement enterrées sans identification sous l'inscription NN (pour *nessun nombre*, « aucun nom »). Leurs noms sont Azucena Villaflor, María Ponce de Bianco, Ángela Auad, sœur Léonie Duquet et Esther Ballestrino de Careaga, une grande dame et une grande amie. La mer avait restitué leurs dépouilles. J'étais cardinal à l'époque et je fis le nécessaire pour qu'elles puissent être inhumées dans le jardin de l'église de Santa Cruz, où elles se réunissaient.

Esther et ses trois filles : une grande et courageuse amie.

À une mère qui a souffert ce qu'ont souffert celles de la place de Mai, tout est permis. Absolument tout. Parce que la douleur de cette mère est au-delà de l'imaginable. « Je voudrais au moins voir le corps de mon fils, ses ossements, savoir où il a été enterré, où ils l'ont jeté… » Le désespoir d'une mère de la Place de Mai est terrible, c'est une mémoire physique de chair et d'os. Certains disent : « Mais où était l'Église à ce moment-là ? » Je me tais et je les accompagne. Nous devons accompagner et respecter cette douleur, la prendre par la main. Et aussi celle de leurs enfants.

Ana María Careaga, la fille de cette grande combattante qui a lutté avec tant de femmes qui avaient perdu leurs enfants, ou qui avaient ouvert leur cœur au drame des autres mères, est aujourd'hui directrice de l'Institut d'études des droits de l'homme de l'université Atlántida et responsable d'une enquête sur les *desaparecidos* dans l'arrondissement de La Costa. L'enfant qu'elle portait dans son ventre quand elle fut enlevée, Anita, est venue me trouver au Vatican en août 2024. C'est une femme à présent. « Ne vous rendez jamais, lui ai-je dit, conservez la mémoire, le souvenir de ce que vous avez reçu, non seulement des idées, mais aussi des témoignages. » Comme sa mère, comme sa grand-mère, dont je garde le portrait accroché au mur de mon petit studio de Sainte-Marthe, comme les autres mères de la place de Mai qui ont montré le chemin, elle continue à lutter pour la justice. Je suis certain que, outre la reconnaissance de l'humanité tout entière, Dieu les tient spécialement dans Son cœur, toutes, parce que ce sont des combattantes. Je prie pour elles, je prie pour tous les hommes et les femmes de bonne volonté qui s'engagent et se démènent pour réaliser un projet de justice et de fraternité.

Le 8 août 2018, j'ai signé le décret de béatification de monseigneur Angelelli, du père Carlos de Dios Murias, un jeune enthousiaste et plein de vie de l'ordre des Frères mineurs conventuels, du prêtre français Gabriel Longueville et de Wenceslao Pedernera, catéchiste et organisateur du Mouvement rural catholique. Il fut assailli chez lui, devant sa femme et ses filles, par quatre hommes encagoulés qui frappèrent à sa porte et lui tirèrent vingt coups de pistolet : il mourut à l'hôpital en pardonnant à ses assassins. Persécutés pour la justice et la charité évangélique, et tués sous la dictature par haine de la foi, les quatre martyrs de Chamical ont reçu les honneurs des autels en avril de l'année suivante. Ceux qui pensaient célébrer leur triomphe par le sang de ces hommes ont au contraire assisté à leur propre défaite.

Les restes d'Alice Domon, sœur Caty, n'ont jamais été identifiés. Elle avait trente ans quand elle partit pour l'Argentine pour se consacrer aux soins et à la catéchèse des enfants en situation de handicap. Avec sa consœur Léonie, elle avait été présentée à Videla, qui n'était pas encore général et qui avait besoin d'aide pour son fils Alejandro, un enfant épileptique souffrant d'un lourd déficit intellectuel, dont s'étaient ensuite occupées les sœurs à la Casa de la Caridad di Morón, un quartier de Buenos Aires.

Elle, on ne l'a jamais retrouvée.

13

Personne ne se sauve tout seul

Finalement nous obtînmes notre diplôme. En décembre 1955, notre classe termina avec succès son cursus et organisa un grand bal d'adieu. Le travail au laboratoire était terminé aussi. Avec l'été, l'heure des choix avait sonné, et je ne savais pas très bien comment aborder la question avec mes parents. Avec ma mère surtout : elle était convaincue que j'irais à l'université et que je deviendrais médecin.

Je n'eus pas besoin de mettre le sujet sur la table, ce fut elle qui abattit son jeu. Un jour de novembre, elle monta dans la mansarde au-dessus de la terrasse où je m'étais installé pour pouvoir étudier tranquillement, loin du chaos de la chambre que je partageais avec mes frères. Elle n'était pas entrée pour remettre de l'ordre – c'était une tâche dont nous nous chargions tout seuls – mais plutôt guidée par une intuition, un soupçon sur lequel elle ne parvenait pas à mettre le doigt, qui lui échappait et auquel cette mansarde pourrait peut-être donner un nom. Elle la trouva pleine de livres, dont beaucoup n'étaient pas ceux qu'elle attendait : des textes de théologie surtout, dont certains en latin.

À mon retour elle m'attendait, et elle n'avait pas l'air contente. « Tu ne disais pas que tu voulais être médecin ? » me dit-elle. Je répondis que je réfléchissais à d'autres options, que j'envisageais toujours la médecine, mais celle des âmes, plutôt. Cette réponse ne la satisfit pas. Elle voulait d'abord que j'aille à l'université : « Passe ton diplôme d'abord, tu décideras ensuite », me dit-elle. Ce ne fut pas véritablement une dispute, plus exactement une confrontation franche et serrée. Mais ma mère ne changea jamais d'avis, même par la suite. Au point qu'elle ne m'accompagna pas au séminaire diocésain, et qu'elle ne fut pas présente le jour où je pris l'habit de séminariste.

Je ne peux pas dire que les rapports entre nous aient été particulièrement tendus à cette époque, ni bien sûr que j'aie jamais cessé d'être l'un des cinq doigts de sa main. C'était simplement sa façon de me dire qu'elle ne partageait pas mon point de vue là-dessus, à aucun égard, mais que j'avais quoi qu'il en soit la liberté de choisir ma propre voie. Nous ne nous disputions pas, mais je ne la voyais que quand je rentrais à la maison : ma mère ne vint jamais me rendre visite au séminaire. Elle se borna à m'accompagner avec mon père à Córdoba, quand j'entrai dans la Compagnie de Jésus – tout en conservant d'ailleurs une certaine réserve dans les premiers temps.

Avec mon père, les choses furent plus faciles : il me dit que si je pensais vraiment que c'était là ma voie, il en était heureux, mais que nous devions examiner cette question tous ensemble.

J'eus alors l'idée d'aller trouver le père Pozzoli et je lui racontai tout. Il interrogea ma vocation, me recommanda de prier et de tout laisser entre les mains de Dieu, avant de me donner la bénédiction de Marie Auxiliatrice.

Quelques semaines plus tard, quelqu'un à la maison émit

l'idée que nous pourrions mettre fin à cette impasse en faisant appel au père Pozzoli : il était le père spirituel de la famille, c'était lui qui m'avait baptisé dix-neuf ans plus tôt… Et moi, avec la meilleure volonté du monde, je dis alors : « Mais bien sûr, quelle bonne idée ! »

C'était le 12 décembre 1955, mon père et ma mère fêtaient leurs vingt ans de mariage. Il y eut d'abord la messe à San José de Flores, célébrée uniquement pour eux et leurs cinq enfants par le père Pozzoli, suivie d'une collation à la pâtisserie La Perla de Flores, sur l'avenida Rivadavia, au croisement avec Rivera Indarte, à un jet de pierre de la basilique. Papa avait aussi invité le père Pozzoli, qui, sachant déjà comment tout cela allait finir, avait accepté sans hésiter.

Au milieu du repas, le plat de résistance de ma vocation arriva sur la table. Le père Pozzoli attaqua la question par un grand détour. « Certes, dit-il, l'université c'est très bien, c'est toujours une bonne chose que l'université, mais il est vrai aussi que tout s'accomplit quand Dieu l'a décidé… » Et, sans prendre parti pour l'un ou pour l'autre, il se mit à raconter diverses histoires de vocation, pour terminer enfin par la sienne. Il raconta comment, en l'espace de quelques années, il était devenu sous-diacre, puis diacre et prêtre, et comment ce choix lui avait apporté bien des choses qu'il n'espérait pas… Il n'acheva pas en disant à mes parents qu'ils devaient me laisser entrer au séminaire, ni en les sommant de prendre une décision. Ce n'était pas son genre. Il se borna à éclairer les esprits et à adoucir les cœurs. *Una de cal y otra de arena* – « une pincée de chaux, une pincée de sable » –, diraient les Espagnols. Et le reste est venu tout seul.

Je suis entré au séminaire diocésain de l'Immaculée Conception de Villa Devoto au début de 1956.

Jeune séminariste à Villa Devoto.

« J'ai toujours su que tu ne te contenterais pas d'une vie médiocre, que tu avais une juste ambition », me dit ma grand-mère Maria quand je l'annonçai à mes grands-parents. Et elle me rappela un jour où, étant enfant, je voulais à tout prix finir un livre du poète Giosuè Carducci que j'avais trouvé dans la bibliothèque de mon père : « Même si tu avais du mal à le comprendre, tu ne voulais pas le lâcher. »

Ma grand-mère Rosa, qui, alors qu'elle savait déjà tout, avait décidé de faire semblant de rien, était très heureuse. « Si tu t'es senti appelé par Dieu, c'est une excellente chose. » Elle ajouta que je ne devais pas oublier que la porte de la maison serait toujours ouverte, même si je décidais de faire marche arrière.

Comme celle du collège, la vie de séminaire était une immersion totale, un tout : de l'étude – Juan Carlos Scannone, un jésuite, l'un des meilleurs représentants de la théologic du peuple, fut mon professeur de grec et de littérature – à la célébration de l'eucharistie, de la prière aux parties de foot. Nous vivions en communauté, en « internes », et nous ne sortions qu'en fin de semaine. Je fus aussitôt chargé des élèves les plus jeunes, ceux qui entraient au séminaire à douze ans.

Le séminaire me plaisait, et pourtant j'en sortis. Ou plus précisément, j'en fus sorti : sur une civière, à l'article de la mort. « Les pieds devant », comme on dit familièrement.

En août 1957, l'institut fut en effet frappé par une épidémie de grippe, la grippe asiatique qui devait faire cette année-là des millions de morts dans le monde. Nous en fûmes tous atteints. Mais alors que mes camarades se remettaient au bout de quatre ou cinq jours, j'allais de plus en plus mal. Je souffrais d'une très forte fièvre qui refusait absolument de lâcher prise. Le médecin de l'institut, surnommé « l'Animal » par les séminaristes, ne connaissait pour sa part que trois formes de thérapie : la purgation, pour tous les maux de ventre ; la teinture d'iode, pour tous les types de blessures ; et l'aspirine pour tout le reste. Quant à l'infirmier, ancien conducteur de locomotives à vapeur, il était parfaitement d'accord avec ces prescriptions et cette posologie. Mes grands-parents paternels s'apprêtaient alors à célébrer leurs noces d'or, cinquante ans de mariage, le 20 août, mais je ne pourrais pas participer à cette grande fête de famille. Finalement, le préfet, un jeune prêtre qui avait été ordonné deux ans plus tôt, prit la situation en main : « Je vais te faire hospitaliser », me dit-il.

Et je fus emmené d'urgence à l'hôpital syro-libanais de Villa Pueyrredón.

Si je suis venu au monde, c'est à cause d'un bateau qu'on

n'avait pas pris, le *Principessa Mafalda*. Si j'ai survécu, je le dois principalement à une sœur.

Cornelia Caraglio, la supérieure des sœurs de l'hôpital, une dominicaine, se chargea aussitôt de moi, et tomber entre ses mains fut une véritable bénédiction. C'était une femme mûre, cultivée, qui avait été enseignante en Grèce, et qui comprit immédiatement la gravité de mon état. Elle appela le spécialiste, et on me sortit un litre et demi d'eau de la plèvre. Alors commença une lente et incertaine remontée, oscillant sans cesse entre la vie et la mort. Pour me faire une endoscopie des poumons, on me bourra de morphine : le monde m'apparaissait déformé, les gens tout petits ; ce fut là aussi une expérience terrible, un aspect du cauchemar dans lequel j'étais tombé. Je sentais que mon état était vraiment grave ; j'étreignis ma mère, qui était accourue à mon chevet : « Maman, dis-moi la vérité, qu'est-ce que j'ai ? Qu'est-ce qui m'arrive ? » J'avais compris que les paroles de réconfort que l'on m'adressait n'étaient que de pieux mensonges.

Cet hôpital de la communauté libanaise avait d'excellents médecins : le docteur Apud, le docteur De All, un jeune médecin que je revis bien des années plus tard alors que j'étais archevêque, et le docteur Zorraquín, le spécialiste qui effectua le drainage thoracique. Mais ce fut surtout la sœur Cornelia, une Piémontaise elle aussi, de Beinette, dans la province de Coni, qui me sauva la vie : quand on m'eut prescrit une certaine dose de pénicilline et de streptomycine, elle dit sur un ton résolu dès que le docteur eut tourné les talons : « Doublez la dose. » Elle avait du flair et de l'expérience, et elle ne manquait pas non plus de courage.

Les camarades du séminaire vinrent me rendre visite, et certains me donnèrent leur sang.

Peu à peu, la fièvre consentit à lâcher prise et la lumière réapparut lentement.

Ce n'était pas la première fois que j'éprouvais la force de cette expérience religieuse et humaine, ce n'était pas la première fois que les sœurs prenaient soin de moi. Personne ne se sauve tout seul, en aucun sens.

La première fois coïncide d'ailleurs avec mes premiers jours.

Les Petites Sœurs de l'Assomption, une congrégation fondée dans la seconde moitié du XIXe siècle par le père Étienne Pernet, avaient ouvert en 1932 une communauté à Flores, dans ce quartier peuplé de familles de la classe ouvrière et d'immigrants. Elles se consacraient au service des pauvres et des malades, y compris comme domestiques. Elles travaillaient avec patience dans les maisons de ceux qui avaient besoin d'aide, elles donnaient des soins, aidaient à toutes sortes de tâches, accompagnaient les enfants à l'école et leur préparaient à manger. Et puis, aussi discrètement qu'elles étaient venues, elles rentraient dans leur couvent. Je suis resté en contact avec l'une d'elles, sœur Antonia, qui était alors une jeune novice, jusqu'à son dernier jour. Elle de son côté, avec sa consœur Oliva, une Irlandaise, avait un lien avec moi depuis mon premier jour. Ma mère n'arrivait pas à m'allaiter, je pleurais, et mon père alla donc les prier de venir chez nous. C'étaient des infirmières expertes et dotées d'un solide sens pratique. Sœur Oliva posa une main sur le sein de ma mère et lui dit : « Toi, ma pauvre, tu n'auras jamais de lait… » Et elles s'employèrent aussitôt à trouver du lait d'ânesse.

Dans la famille, nous étions très proches de ces sœurs, et nous allions souvent leur rendre visite ; le couvent se trouvait à une dizaine de pâtés de maisons de chez nous, dans une zone fréquemment inondée quand il pleuvait, et traversée de petits ponts en fer reliant les deux côtés de la route. Nous les appelions *las hermanitas del puente*, « les petites sœurs du pont ». Mes parents et ma grand-mère devinrent également des membres actifs des groupes de laïcs associés à la congrégation.

C'étaient des femmes extraordinaires.

Après la guerre civile espagnole, qui fut la répétition générale de la Seconde Guerre mondiale et de l'alliance entre Hitler et Mussolini, beaucoup de républicains se réfugièrent en Argentine, et certains devinrent des compagnons de travail de mon père à l'usine. Un jour, l'un de ces ouvriers tomba gravement malade, d'une maladie purulente et infectieuse ; son corps était couvert de plaies et il souffrait beaucoup. Sa femme devait aller travailler, ils avaient trois enfants, et personne ne pouvait prendre soin des enfants ni du mari. Mon père se rendit chez les sœurs de l'Assomption pour leur demander de l'aide, en précisant que l'homme était un bouffeur de curés invétéré et un grand blasphémateur. « C'est moi qui irai », dit la supérieure, sœur Madeleine, une Française. Elle arriva dans cette maison et l'homme l'accueillit avec les pires injures que l'on puisse imaginer, des mots qui ne sont inscrits dans aucun dictionnaire. Mais elle, tranquillement, commença à l'assister. Entre deux jurons, elle soignait ses plaies, rangeait la maison, allait chercher les enfants à l'école ; et quand la femme rentrait du travail, elle retournait dans son couvent. Peu à peu, cette douceur eut raison de son patient : il s'excusa, et avec le temps ils devinrent amis. Cela dura plus d'un mois, jusqu'à ce qu'il soit guéri et qu'il puisse reprendre le cours ordinaire de sa vie.

Quelque temps plus tard, alors qu'il sortait de l'usine

avec deux de ses camarades républicains, ils virent passer deux sœurs de l'autre côté de la route. Quand l'un des deux ouvriers commença à les insulter, il reçut un coup de poing qui l'expédia à terre. Et dès qu'il se fut relevé, le compagnon de travail de mon père illustra en ces termes cette rude leçon : « Sur Dieu et sur les prêtres tu peux dire tout ce que tu veux, mais ne touche plus jamais à la Vierge et aux sœurs ! »

Il y avait une autre communauté de religieuses très proche de nous, y compris géographiquement, puisque seules quelques centaines de mètres nous séparaient : les sœurs de la Miséricorde. Sœur Dolores Tortolo, ma maîtresse de maternelle et ma première catéchiste, m'a fait le cadeau d'une formation équilibrée et optimiste, joyeuse et responsable. Je lui en suis extrêmement reconnaissant, et j'ai gardé des liens avec elle jusqu'à l'heure de son départ, en 1986, à plus de quatre-vingt-dix ans. Alors que j'ignorais tout de son état, je suis revenu d'Allemagne, où j'étais allé étudier quelque temps à la faculté de philosophie et de théologie de Sankt Georgen de Francfort, précisément le jour de sa mort.

Ces deux congrégations religieuses ont eu une grande influence sur moi et sur toute ma famille. Ces sœurs ont été des compagnes et des enseignantes dans bien des moments, heureux ou difficiles, de notre existence.

En septembre 1957, l'hôpital syro-libanais décida que mon état s'était suffisamment amélioré et que je pouvais rentrer à la maison pour ma convalescence. Dès lors, je me remis à examiner un doute qui me taraudait avant même d'entrer au séminaire ; je repensai au temps passé à Villa Devoto et j'eus envie d'être… je ne sais pas très bien quoi : davantage missionnaire, avant tout. Et je ne voulais pas cheminer seul.

Je ne me voyais pas dans la solitude du prêtre séculier. Il me fallait une communauté : j'ai toujours éprouvé ce besoin de me sentir pris dans une trame, dans un tout, et non un bout de fil perdu tout seul.

Le sociologue Zygmunt Bauman écrit : « Il émane du mot *communauté* une sensation agréable, quoi que ce terme puisse signifier. [...] Les compagnies et les sociétés peuvent être également nocives, mais pas la communauté. La communauté est toujours une bonne chose. [...] Elle évoque tout ce dont nous ressentons le besoin et qui nous manque pour être rassurés, tranquilles et sûrs de nous[1]. »

Personne ne se sauve tout seul. La dimension communautaire n'est pas un cadre, mais une partie intégrante de la vie chrétienne et de l'évangélisation.

Quand, une fois élu, j'ai pris possession de l'appartement pontifical, j'ai entendu distinctement retentir en moi un « non ». L'appartement papal, au troisième étage du palais apostolique, n'est pas luxueux. Il est spacieux, ancien, arrangé avec goût, mais pas luxueux. Seulement, au bout du compte, c'est comme un entonnoir à l'envers : vaste, mais avec une entrée très étroite. On y pénètre au compte-gouttes, et le problème chez moi, c'est que je ne peux pas vivre sans les gens.

C'est pour cela que j'ai choisi de rester à Sainte-Marthe, la résidence hôtelière située à gauche de la basilique Saint-Pierre, sur le territoire du Vatican. Pendant le conclave, j'avais reçu par tirage au sort la chambre 207, au deuxième étage. Celle où j'allais habiter par la suite en tant que pape, la 201, à quelques pas de la première, était une chambre destinée aux hôtes. Elle donne sur une petite place qui mène à l'entrée arrière de la basilique, et je m'y sens bien.

Évidemment, à l'époque, cela a provoqué quelques remous. Quelqu'un a objecté que Sainte-Marthe était aussi la résidence des prêtres qui travaillent à la Curie, et qu'en restant là je me trouverais en contact avec eux. « Mais je suis habitué à être avec mes prêtres », ai-je répondu.

Je célèbre la messe chaque matin à sept heures dans la chapelle, avec une petite portion du peuple de Dieu. Je prends mes repas avec les autres hôtes. Le christianisme, comme chacun sait, a une vocation particulière à la convivialité. Et il est connaturel à la communauté et à la famille.

Quand un professeur m'a demandé quelques semaines plus tard quelles étaient les raisons profondes de mon choix, je lui ai répondu : « Écoute, je ne peux pas habiter au palais apostolique pour des raisons psychologiques. C'est ma personnalité. »

J'ai besoin de vivre avec les autres.

Même un pape ne se sauve pas tout seul. Tout au long de mon existence, j'ai bénéficié de la présence de tant de saints de la porte d'à côté, des gens simples pour la plupart, qui parfois n'allaient pas même à l'église, ou deux ou trois fois par an, mais qui menaient une vie digne, qui gagnaient leur pain, qui prenaient soin des autres. Ces témoignages m'ont toujours beaucoup frappé : Berta, Mari, les femmes du quartier, les pères de famille, tous ces gens dotés d'une humanité, d'une spiritualité, d'un sens du concret extraordinaires. Ici aussi, à Sainte-Marthe, au Vatican, je rencontre tous les jours des hommes et des femmes qui œuvrent avec humilité, en toute discrétion, dans un authentique esprit de charité et de service.

Depuis mon enfance, j'ai cherché au contraire à fuir les médisants, ceux qui parlent mal des autres : cela m'a toujours paru une maladie grave, qui anesthésie le cœur. « Beaucoup sont tombés sous le tranchant de l'épée, combien plus sont tombés victimes de la langue ! » dit le livre du Siracide (28, 18) ; le ragot, la médisance n'est en rien un vice innocent :

c'est plutôt une peste qui n'apporte que la division et la souffrance.

Pendant ma convalescence, le père spirituel du séminaire venait régulièrement me rendre visite, et une fois par semaine il m'apportait la communion. Et au fur et à mesure, l'idée d'une vie de prêtre régulier, inscrit dans une communauté, reprenait corps et s'affirmait, sans que je sache encore bien s'il valait mieux pour moi me tourner vers les dominicains ou vers les jésuites.

Je n'avais jamais perdu la vocation pendant les dix-huit mois passés au séminaire, et l'idée de me marier ne me passa jamais par la tête. Pourtant, il m'était arrivé de divaguer en pensée sur le rayonnement intellectuel et la beauté d'une jeune fille que j'avais rencontrée au mariage d'un de mes oncles. J'en fus surpris et, pour un peu, j'en eus la tête tournée. Son image m'apparaissait en permanence, au point même que j'avais du mal à prier. Je dus réfléchir une fois encore à cette option, lutter et me laisser à nouveau choisir par la voie religieuse.

C'était une chose normale, j'aurais même été anormal si je n'étais pas passé par ce genre d'états d'âme. Aujourd'hui encore, je pense que si un garçon ou une fille s'entend appeler par le Seigneur et si il ou elle n'éprouve pas un peu d'incertitude, un peu de crainte… c'est qu'il lui manque quelque chose. Dans ces cas-là, je suis toujours un peu soupçonneux. Le Seigneur appelle à de grandes choses, et si l'enthousiasme de cet appel s'accompagne d'un peu de crainte, c'est sain, ça fait du bien.

Quant à moi, je cherchais quelque chose de plus.

Les dominicains me plaisaient, et j'avais des amis parmi eux. Mais le séminaire était confié aux jésuites, que je connaissais donc très bien. Trois éléments distinctifs m'avaient frappé dans la Compagnie de Jésus : la communauté, le missionnariat et la discipline. Les deux derniers surtout – alors que par la suite je ne suis jamais parti en mission et que j'allais me montrer bien souvent désobéissant et indiscipliné. Pourtant, j'étais fasciné par la discipline, par cette façon d'ordonner le temps. Je sentais que j'avais besoin de m'engager à fond, d'être utile, d'agir. Ce qui m'a poussé, dirais-je, fut ce que nous appellerions aujourd'hui la disponibilité à l'égard de l'Église, le fait d'être à sa disposition pour tout ce qui me serait ordonné.

J'en parlai au père Pozzoli, qui écouta attentivement mes raisons et finit par donner son aval à ma décision.

Mais il me restait deux autres dures épreuves à affronter avant de pouvoir entamer mon chemin.

Fin octobre, les médecins me découvrirent trois kystes au poumon et déclarèrent qu'il fallait m'opérer au plus vite. En novembre, je retournai à l'hôpital où je subis une intervention chirurgicale. Ce fut extrêmement douloureux. À l'époque, on procédait en incisant le thorax et en séparant les côtes avec l'écarteur thoracique Finocchietto, ce qui était déjà un assez violent traumatisme. Puis venait l'intervention proprement dite : me concernant, on retira le lobe supérieur du poumon droit. L'opération fut un succès, mais le temps de la douleur n'était nullement terminé. Je passai plusieurs jours sous une tente à oxygène, avec un cathéter implanté dans les poumons. Chaque matin, le médecin arrivait avec une grosse seringue et m'injectait du liquide physiologique pour nettoyer la plèvre : la canule était attachée à un robinet d'où l'eau s'écoulait, et la pression servait à libérer la sonde. Mais c'était une douleur terrible. Ma famille et mes amis vinrent me rendre visite, mais ce qui me toucha et m'aida bien plus que des paroles de circonstance, ce fut ce que me dit sœur Dolores : « Tu es en train d'imiter Jésus. »

Cela me donna la paix. La souffrance n'avait pas disparu, mais elle prenait une valeur différente, elle prenait un sens.

La douleur n'est pas une vertu, mais la façon dont on la vit peut être vertueuse. Notre vocation est la plénitude et la félicité, et dans cette quête, la douleur est une limite. C'est pourquoi on ne comprend vraiment le sens de sa propre douleur qu'à travers celle du Dieu qui s'est fait homme, le Christ. Toute tentative de soulager la douleur reste limitée si elle n'est pas fondée sur la transcendance.

Quand enfin je sortis de l'hôpital, mon choix était fait : j'allais entrer comme novice dans la Compagnie de Jésus.

Mais cela ne se ferait qu'au mois de mars.

Le père Pozzoli n'aimait pas l'idée que je reste à la maison tout ce temps, et encore moins en période de vacances. Je ne sais comment, il obtint de l'inspecteur que je puisse passer l'été sur les collines de Tandil, où les Salésiens avaient une grande maison de vacances, la Villa Don Bosco, entourée d'une épaisse forêt. Ce séjour profiterait également à mes pauvres poumons malmenés.

Le 25 janvier 1958, je montai pour la première fois dans un avion et m'envolai à trois cent soixante kilomètres de Buenos Aires, au cœur de la sierra. C'était un bimoteur à hélices DC-3, l'un de ces avions symboles de la Seconde Guerre mondiale, et il était un peu fatigué. Au cours du trajet, une dame se plaignit de sentir du froid, et le steward s'en excusa aussitôt : « Voyez-vous, madame, il se trouve que plusieurs parties de l'arrière de l'avion se sont détachées. » Des pièces d'une importance négligeable, s'empressa-t-il de préciser.

Ces semaines d'été s'envolèrent elles aussi. Le 10 mars,

je préparai une valise ne contenant que deux tenues de rechange, comme on me l'avait demandé. Je dis au revoir à mes frères et sœurs et je me rendis avec mes parents à la gare de Retiro pour y prendre le bus qui m'amènerait à Córdoba, dans le grand bâtiment que les jésuites avaient construit cinquante ans plus tôt dans l'ancien quartier anglais.

Et le lendemain, je frappai à cette porte.

14

Résonner des vibrations les plus profondes

Le noviciat de la Sacra Famiglia avait la taille d'un pâté de maisons. Il avait été implanté presque un demi-siècle plus tôt sur ce qui était alors un terrain raviné par les pluies et semé de dépôts d'ordures, au nord d'une ville qui, comme toutes les autres dans le pays, s'étendait telle une tache d'huile à mesure que ses habitants croissaient et multipliaient. À présent ce quartier s'appelle Pueyrredón, du nom de l'un des protagonistes de la résistance de Buenos Aires et de l'indépendance argentine. Mes parents et moi nous présentâmes devant le portail de la grande maison au matin du 11 mars 1958. Le frère portier, Cirilo Rodriguez, vint nous ouvrir en nous disant d'attendre dans la salle adjacente à la conciergerie. Puis, calmement, il alla appeler le maître des novices, le père Gaviña.

Nous vîmes apparaître un homme d'une cinquantaine d'années qui nous accueillit avec un rapide salut de bienvenue, en nous rappelant les règles du noviciat en matière de visites au cours des deux années à venir : je pourrais en recevoir, mais elles seraient plutôt brèves, d'une heure au maximum ; mes parents ou mes frères seraient accueillis là, dans la salle des visites, parce que sans une autorisation spécifique, ils n'auraient pas accès au reste de la maison. Et, à l'exception de cas graves ou particuliers, je ne pourrais pas aller les voir à Buenos Aires. J'étreignis mes parents et, quand le grand portail se fut refermé, un novice de deuxième année me conduisit à travers tout l'édifice en m'expliquant brièvement les us et coutumes de ma nouvelle demeure. « Angelo » : ainsi appelait-on celui auquel le maître confiait cette mission d'accompagnement.

Les chambres des prêtres se trouvaient au premier étage, et celles des novices dans une autre aile. C'étaient des pièces très grandes, et plutôt froides en hiver. « L'ange » m'indiqua mon lit, dans une chambre que j'allais partager avec deux autres frères. Je vis l'infirmerie, les deux chapelles, la bibliothèque, la salle de conférences équipée de bureaux pour une vingtaine d'étudiants, la réserve ; puis, au rez-de-chaussée, la cuisine, le grand réfectoire avec l'immense table en U qui pouvait accueillir jusqu'à une centaine de personnes, et un patio donnant sur un autre bâtiment flanqué d'un terrain de basket et d'un terrain de football en terre battue. Et au fond, la grande église de la communauté, à laquelle on pouvait aussi accéder de l'extérieur, et qui par manque de ressources n'avait jamais été complètement terminée, au point que, trente ans plus tard, le toit était encore provisoire.

Le père Cándido Gaviña, le maître des novices, était un homme réservé et grave, bon et délicat, mais, comment dire… il ne nous enthousiasmait pas. Au point qu'il me dirait un jour, un peu plus tard : « Mais pourquoi ne pas envisager de rentrer à la maison, de te créer une belle famille… ? » Non, ce n'était pas à cela que je pensais. Nous avions un peu de mal à nous comprendre : j'étais très argentin, très direct, et lui au contraire, qui avait été formé en Colombie et qui y était resté pendant des années, avait une mentalité toute colombienne, très formelle. C'était comme si un Piémontais arrivant en Sicile avait voulu imposer sa mentalité et ses habitudes.

Mais en juillet le père Gaviña fut élu provincial des jésuites, remplaçant le père Francisco Zaragozi qui avait tenu cette charge pendant plusieurs années et qui devint dès lors le nouveau maître des novices dans la grande maison de Córdoba. Il avait cinquante-quatre ans, et il allait devenir pour moi comme un père, au point que je le choisirais plus tard comme parrain lors de mon ordination.

Nous étions une vingtaine de novices qui menions une vie très austère, rythmée par un quotidien rigide, scandée par des règles, des exercices riches de sens, avec des horaires rigoureux et beaucoup de silence.

Le silence était une clé.

Le climat était bon et je m'y trouvai bien.

Après le réveil à six heures, nous nous mettions à genoux pour la première méditation dans notre chambre, et nous commencions ainsi la journée. Puis nous nous rendions à la chapelle en silence pour la prière commune et la messe ; ensuite, le petit déjeuner, avant d'entamer ce que l'on appelait les « humbles offices », les modestes charges confiées à chaque novice : balayer les escaliers et les couloirs, nettoyer les toilettes, laver les assiettes et les casseroles, s'acquitter des corvées en cuisine. À nous tous, nous avons bien pelé plusieurs tonnes de patates. Puis les leçons commençaient, qui comprenaient du latin la première année et du grec la deuxième année, en sus de la rhétorique. Après un examen de conscience individuel, c'était l'heure du déjeuner dans le grand réfectoire, soumis là encore à des règles précises, dont celle du silence, à part les jours fériés. Puis une brève visite à la chapelle, une petite récréation et une demi-heure de sieste avant la prière commune à Marie et les leçons de l'après-midi. Ensuite le goûter et, trois fois par semaine, des parties de basket ou de football. Nous enlevions alors nos soutanes pour enfiler un pantalon noir et un tablier de couleur sombre. Je m'étais bien remis de mon opération et je jouais avec les autres, le plus souvent au basket, ou parfois au foot comme gardien. Enfin, on entendait le concierge crier : « Tout le monde à la douche ! » et on courait à la salle de bains. Ce n'était pas toujours un moment très agréable : la chaudière à bois du noviciat était petite, et en hiver il n'y avait jamais moyen d'avoir de l'eau chaude. Ensuite, lecture spirituelle et prière dans la chapelle, suivies du dîner, au terme duquel nous avions un quart d'heure de quartier libre avant le second examen de conscience. Et, à vingt-deux heures, tout le monde au lit.

C'était une existence assez dure, mais je m'y sentais à mon aise et je remercie la Providence de m'avoir mené jusque-là.

Tous les jeudis, et aussi pendant des semaines entières au cours de l'été, on se rendait à la Quinta del Niño Dios, la propriété agricole de la Compagnie. Le camion klaxonnait, nous sautions dans la benne, et il nous emmenait jusqu'à la ferme. Nous récoltions les fruits, nous plantions des arbres en creusant le sol rocheux, pendant des heures : les rameaux d'alors sont devenus de grands acacias, des mimosas du Chili, des chagnards, des eucalyptus, des pins… Tout un bois qui est désormais un parc municipal. En été, nous faisions aussi de longues marches jusqu'au barrage de San Roque, des excursions dans la sierra, nous allions nous baigner dans le fleuve…

Le samedi et le dimanche, les novices étaient chargés d'enseigner le catéchisme. Nous allions chercher des garçons et des filles dans le secteur entourant l'hôpital Tránsito Cáceres, qui était alors une sorte de bidonville : on franchissait des rigoles creusées par l'eau de pluie entre des buissons et des cailloux, et l'on atteignait des maisons précaires et pauvres. Après avoir discuté avec leurs parents, nous réunissions les enfants par groupes de sept ou huit, et dans un patio, ou sous un arbre, nous commencions les leçons de doctrine. Parfois, nous apportions aussi quelques bonbons, mais pas toujours, parce que nous non plus n'avions pas d'argent pour en acheter. Une fois la leçon terminée, pendant le temps qui restait avant le déjeuner, nous jouions tous ensemble au ballon. Je me rappelle encore ces enfants. Il y avait une famille d'origine sicilienne, les frères Napoli, Antonio José et Pedro, et puis les Zanotte, qui habitaient tous avenida Pringles, à quelques pâtés de maisons du noviciat. À cette époque, on appelait cette zone « *il burrone* », le ravin.

J'aimais faire le catéchisme aux enfants. Au *burrone* comme au Chili par la suite, cette expérience a été un enseignement qui m'a servi pour le reste de ma vie. Le royaume de Dieu est à ceux qui leur ressemblent (Marc 10, 13-16). Ne faites pas de mal à un seul de ces petits…

Depuis le début de mon pontificat, j'ai éprouvé le besoin d'assumer tout le mal commis par un certain nombre de prêtres, même s'ils sont proportionnellement peu nombreux. Mais bien sûr, la question n'est pas là : si l'on découvrait dans l'Église ne serait-ce qu'un seul cas d'abus, ce serait déjà en soi une monstruosité. Avec honte et repentance, l'Église doit demander pardon pour le mal terrible qu'ont causé ces prêtres par leurs abus sexuels sur des enfants, un crime qui provoque de profondes blessures, laissant dans la douleur et l'impuissance non seulement les victimes, mais leur entourage et la communauté tout entière. « Si un seul membre souffre, tous les membres partagent sa souffrance » (1 Cor 12, 26). Au Chili, j'ai mis à profit les mois qui ont suivi mon voyage apostolique de 2018 pour prendre pleinement connaissance des nombreux abus commis dans le diocèse d'Osorno, en expulsant le responsable du sacerdoce et en acceptant la démission de plusieurs évêques du pays. Aucun silence, aucune dissimulation ne peut être tolérée sur cette question, ni hors de l'Église, ni à plus forte raison en son sein. Ce n'est pas négociable.

Quand j'étais vicaire épiscopal à Flores, en 1993, je crois, on m'a signalé un épisode relatif à un diacre venu de l'étranger pour se former en vue du sacerdoce. Ce jeune homme avait tenté d'abuser d'un garçon hémiplégique ; il ne s'était rien passé, parce que ce garçon était certes paralytique, mais nullement soumis : il avait réagi énergiquement… et donné au diacre ce qu'il méritait. J'intervins aussitôt ; je convoquai le diacre et je lui dis : tu t'en vas tout de suite. En outre, j'informai l'évêque de son pays de ce qui s'était passé. Il faut toujours prendre extrêmement au sérieux des signalements comme celui-ci, sans jamais hésiter ni minimiser. De même, nous sommes appelés à discerner, à éviter les pièges.

Toujours à Flores, je me rappelle un cas qui m'a beaucoup affligé : il s'agissait d'une calomnie, d'une tentative d'extorsion aux dépens d'un prêtre très bon. Une famille avait menacé de le dénoncer pour des abus en vue d'obtenir de l'argent. Nous avons enquêté, la police a même placé une caméra de surveillance et ce mensonge, cette escroquerie fut finalement exposée au grand jour.

Diverses décisions de réduction à l'état laïc ont été prises au cours de mon pontificat, y compris vis-à-vis d'anciens cardinaux, comme dans le cas de l'archevêque de Washington Theodore McCarrick, mais cela ne suffit pas. Chaque cas doit être examiné avec le plus grand sérieux. La douleur de ces victimes est une plainte qui monte jusqu'au ciel, qui touche l'âme et qui a été très longtemps ignorée, occultée ou contrainte au silence. Dans la colère justifiée des gens, l'Église voit le reflet de la colère de Dieu, trahi et giflé par ces prêtres malhonnêtes. J'ai eu l'occasion de dire que l'écho des cris silencieux des petits qui, au lieu de trouver des pères et des guides spirituels, ont trouvé des bourreaux, fait trembler les cœurs anesthésiés par l'hypocrisie et par le pouvoir. Même si les statistiques mondiales nous disent que la majeure partie des abus surviennent dans la famille ou dans l'entourage proche, et que cette plaie est un drame qui concerne toutes les couches de la société, ces considérations ne pourront jamais dégager notre responsabilité : c'est notre honte et notre humiliation, ai-je déclaré lors de mon voyage en Belgique en septembre 2024, et que les autres s'occupent de la part qui leur revient. Quand on regarde le passé, ce que l'on fait pour demander pardon et chercher à réparer le mal qui a été causé ne sera jamais suffisant. Quand on regarde vers l'avenir, nous n'en ferons jamais assez pour donner vie à une culture capable d'empêcher que de telles situations se répètent et qu'elles trouvent des gens pour les dissimuler. À la nonciature apostolique de Bruxelles, j'ai rencontré en privé dix-sept victimes d'abus de la part de membres du clergé : pendant deux heures, j'ai écouté le récit de leurs blessures, j'ai exprimé ma douleur pour ce qu'elles avaient souffert dans leur enfance, et ma gratitude pour leur courage aujourd'hui. De tels crimes sont imprescriptibles, leur ai-je dit. Si les abuseurs sont à l'évidence les premiers responsables, un évêque qui sait et qui ne fait rien se rend lui aussi responsable. Dissimuler, c'est ajouter de la honte à la honte.

Les victimes doivent savoir que le pape est de leur côté. Et que, sur ce point, il ne recule pas d'un pouce.

La première année du noviciat, nous fîmes le mois des exercices spirituels, et la seconde, en 1959, celui du pèlerinage. On partait à trois, abandonnés à la Providence pendant un mois, une épreuve à laquelle les novices sont soumis depuis l'époque de saint Ignace. Je fus envoyé avec un novice nommé Pautasso, lui aussi d'origine piémontaise, qui devait quitter la Compagnie quelques mois plus tard, et un autre, Santiago Frank, qui était déjà prêtre séculier mais qui avait entamé le noviciat pour devenir jésuite. Nous partîmes à l'aventure vers le sud-est, parcourant plus de quatre cents kilomètres de Córdoba à Rosario, traversant des villages et des villes. Nous voyagions sans un sou en poche, à pied ou en faisant de l'auto-stop, en demandant l'hospitalité aux paroisses, village après village, en échange de quelques services, qui pouvaient être de toute nature : une église à balayer, un mur à blanchir, une aide pour organiser un événement quelconque. Nous mangions grâce à la générosité du prochain, et aucun de nous n'est mort de faim ni n'a souffert du froid.

À Río Segundo, un prêtre nous offrit l'hospitalité, le père Marcos David Bustos Zambrano. Il vivait dans le presbytère avec sa mère, son père qui avait cent quatre ans et était encore en grande forme, et une de ses sœurs. C'était un grand homme que le père Bustos Zambrano, un père avec un *P* majuscule, un bon pasteur, attentif à la situation de chacun de ses paroissiens. Et il fumait comme un pompier.

Dès notre arrivée, il nous installa dans une chambre avant de nous envoyer recenser les pierres tombales dans le cimetière du village. C'était vraiment un prêtre « corps à corps », capable de rester proche et de prendre soin de chacun des siens, dans la vie comme dans la mort.

Vingt ans plus tard, quelques mois avant de mourir, il a laissé une lettre : « On m'appelle David dans ma famille, et ici, Père ; je suis argentin, né de parents immigrés, prêtre avec un *p* minuscule, et j'ai toujours exercé dans la campagne.

Cela fait trente et un ans que je suis dans cette paroisse, je suis assez vieux, mais je ne cesse jamais d'apprendre ; je porte la soutane noire et longue… Je suis un homme de la terre et du ciel qui sème autour de lui la paix, fruit de la justice et de l'amour, et du message du Père céleste transmis par le Christ incarné. »

Ce prêtre a tant donné à tant de monde. L'un de ses confrères, le père Enrique Visca, avait été pendant quarante-cinq ans le prêtre d'Oliva, une localité du voisinage, avant d'être éloigné par son évêque parce qu'on disait qu'il devenait un peu « gâteux » : il voulait béatifier sa mère morte, des choses de ce genre… Ce prêtre était resté amer de la démission qui lui avait été imposée. Alors le père Bustos Zambrano l'invitait à venir dans sa paroisse pour réciter aux obsèques de défunts fictifs, auxquels il donnait des noms qu'il inventait lui-même sur le moment, des prières qui serviraient ensuite de prières d'intention pour les âmes du purgatoire. Tout cela pour pouvoir lui donner quelques sous, afin qu'il puisse manger et qu'il ne se sente pas mis à l'écart.

C'était un grand prêtre, le père David, qui a donné au jeune novice que j'étais des conseils dont je me souviens encore.

Quant au père Visca… Un jour, une localité appelée James Craik, qui dépendait de la paroisse d'Oliva, entra en désaccord juste au moment de la fête patronale avec son nouveau prêtre, qui refusa de guider la procession. Les fidèles décidèrent alors d'aller chercher leur vieux prêtre, qui habitait encore Oliva, pour qu'il s'en charge. Le père Visca accepta. Il se rendit à James Craik, commença tranquillement la procession, puis se prépara pour l'homélie. Ce fut un exorde qui resta gravé dans la mémoire de chaque paroissien : « Fils d'une grande p…, leur déclara-t-il, vous m'avez chassé et à présent vous êtes venus me chercher… »

Et il continua ainsi à secouer ses fidèles, leur reprochant de ne pas l'avoir défendu quand l'évêque l'avait éloigné de la paroisse, et leur disant que Dieu les avait châtiés et contraints à revenir sur leurs pas. Toute son homélie porta sur l'importance de rester fidèle à son prêtre.

Ces histoires me sont restées, elles m'ont aidé à comprendre la réalité de la vie des prêtres, des plus vieux, des plus pauvres.

Laissant derrière nous Río Segundo, nous poursuivîmes vers Impira, un petit village agricole situé dans le même département. Nous y arrivâmes précisément au moment de la fête patronale. La cérémonie de célébration de la Vierge, peut-être la première expression de la piété populaire que j'aie eu l'occasion de voir en dehors de Buenos Aires, me frappa et m'impressionna, au point qu'aujourd'hui encore, à soixante ans de distance, je me rappelle l'hymne que ces gens chantaient avec la plus grande dévotion.

J'ai beaucoup appris au cours de ce mois de pèlerinage, y compris à laisser résonner en moi les plus profondes vibrations de l'Amérique du Sud et du peuple.

Le 12 mars 1960, jour de la fête de la canonisation de saint Ignace, je fus jugé prêt à prononcer mes vœux de pauvreté, de chasteté et d'obéissance. J'en fis la promesse, que j'allais compléter par la suite par les vœux solennels qui marquent l'appartenance définitive à la Compagnie de Jésus, dont le vœu d'obéissance et de disponibilité envers le pape et ses missions, que j'allais prononcer au mois d'avril treize ans plus tard.

Au terme du rite de la profession de foi, alors que nous déjeunions au réfectoire, le père Zaragozi vint me trouver : « Prépare-toi, tu vas au Chili pour ton juniorat. »

Quelques jours plus tard je partis pour la localité de Padre

Hurtado, à quelques kilomètres de Santiago. J'allais y passer les douze mois suivants. Alberto Hurtado, un saint contemporain, a passé sa vie avec les pauvres et les travailleurs ; cet homme longtemps persécuté, qui a dû affronter beaucoup de souffrances, n'a pourtant jamais perdu sa joie : il aimait dire que l'avenir se joue en grande partie dans la capacité d'écoute. Au Chili, je l'ai expérimenté dans ma chair.

L'expérience du Centro de Espiritualidad Loyola se révéla très différente de celle de Córdoba : ce fut surtout une école de formation à l'humanisme et à l'amitié. Les Chiliens m'ont fait grandir en humanité : si j'en ai un tant soit peu, c'est à eux que je la dois.

En outre, l'enseignement y était de grande qualité. Je me rappelle un professeur français qui nous donnait des leçons sur Baudelaire : « Ma jeunesse ne fut qu'un ténébreux orage, traversé çà et là par de brillants soleils[1]... » Ou sur Charles Péguy, le poète et essayiste d'Orléans qui écrivait des choses comme « La révolution sociale sera morale ou elle ne sera pas » ou bien « Mais c'est d'espérer qui est difficile. Et le facile et la pente est de désespérer et c'est la grande tentation[2] » ou encore « Il y a quelque chose de pire que d'avoir une âme même perverse, c'est d'avoir une âme habituée ».

De même, j'ai beaucoup travaillé sur Virgile, sur qui j'ai écrit ensuite une longue étude que j'ai laissée à Buenos Aires. L'*Énéide* est parmi les classiques le texte que j'ai sans doute le plus approfondi, au point qu'aujourd'hui encore, à l'entrée de ma chambre, il y a une petite carte où est inscrit le célèbre vers 462 du chant I : *Sunt lacrimae rerum et mentem mortalia tangunt.* « Il y a des infortunes qui suscitent les larmes et touchent les cœurs. »

L'esprit ne pouvait que s'ouvrir tout grand à un si grand humanisme.

En fin de semaine nous nous rendions dans les villages voisins pour le service aux pauvres. Nous nous occupions des malades, nous faisions le catéchisme ; certains enfants étaient si pauvres qu'ils n'avaient pas de chaussures et allaient à l'école pieds nus. Ils souffraient des morsures du froid en hiver, et de celles de la faim en permanence.

Ce fut une expérience qui me marqua.

J'écrivis aussitôt à ma sœur Maria Elena, qui était encore une enfant, tant j'en étais frappé, tant notre vie, si humble et modeste qu'elle fût, me semblait loin de cette féroce pauvreté.

Auparavant, à Córdoba, j'avais fait le mois de l'hôpital. Nous assistions les malades, nous leur donnions à manger, nous les lavions, nous les rasions.

Ce fut là que je découvris pour la première fois ce qu'est l'infidélité ; j'avais déjà assez d'expérience, mais toucher cette plaie-là me fit mal. Je m'occupais d'un homme à l'agonie ; il avait une énorme plaie au cou qu'il fallait sans cesse nettoyer, et précisément là, à son chevet, sa jeune et jolie femme, qui parlait français parce qu'ils venaient du Moyen-Orient, flirtait avec le médecin d'une façon si éhontée que j'avais du mal à en croire mes yeux.

Le juniorat au Chili se termina lui aussi, et en mars 1961 je rentrai en Argentine pour entamer mes trois ans d'études de philosophie au Colegio Máximo de San José, à San Miguel, à l'ouest du Grand Buenos Aires, ce gigantesque cordon ouvrier qui entoure la capitale. Les classes y étaient encore plus vastes, avec environ soixante-dix étudiants, dont certains venaient du Chili, du Mexique, d'Uruguay, de Bolivie et du Paraguay. Mes camarades m'appelaient « El Gringo », sans doute parce que je n'avais pas vraiment une tête de Sud-Américain.

À San Miguel j'ai eu un très grand maître, un professeur de métaphysique qui était aussi un père spirituel, directeur en outre de la revue *Stromata*, dans laquelle étaient publiés des articles des professeurs de la faculté : le père Miguel Ángel Fiorito. Les compétences intellectuelles et spirituelles du père Fiorito allaient faire de lui notre point de référence. Il a été pour moi le maître par excellence, un guide personnel dans le discernement. Mes premières réflexions sur la religiosité populaire, sur une vision réaliste du peuple de Dieu qui exclut les images romantiques et clivantes, sur la théologie du peuple, c'est à lui que je les dois. C'était un champion du dialogue et de l'écoute ; son influence m'a accompagné au cours des années, et sans doute aussi dans bien des thèmes que j'ai développés au cours de mon pontificat.

Avec le père Fiorito, mon directeur spirituel
(lui au centre, moi à sa droite).

Je l'ai rencontré pour la dernière fois quelques jours avant sa mort, à l'hôpital allemand : c'était un dimanche de la fin juillet 2005, et il venait de fêter son anniversaire. Il ne parlait plus depuis des années. Il avait perdu cette capacité, mais non pas celle de communiquer : il regardait intensément, il parlait avec les yeux. Deux larmes coulèrent lentement sur ses joues : ce fut son dernier don. Jusque dans ce congé, il fut un enseignement pour moi.

15

Le seul moyen de devenir pleinement humain

Entre ma licence de philosophie, que j'obtins en 1963, et mes études de théologie, je fus envoyé au collège de l'Immaculée Conception de Santa Fe pour enseigner la littérature, l'art et la psychologie aux élèves des deux dernières années de lycée.

Quelques mois plus tôt, j'avais écrit au supérieur général de l'ordre, le père Pedro Arrupe, qui avait été le premier provincial jésuite au Japon et le recteur du noviciat d'Hiroshima, où il se trouvait le jour où la bombe atomique fut lancée. Ce 6 août 1945, quand elle explosa à huit heures quinze, à plus de quatre kilomètres de l'endroit où il se trouvait avec d'autres jésuites et beaucoup de jeunes, Arrupe raconta qu'il avait vu « une lumière extrêmement puissante » et, en ouvrant la porte, avait entendu un grondement « semblable au fracas d'un terrible ouragan, qui arracha les portes, les fenêtres, les vitres, les cloisons mobiles... dont les fragments déchiquetés nous retombaient sur la tête ». Ce furent quelques secondes « qui nous parurent mortelles », même si aucun de ceux qui étaient présents ne perdit la vie. Ils coururent alors parmi les rizières pour essayer de comprendre ce qui avait bien pu se passer, mais la ville n'était plus qu'une nuée dense, traversée de grandes flammes. Ils montèrent alors sur une colline pour mieux voir, et là ils parvinrent à « distinguer l'endroit où *s'était trouvée* la ville, parce que ce qu'ils avaient devant eux était une Hiroshima complètement rasée ». Ce n'était plus qu'un énorme lac de feu qui en quelques minutes se transforma en un tas de décombres. Ceux qui fuyaient avançaient « avec difficulté, sans courir, comme il l'aurait fallu pour fuir cet enfer le plus vite possible, du fait des terribles blessures qu'il avait provoquées ».

Je n'avais pas encore neuf ans ce 6 août, et ma maison du quartier de Flores était éloignée de près de vingt mille kilomètres du gigantesque champignon de mort qui venait d'éclore dans le ciel du Japon. Nous étions séparés par les barrières de la langue et de la culture, et par un immense océan, le Pacifique, que personne de ma famille n'avait jamais vu, et que je n'allais moi-même découvrir que bien des années plus tard. Pourtant, je me rappelle très bien ce jour. Je revois les yeux baignés de larmes de ma mère et de mon père quand ils apprirent la nouvelle. Ils pleuraient.

En un éclair, « un éclair lumineux, jaune et brillant comme dix mille soleils », entre soixante-dix mille et quatre-vingt mille personnes furent tuées ; d'autres, en un nombre si important qu'il est impossible de l'estimer, tombèrent malades et moururent dans les mois et les années suivants du fait de l'exposition aux radiations. On a raconté que si l'on prenait un blessé par la main, sa peau se détachait par lambeaux, comme on enlève un gant. Ce qui était un instant plus tôt une cité vivante et fourmillante, un important centre commercial et industriel sur l'île de Honshū, n'était plus qu'un désert de poussière empoisonnée. Plus de maisons, plus de places, plus un seul des innombrables temples dont elle était constellée : plus rien qu'un trou noir de destruction et de mort. « On trouvait même les contours de corps humains sur les murs, comme les négatifs de photographies », raconta le journaliste John Hersey, qui se rendit l'année suivante dans ce qui restait de la ville : sur le pont voisin du musée des Sciences, un homme et sa charrette avaient été immortalisés par les radiations en une ombre si nette et si précise que l'on voyait qu'au moment exact où l'explosion les avait littéralement désintégrés tous les deux, l'homme était en train de fouetter son cheval.

C'est cela, la folie de la guerre nucléaire. « L'humanité a inventé la bombe atomique, mais aucune souris ne construirait jamais un piège à souris », a dit Albert Einstein.

Trois jours plus tard, le même sort serait infligé à Nagasaki.

Une image est devenue pour moi le symbole de la barbarie inhumaine des guerres : elle montre au premier plan un enfant qui doit avoir une dizaine d'années et qui porte sur son épaule, comme un sac d'écolier, un fardeau plus pesant : son petit frère mort. Son visage est tiré, tragique et sérieux. Il attend son tour pour apporter au four crématoire le corps du petit dernier de la famille, tué par les radiations de la bombe atomique lancée sur Nagasaki. Toute son angoisse s'exprime par un seul geste, presque imperceptible : il se mord la lèvre jusqu'au sang.

Quand j'ai vu cette photo pour la première fois, j'étais déjà pape : je crois que c'est un journaliste qui me l'a envoyée. Elle m'a touché au cœur. J'ai beaucoup prié en regardant cet enfant. Puis j'ai eu l'idée de la publier, d'en faire une carte postale à distribuer. J'y ai simplement ajouté un titre : « Le fruit de la guerre ». Et je l'ai distribuée partout à chaque occasion. Cette image vaut des milliers de discours.

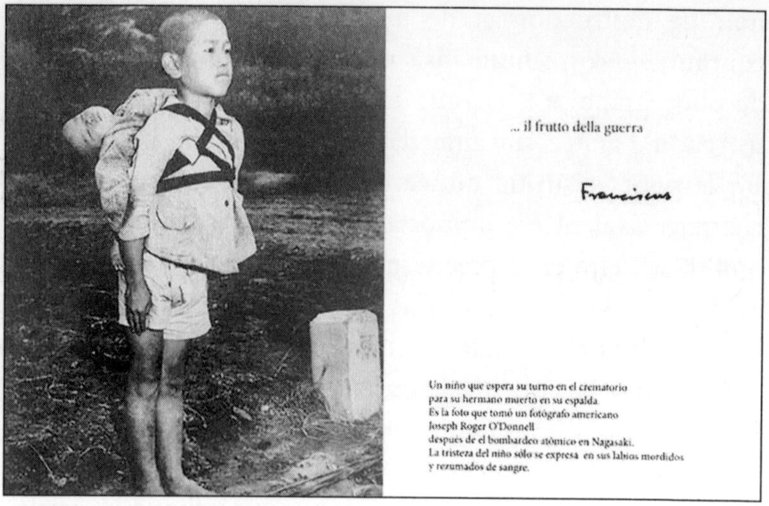

Le fruit de la guerre : une image qui vaut des milliers de discours.

Les chirurgiens ont pu voir bien des fois la même expression dans le regard des enfants sur les zones de guerre, à cause d'une mine à Kaboul ou des bombardements sur Alep, dans la nation syrienne qui nous est si chère. Souvent, la douleur de ces enfants ne laisse même pas place aux larmes : ils sont indignés, plutôt. Stupéfaits et offensés. Profondément indignés par le traitement que leur inflige ce monde des adultes qui aurait dû les protéger et qui, trop souvent, semble ne plus s'indigner de rien. C'est pour cela qu'il faut retrouver le regard des enfants (Matthieu 18, 1-5) : face à l'injustice – et à l'injustice la plus profonde qu'est la guerre, quelque nom qu'elle puisse prendre –, les enfants s'indignent. Ils ont le regard de Dieu.

Dans les jours qui ont immédiatement suivi l'explosion, grâce aux études de médecine qu'il avait faites en Espagne, le père Arrupe transforma le noviciat en hôpital de campagne. En l'absence totale de médicaments, « un paysan, raconterait Gabriel García Márquez dans un entretien dix ans plus tard, mit à la disposition du prêtre un sac de vingt kilos d'acide borique ». Grâce à cette poudre dont on fait un emplâtre qui a la propriété d'adoucir les brûlures, des dizaines de personnes furent secourues.

Sur les questions du service de la foi, de la promotion de la justice et de l'amour préférentiel pour les pauvres, le père Arrupe allait devenir une icône pour les jésuites, même dans les années de difficultés et de turbulences. Il disait que l'on ne pouvait pas parler de pauvreté si on ne l'éprouvait pas soi-même en s'immergeant dans les lieux où elle se vit : il l'a écrit clairement dans l'une de ses lettres aux Centres de recherche et d'action sociale (Centros de Investigación y Acción Social ou Cias). Sinon, on court le risque de devenir des idéologues abstraits ou des fondamentalistes. « Ce n'est qu'en étant un homme ou une femme pour les autres que l'on devient pleinement humain », écrivait-il, ajoutant qu'il est impossible de « dénoncer l'injustice tout en agissant d'une façon contraire à l'Évangile ». Mais c'était également un homme de prière. Je le revois en train de prier assis par terre, comme le font les Japonais – une image que je trouvais très apaisante.

Il allait être frappé d'un AVC dans l'avion qui le ramenait de Bangkok à Rome en 1981. Un peu auparavant, alors qu'il se trouvait dans un centre pour les réfugiés, il avait d'ailleurs pris congé en nous invitant à prier ; ce fut son merveilleux chant du cygne, son héritage ultime, avant un long et exemplaire crépuscule.

En 1963, alors que j'étais un jeune novice, je lui avais donc écrit pour exprimer le désir de compléter ma phase de travail apostolique par une mission au Japon. Ce pays me fascinait – depuis ma jeunesse j'ai éprouvé de la sympathie et de l'affection pour cette terre. Mais à cause de mon problème au poumon, je ne fus pas accepté.

Je finis par me rendre au Japon au cours de mon trente-deuxième voyage apostolique qui, en novembre 2019, allait me conduire en Thaïlande et dans ce pays du Soleil levant qui nous est si cher, et que j'avais déjà pu visiter brièvement en 1987.

J'allai prier devant le mémorial des martyrs sur la colline de Nishizaki, ce Golgotha où à la fin du XVIe siècle furent dressées vingt-six croix de frères franciscains, jésuites, tertiaires, massacrés et crucifiés ; trois d'entre eux n'étaient encore que des enfants. J'y suis allé comme pèlerin, pour confirmer et être confirmé dans la foi par ces frères. Ce sanctuaire, bien plus que de la mort, savait parler du triomphe de la vie. C'était un mont des Béatitudes et de la Résurrection, reflétant le témoignage d'hommes emplis de l'Esprit Saint, libérés de l'égoïsme et de l'orgueil. L'aventure de saint Paul Miki et de ses compagnons n'est pas une glorieuse relique de gestes passées, mais la mémoire, le feu vivant, l'âme même de tout apostolat sur cette terre. Aujourd'hui plus que jamais, plus encore qu'aux premiers siècles, dans divers endroits du monde, des chrétiens souffrent et vivent le martyre à cause de leur foi. Il faut lutter et élever la voix pour que la liberté religieuse soit garantie à chacun partout sur cette planète, et dénoncer fort toute manipulation et instrumentalisation des religions, où que l'on soit.

Toujours en tant que pèlerin, pèlerin de la paix, je me suis senti le devoir de visiter Nagasaki et Hiroshima. Je l'ai fait en portant dans le cœur les suppliques et les aspirations des hommes et des femmes de notre temps, en particulier des jeunes, et en portant avec humilité le cri des pauvres, qui sont toujours les victimes les plus vulnérables de la haine et des conflits. Quand nous nous en remettons à la logique dcs armes en nous détournant du dialogue, nous oublions tragiquement qu'avant même de causer des victimes et des destructions, les armes ont la capacité de générer de mauvais rêves. Comme l'a dit Paul VI dans son discours aux Nations unies du 4 octobre 1965, « elles exigent d'énormes dépenses, elles arrêtent les projets de solidarité et de travail utile, elles faussent la psychologie des peuples ». Il est impossible d'aimer avec une arme au poing. J'ai prié pour les victimes des explosions, et je me suis incliné devant la force et la dignité de ceux qui ont supporté dans leur chair et dans leur âme les souffrances les plus aiguës, pendant tant d'années.

J'ai écouté la description de l'indicible par une femme qui n'était à l'époque qu'une écolière : « Le long de la route, m'a raconté Yoshiko Kajimoto, des gens cheminaient côte à côte comme des fantômes. Leurs corps étaient tellement

Cérémonie d'hommage à l'Atomic Bomb Hypocenter Park de Nagasaki.

brûlés qu'on n'arrivait plus à distinguer les hommes des femmes ; ils avaient les cheveux dressés sur la tête, les visages gonflés, les lèvres pendantes, les deux mains tendues, et leur peau brûlée se détachait par lambeaux de leurs membres. Personne dans ce monde ne peut imaginer une scène aussi infernale. Les jours suivants, les cadavres ont commencé à se décomposer et tout était enveloppé d'une fumée blanche : Hiroshima n'était plus désormais qu'un immense four crématoire. J'ai gardé pendant très longtemps cette puanteur sur mon corps et mes vêtements… » Trois jours plus tard, en route vers sa maison, cette petite fille rencontra par hasard son père : il la cherchait désespérément depuis trois jours et trois nuits, et il la croyait morte. Ils s'étreignirent. Elle était si heureuse de pouvoir être à nouveau dans ses bras… Mais peu après, son père se mit à vomir du sang et il mourut. Sa femme le suivit, après une longue bataille contre les effets des radiations, qui n'épargnèrent pas non plus leur fille, contrainte à un calvaire exténuant contre la leucémie.

Ces récits et ces lieux doivent nous rendre conscients de la douleur que nous, êtres humains, sommes capables de nous infliger. Et en même temps, ils peuvent être pleins de lendemains. Personne, et moins encore à l'ère atomique, ne peut rester aveugle devant les ruines d'une culture incapable de dialoguer. Nous devons apprendre les enseignements de cette histoire, nous ne pouvons pas permettre que les nouvelles générations perdent la mémoire de ce qui s'est passé : cette mémoire vive doit être une garantie et un encouragement à construire un avenir plus juste, elle doit nous pousser à dire de génération en génération : *¡ Nunca más !* Jamais plus la guerre, jamais plus le fracas des armes, jamais plus de pareilles souffrances !

L'usage de l'énergie atomique à des fins guerrières est

aujourd'hui plus que jamais un crime, non seulement contre l'homme et sa dignité, mais contre tout l'avenir de notre maison commune. Il est immoral, comme est immorale la simple possession d'armes atomiques. Nous serons jugés pour cela. Les nouvelles générations se dresseront comme des juges de notre défaite si la paix n'est qu'une « parole en l'air » et si nous ne l'avons pas réalisée par nos actes entre les peuples de la Terre. Il y a encore assez d'armes atomiques dans le monde pour le faire sauter quatre fois chaque année, et assez d'armes chimiques pour tuer cinq mille fois toute la population mondiale. Les armes ne sont pas seulement messagères de mort : elles sont aussi le thermomètre de l'injustice. Et l'injustice est la racine perverse de la pauvreté. On ne peut pas parler d'armes sans parler de la profonde injustice qu'elles provoquent et font perdurer, le privilège de quelques-uns aux dépens de beaucoup. Ils crient vers nous, ces gens en fuite entassés sur de petites embarcations, en quête d'espoir, sans savoir quels ports pourront les accueillir, dans cette même Europe qui ouvre pourtant ses ports aux bateaux chargés d'armements sophistiqués et coûteux, capables de susciter des dévastations qui n'épargnent même pas les enfants. Dans un monde où des millions de familles vivent dans des conditions inhumaines, l'argent dépensé et les fortunes gagnées pour fabriquer, moderniser, entretenir et vendre des armes toujours plus destructrices sont un attentat permanent, un cri qui monte au ciel. De même que les carrières, y compris politiques, qui s'édifient et prospèrent sur ces commerces.

Si nous négligeons tout cela, invoquer la paix n'est que de l'hypocrisie.

Se souvenir, cheminer ensemble, protéger. Protéger chaque vie en reconnaissant son inviolable dignité. Ces impératifs moraux, voilà la leçon d'Hiroshima. Une leçon qui n'a rien d'utopique. Bien au contraire : c'est un réalisme culturel, social, politique. Et il coïncide avec l'aspiration de millions d'hommes et de femmes partout sur la Terre. La voie créative du dialogue, même dans son effort béni, est l'unique antidote à la folie destructrice que nous avons connue et que nous connaissons encore.

Cette leçon parlait à mon cœur d'enfant, et elle me serait administrée à nouveau soixante-quatorze ans plus tard.

Mais cette année-là, en 1963, je restai dans ma patrie et on m'envoya enseigner. *Maestrillo*, c'est ainsi que l'on appelle les jésuites en formation.

J'étais ingénieur chimiste, et je pensais donc qu'on m'attribuerait les cours de mathématiques ou de physique ; au contraire, je fus chargé d'enseigner les humanités. Je me débrouillai, j'espère pas trop mal, en puisant à pleines mains dans les études que j'avais faites au Chili.

La première année, je m'attardai sur la littérature espagnole, entre Gonzalo de Berceo et *Cantar de mio Cid*, le plus important poème épique espagnol, diffusé depuis le Moyen Âge par les jongleurs et les poètes itinérants. Puis j'élargis le cadre aux auteurs argentins, y compris contemporains, de la littérature gauchesque à María Esther Vázquez, Leopoldo Marechal ou Borges. Il ne me déplaisait pas que les enfants explorent, qu'ils aient la liberté d'étudier ce qui les intéressait. C'étaient les années Beatles, et quatre d'entre eux avaient monté un groupe. Ils composaient la musique et écrivaient les paroles de leurs chansons ; ils s'étaient donné le nom de *Shouters*, « les Braillards ». Le théâtre aussi était depuis toujours une activité importante à l'Immaculée. L'œuvre choisie cette année-là, un poème de l'écrivain uruguayen Juan Zorrilla de San Martín, incluait des personnages féminins ; or, les élèves du collège étaient tous des garçons. Jusqu'alors, on n'avait mis en scène que des œuvres sans rôles féminins, au prix de lourdes modifications ou mutilations, ou pire encore en faisant jouer les personnages féminins par des garçons. Cela me semblait un appauvrissement et une humiliation de la réalité et de l'image de la femme. On alla donc solliciter la participation des mères et des sœurs des acteurs, et en peu de temps la scène se trouva représentée comme elle avait été écrite, et comme elle le méritait.

Et puis il me plaisait que les enfants n'étudient pas seulement la littérature, mais qu'ils s'essaient aussi à l'écriture.

J'aime dire que pour éduquer et enseigner, il faut avoir à l'esprit deux réalités : la zone de confort et la zone de risque. L'éducation suppose toujours un déséquilibre, et pourtant il nous faut nous frayer une voie entre ces exigences opposées. Nous ne commençons à avancer que lorsque nous percevons ce qui manque, parce que si nous pensons que rien ne manque, nous ne progressons jamais. C'est là l'équilibre à trouver à chaque fois : il faut avancer avec un pied dans la zone de confort, dans tout ce que nous avons acquis et assimilé, et de l'autre il faut sonder les zones de risque, qui doivent être proportionnées, et s'aventurer, aller plus loin.

Sans le risque, on n'avance pas. Mais on n'avance pas non plus en se jetant dans un ravin.

J'ai beaucoup aimé mes élèves, ces adolescents de seize, dix-sept ans ; ils ne m'ont jamais été et ne me seront jamais indifférents. Et je les remercie pour tout le bien qu'ils m'ont fait.

L'enseignement également fut une grande expérience, dans les deux sens, puisque enseigner, c'est aussi apprendre. Cela veut dire avoir toujours le cœur et l'esprit suffisamment ouverts pour y laisser entrer la surprise.

Je restai deux ans à Santa Fe, avant de revenir à Buenos Aires en 1966 comme préfet des étudiants de quatrième année et professeur de littérature et de psychologie au Colegio del Salvador.

Après quoi, en 1967, je retournai étudier la théologie pendant trois ans au Colegio Máximo, jusqu'à ma licence en 1971.

C'étaient les années du concile Vatican II, qui s'était ouvert en octobre 1962 pour refermer ses travaux en décembre trois ans plus tard ; en Argentine aussi, l'Église cheminait entre tensions et espoirs, entre ouvertures et pas en arrière. Ces turbulences se retrouvaient également dans la théologie. Les théologiens dogmatiques cherchaient à ouvrir à l'esprit nouveau, les théologiens bibliques étaient dans le mouvement, ou à l'avant-garde, tandis que la morale restait cette morale casuistique et décadente qui n'avait pas encore trouvé le moyen de se mettre à jour.

Ce furent en général des années inquiètes et passionnées dans le monde entier, années de luttes sociales et civiques (avec notamment le célèbre discours de Martin Luther King à Washington, *I have a dream*), et débordantes d'ingénuité. Avec un peu d'analyse critique, on en voyait aussi les faiblesses. Je me rappelle que quand John F. Kennedy fut élu en 1960, un prêtre de Buenos Aires se prit à exulter, comme si, avec cette élection d'un catholique, le pape Jean XXIII en personne avait été porté à la Maison Blanche. Cette naïveté me mettait en rage. Mais ce qui m'a toujours vraiment mis en fureur, c'est la guerre, celle du Vietnam, qui vivait alors sa sanglante escalade, comme celles d'aujourd'hui.

La guerre est toujours incompréhensible. La guerre est toujours un massacre inutile.

Elle me faisait et elle me fait mal, je la sens dans ma chair.

En juillet 1969, cinq mois avant que je sois ordonné prêtre, le premier homme posa le pied sur la Lune. Nous étions tous devant la télévision, bien sûr, mais plus encore que par cette image d'alunissage, je fus frappé dans ces années-là par le cinéma d'un réalisateur suédois, Ingmar Bergman. Il ouvrait de plus vastes horizons encore : *Le Septième Sceau*, avec l'inoubliable partie d'échecs entre le chevalier de retour des croisades et la Mort, *La Source*, qu'il avait tiré d'une légende médiévale, ou encore *À travers le miroir*, un voyage bouleversant dans les méandres de l'esprit dont le titre était tiré de la première épître de saint Paul aux Corinthiens : « Aujourd'hui nous voyons au moyen d'un miroir, d'une manière obscure, mais alors nous verrons face à face ; aujourd'hui je connais en partie, mais alors je connaîtrai comme j'ai été connu » (1 Corinthiens 13,12).

Après mon ordination, en août 1970, je fus envoyé en Espagne, au collège Saint-Ignace à Alcalá de Henares, la ville natale de Cervantès, dans la région autonome de Madrid, pour y faire ma troisième année de probation, l'école du cœur et des affects qui conclut la formation des jésuites. Mon supérieur était le père José Arroyo, un homme qui m'a fait énormément de bien et que j'admire aujourd'hui encore.

Je prononçai mes derniers vœux perpétuels, les quatrièmes, le 22 avril 1973 à San Miguel, alors que j'étais déjà maître des novices.

Et trois mois plus tard, le 31 juillet 1973, je fus nommé supérieur provincial de l'Ordre. J'avais trente-six ans et j'étais le plus jeune à avoir jamais occupé cette charge en Argentine. J'ai souvent dit que cette nomination était une folie, et elle l'était en effet, mais la vérité est qu'à ce moment il n'était pas possible de faire autrement.

J'ai fait beaucoup d'erreurs. Et je devais apprendre beaucoup, et durement, de ces erreurs.

16

Comme un enfant dans les bras de sa mère

Nous fûmes ordonnés tous les cinq le 13 décembre 1969 : Hardoy, Ávila, Bergoglio, Grados Acosta, Martensen. Tous ensemble, en plein air, dans le beau jardin du Colegio Máximo de San José, par l'archevêque émérite de Córdoba, Ramón José Castellano.

C'était un samedi après-midi, le jour de la Sainte-Lucie. Le père Ricardo Martensen allait fonder cinq années plus tard le Movimiento de la Palabra de Dios, une communauté pastorale présente aujourd'hui dans de nombreux pays d'Amérique du Sud et en Espagne. Il a quelques années de plus que moi, et au moment où j'écris ces lignes, il est encore vivant.

Ávila, en revanche, allait quitter le sacerdoce pour se marier. Il est mort il y a quelques années, et les autres aussi. Quant à moi… j'ai du mal à exprimer les émotions de ce jour-là.

J'étais bloqué.

C'est toujours comme ça quand je suis face à quelque chose de grand. Je me bloque, en paix, serein, et c'est peut-être ma forme de défense. Les émotions prennent corps plus tard.

Au cours des journées de préparation à l'ordination, j'avais rédigé une prière, ma confession de foi personnelle. J'y souscris aujourd'hui comme alors :

Je veux croire en Dieu le Père, qui m'aime comme un fils, et en Jésus notre Seigneur, qui a infusé son Esprit dans ma vie pour me faire sourire et me conduire ainsi au royaume de la vie éternelle.

Je crois en mon histoire, qui a été pénétrée par le regard d'amour de Dieu, venu à ma rencontre en ce jour de printemps, le 21 septembre, pour m'inviter à le suivre.

Je crois en ma douleur, inféconde à cause de mon égoïsme, dans laquelle je me réfugie.

Je crois en la mesquinerie de mon âme, qui cherche à prendre sans donner… sans donner.

Je crois que les autres sont bons, et que je dois les aimer sans crainte, et sans jamais les trahir au profit de ma propre sécurité.

Je crois en la vie religieuse.

Je crois que je veux aimer beaucoup.

Je crois en la mort quotidienne, brûlante, que je fuis mais qui me sourit en m'invitant à l'accepter.

Je crois en la patience de Dieu, accueillante, bonne comme une nuit d'été.

Je crois que mon père est au ciel avec le Seigneur.

Je crois que le père Duarte y est aussi et qu'il intercède pour mon sacerdoce.

Je crois en Marie, ma mère, qui m'aime et qui ne me laissera jamais seul. J'attends la surprise de chaque jour, dans laquelle se manifesteront l'amour, la force, la trahison et le péché, qui m'accompagneront jusqu'à la rencontre définitive avec ce visage merveilleux dont je ne sais pas quel il est, que je fuis continuellement mais que je veux connaître et aimer.

Amen.

Je suis prêtre depuis cinquante-quatre ans.

Toute ma famille était là ce jour-là – tout ce qu'il en restait. Ma mère, ma grand-mère, mes frères et sœurs et leurs conjoints, mes oncles et mes tantes, et même Stella, ma maîtresse d'école.

Quand vers le soir ils ont quitté San Miguel, je suis allé dans ma chambre avec quelques amis pour bavarder un peu. Et le lendemain matin de bonne heure, j'ai pris l'autobus pour Buenos Aires, où, à l'église du collège Notre-Dame de la Miséricorde où j'avais fait ma première communion, j'allais célébrer ma première messe.

Cette fois aussi, tout le monde était là. Pour l'occasion, ils auraient voulu donner une fête mais, quitte à susciter sans le vouloir un certain malaise, j'ai été assez catégorique : aucune fête, aucun cadeau. Après le service, les sœurs du collège avaient sorti devant l'église une petite table avec quelques bouteilles de jus d'orange. C'était l'été, et il faisait très chaud : nous en avons bu un verre, et ensuite au revoir et tout le monde à la maison.

J'ai toujours eu l'instinct de ne pas accepter de fêtes ni de célébrations mondaines ; ce fut la même chose quand je fus nommé provincial des jésuites, et encore à d'autres occasions. On pourrait perdre sa salive à en trouver les motivations, ou dire tout simplement la vérité : je n'aime pas ça. Je n'avais rien gagné du tout, je commençais simplement mon sacerdoce.

À la fin du service, dès que j'eus ôté mes vêtements liturgiques, ma mère s'agenouilla devant moi en me demandant ma bénédiction. Ce geste me frappa beaucoup. Avant ce jour, elle s'était mise à me rendre visite régulièrement. Pendant mes études de théologie, nous ne pouvions pas sortir du collège, et il fallait deux heures de bus pour aller à San Miguel et en revenir ; quand un de mes camarades chiliens se trouva en difficulté, ma mère l'accueillit à la maison. C'était une femme très généreuse.

Ma grand-mère Rosa était rayonnante ; elle avait ignoré mes consignes et m'avait fait un petit cadeau pour fêter mon ordination. Mes grands-parents le tenaient prêt depuis au moins six ans, de crainte qu'après la mort de leur fils, eux non plus n'atteignent pas ce rendez-vous auquel ils tenaient tant. « Le plus important pour un prêtre, c'est de célébrer la messe », m'avait dit un jour ma grand-mère au cours de mon noviciat, et elle m'avait parlé d'une mère qui avait recommandé à son fils sur le point d'être ordonné prêtre : « Célèbre chacune de tes messes comme si c'était la première et la dernière. »

Elle avait empaqueté son présent – un étui porte-viatique

et un petit vase pour l'onction des malades – et y avait joint un petit billet indiquant qu'il devait m'être remis précisément ce jour-là.

Mais elle eut l'occasion de me le remettre elle-même à la fin de la messe, alors que mon grand-père Giovanni, lui, était mort cinq ans plus tôt. J'ai toujours conservé ce billet que ma grand-mère avait écrit en mêlant l'espagnol, qu'elle parlait couramment mais écrivait avec des difficultés, et l'italien.

« En ce jour merveilleux où tu pourras tenir entre tes mains consacrées le Christ sauveur, et où s'ouvre devant toi le chemin privilégié vers un apostolat plus profond, avec ce modeste présent, de peu de valeur matérielle, mais d'une très haute valeur spirituelle, tes grands-parents Rosa et Juan, bien qu'éloignés physiquement, sont spirituellement tout près de toi.

Que Dieu te bénisse.

Que Dieu te *haga santo* [que Dieu te sanctifie]. »

De même que j'ai toujours gardé, depuis plus d'un demi-siècle, son testament spirituel, qu'elle m'avait remis à Noël, huit ans avant sa mort :

« *San Justo 25 décembre 1966, jour de Noël.* Que mes petits-enfants, auxquels j'ai donné le meilleur de mon cœur, aient une vie longue et heureuse. Mais si un jour la douleur, la maladie ou la perte d'une personne chère devait les remplir d'affliction, qu'ils se rappellent toujours qu'un soupir au tabernacle où est conservé le martyr le plus grand et le plus auguste, et un regard à Marie au pied de la croix peuvent verser une goutte de baume sur les blessures les plus profondes et les plus douloureuses. »

Je le conserve dans mon bréviaire et je le relis souvent. Pour moi, c'est comme une prière.

Mes grands-parents paternels ont beaucoup souffert dans leurs dernières années. Ma grand-mère, avec quelques amies italiennes auxquelles elle rendait visite et avec qui elle brodait, recevait tous les mois d'Italie une revue intitulée *Mains de fée*, et en effet elle faisait des merveilles de ses mains. Mon grand-père Giovanni allait de temps en temps jouer aux boules avec les hommes du quartier. Mais en général ils ont tous les deux vécu dans une très grande solitude une vie tissée d'une longue série de vicissitudes, de drames et de changements. Ils fermèrent leur boutique et prirent une boulangerie. Ils allèrent habiter avec mes parents à Rivadavia. Après la mort soudaine de mon père, leur fils unique, ils vécurent à nouveau seuls. Puis ils vendirent la boulangerie et prirent la gérance d'une librairie-papeterie, la San Giuseppe. À la fin, ils s'installèrent tous les deux à l'hôpital italien : on y louait quelques appartements à des anciens qui pouvaient ainsi bénéficier d'une certaine assistance sociale et médicale. Mon grand-père y est mort. Une fois veuve, ma grand-mère Rosa retourna vivre avec ma mère. Entre la bru et la belle-mère les choses allaient bien désormais, et elle devait rester avec ma mère jusqu'à la fin.

Ce n'est que dans les derniers jours qu'il fallut l'emmener à la maison de soins San Camillo, dans le quartier de Caballito. Je restai avec elle jusqu'au bout, à l'aube du 1er août 1974. À nous, les enfants, elle disait souvent qu'« un linceul n'a pas de poches », et qu'on n'a jamais vu un camion de déménagement suivre un cortège funèbre : nous n'emportons avec nous que ce que nous avons partagé avec les autres. Elle avait quatre-vingt-dix ans. Je la bénis. Son visage était serein.

Chez ma mère, dans les années 1970.

Dans *Rassa nostrana*, cette belle poésie dialectale qui raconte l'émigration des Piémontais dans le Vieux et le Nouveau Monde, il y a une quantité de personnages qui entrent en scène tour à tour : des mécaniciens et des maçons, des mineurs et des paysans, des petits blonds aux yeux couleur du ciel, des trafiquants débrouillards, des montagnards aux nerfs d'acier et au visage rubicond rempli de joie… Mais quand je pense à mes grands-parents, c'est surtout l'écho du dernier vers qui résonne dans ma mémoire :

El pi dle volte na stagiun perdüa
o na frev o un malör del so mesté
a j'incioda ant na tumba patanüa
spersa ant un camp-sant foresté.

Le plus souvent une saison perdue,
une fièvre ou une mauvaise année

les cloue dans une tombe nue,
perdue dans un cimetière étranger…

Leurs visages, ceux de mes grands-parents et de mes parents, ceux qui élèvent les enfants, ceux qui travaillent pour rapporter le pain à la maison, les malades, les vieux prêtres couverts de plaies mais qui gardent le sourire de ceux qui ont servi le Seigneur, les sœurs qui œuvrent dans l'obscurité… Tous ces visages sont pour moi le saint visage de l'Église, du peuple de Dieu. L'Église qui est la maison de tous, et non une chapelle qui ne peut accueillir qu'un petit groupe de personnes triées sur le volet. Parce que l'on ne doit pas réduire le sein de l'Église universelle à un nid protecteur pour notre médiocrité.

Je venais tout juste d'être nommé évêque auxiliaire de Flores, en 1992, quand il y eut à Buenos Aires une grande célébration pour les malades. J'étais là pour donner la confession, et je vis apparaître vers la fin de mon service une dame très vieille et très humble. Elle avait les yeux brillants.

« *Abuela* [Grand-mère], vous voulez vous confesser ? lui ai-je demandé.

– Oui.

– Mais si vous n'avez pas péché…

– Nous avons tous commis des péchés, m'a-t-elle répondu.

– Et si le Seigneur ne les pardonne pas ?

– Le Seigneur pardonne tout, m'a dit cette dame d'un air assuré.

– Mais comment le savez-vous, madame ?

– Si le Seigneur ne pardonnait pas tout, le monde n'existerait pas. »

Elle n'aurait pas pu avoir plus de sagesse si elle avait étudié à l'université grégorienne. Parce que sa sagesse était celle que donne l'Esprit Saint, la sagesse intérieure qui ouvre à la miséricorde de Dieu.

Le peuple n'est pas une catégorie logique. Et pas non plus une catégorie mystique, si on l'entend au sens que tout ce que fait et dit le peuple devrait être fatalement bon et juste, une sorte de catégorie angélique. Non. Le peuple est une catégorie mythique, plutôt. Une catégorie mythique et historique. Le peuple se constitue dans un processus, dans un engagement en vue d'un objet ou d'un projet commun. L'histoire est construite par ce lent processus de générations qui se succèdent.

Il existe une grande différence entre le véritable mythe, qui est toujours un moyen contemplatif de s'ouvrir à la réalité, et le *récit*, qui est la communication historique ou narrative par laquelle s'exprime une réalité, une vie. Il existe aussi un *récit* imaginaire, c'est-à-dire la construction de récits qui ne servent qu'à justifier quelque chose qui doit être imposé, une narration construite en vue de faire passer pour vrai ce qui sans doute ne l'est pas. Le *récit* en ce sens est une justification. C'est un outil souvent utilisé par le pouvoir pour se justifier, surtout quand il est illicite ou injuste. Le *récit* sert à dissimuler et maquiller la vie.

Le mythe au contraire est une façon de connaître la vérité, de conduire à la vérité. Il n'est pas situé dans le temps parce qu'il est lié à la nature humaine, viscéralement. Il nous interroge, il nous stimule, il creuse dans les profondeurs, il invite au dialogue et se renouvelle sans cesse, parce qu'il représente une assise sûre.

Il faut un mythe pour comprendre la réalité vivante du peuple.

J'ai toujours beaucoup aimé Dostoïevski. Et depuis l'époque où j'étais recteur des facultés de philosophie et de théologie de San Miguel, j'ai aussi beaucoup aimé la lecture qu'a faite Romano Guardini de ce grand auteur russe et de son monde religieux. Le peuple de Dostoïevski et de Guardini est un « être mythique », sans aucune idéalisation. Si pécheur et misérable qu'il soit, il représente l'humanité authentique, et il est sain et fort malgré son avilissement, parce qu'il est inséré dans la structure fondamentale de l'existence, dans une vocation partagée, dans un sens qui le transcende. En ce sens, « il est proche de Dieu ». Et il est profondément en contact avec la Création, dans laquelle « nous sentons le mystère de l'amour de Dieu pour le monde », le sentiment d'une action créatrice et rédemptrice qui nous renouvelle en permanence.

Dans le monde religieux de Dostoïevski, le destin des personnages se joue dans l'appartenance au peuple ou dans l'écart par rapport à lui. Et le trait fondamental qui donne son identité au peuple est l'Évangile. « Mon credo est très simple », dira paradoxalement l'écrivain dans l'une de ses lettres : « Croire qu'il n'est rien de plus beau, de plus profond, de plus sympathique, de plus raisonnable, de plus viril et de plus parfait que le Christ, et non seulement qu'il n'est rien mais – je le dis avec un amour jaloux – qu'il ne peut rien être. Bien plus, si quelqu'un me prouvait que le Christ est en dehors de la vérité, et qu'il serait réel que la vérité fût en dehors du Christ, j'aimerais mieux alors rester avec le Christ qu'avec la vérité[1]. »

Tous les personnages de Dostoïevski connaissent les tensions de la vie, le mal, la douleur, l'avilissement, le péché ; et pourtant Sophia, la compagne de Versilov dans *L'Adolescent*, ou son mari, le pèlerin Macaire, de même que Sonia, l'amie de Rodion Raskolnikov dans *Crime et châtiment*, ou le mystique Zossima dans *Les Frères Karamazov*, incarnent la sainteté d'un peuple de pécheurs. Parce que dans le cœur du peuple, il y a le Christ. La transformation ne s'obtient pas par la force ; la véritable force de transformation est l'amour vivant et humble qui vient de Dieu : « L'humilité et l'amour sont une force inouïe : la plus grande de toutes, qu'aucune autre ne peut égaler. »

Entrer en harmonie avec l'âme du peuple est un antidote à toute forme de populisme sectaire qui réduit cette âme à un élément factieux et idéologique. C'est une approche qui n'a pas son origine dans la distance, mais qui naît du fait d'aller *avec* le peuple. Et cette rencontre rend possible une autre connaissance, dans laquelle le peuple n'est pas un objet, mais un sujet. Dans un projet partagé et fraternel. Dans la communion.

Le peuple est un sujet, et l'Église est le peuple de Dieu cheminant dans l'histoire, avec ses joies et ses douleurs. C'est cela aujourd'hui le « sentir avec l'Église » dont parle saint Ignace de Loyola dans ses *Exercices spirituels*. L'image de l'Église qui me plaît est celle du saint peuple fidèle de Dieu, portant une foi dans laquelle chaque théologien doit se sentir immergé et par laquelle il doit aussi se sentir soutenu, transporté et étreint. C'est une définition dont je me sers souvent, et c'est aussi celle de la *Lumen gentium*, la deuxième des quatre constitutions dogmatiques du concile Vatican II. L'appartenance à un peuple a une puissante valeur théologique : Dieu dans l'histoire du salut a sauvé un peuple. Il n'y a pas d'identité complète sans appartenance à un peuple.

« Aucun homme n'est une île, complet en soi-même », écrivait le poète anglais John Donne. Dieu nous attire en considérant la trame complexe de relations interpersonnelles au sein de la communauté humaine. Il entre dans cette dynamique populaire. Il y a un sentiment de la réalité de la foi qui appartient à tout le peuple de Dieu, y compris à ceux qui n'ont pas les moyens intellectuels de l'exprimer, et qui demande à être perçu et écouté.

Dieu n'a pas honte de Son peuple, Il n'a pas honte de cheminer dans son histoire. Il a voulu se mêler à la nôtre, s'immiscer dans nos péchés, dans nos échecs. Et l'homme a été créé pour faire l'histoire, pas pour survivre dans la jungle de la vie. Ne pas vouloir faire l'histoire, regarder la vie et le monde depuis son balcon, c'est un comportement parasite.

L'expression « chacun naît avec son destin déjà tracé » me paraît aussi injuste qu'insupportable. Ce n'est pas vrai. Pas du tout. La vie ne nous est pas donnée comme un livret d'opéra : c'est une aventure dans laquelle il faut se jeter. Les échecs ne peuvent pas nous arrêter si nous avons le feu dans le cœur. Il faut se laisser rencontrer par la vie et par Dieu.

Je rêve d'une Église toujours plus mère et pasteure, dont les ministres sachent être miséricordieux, prendre soin des gens, les accompagner comme le Bon Samaritain. Dieu est plus grand que le péché, toujours. C'est cela, l'Évangile. Une Église qui se repense ainsi se soucie de rendre manifeste aux femmes et aux hommes le cœur et le noyau fondamental de l'Évangile, qui est « la beauté de l'amour salvateur de Dieu manifesté en Jésus-Christ mort et ressuscité » (*Evangelii gaudium* § °36). Les réformes organisationnelles et structurelles viennent après. La première réforme doit être celle du comportement. Les évêques en particulier doivent être des hommes capables de soutenir avec patience l'avancée de Dieu dans Son peuple de façon à ne laisser personne en arrière, mais aussi d'accompagner le peuple, le troupeau, qui a le flair pour trouver des sentiers nouveaux. Non pas seulement une Église qui accueille et qui reçoit en tenant la porte ouverte, mais aussi une Église qui cherche et trouve de nouvelles routes, qui est capable de sortir d'elle-même.

Mes racines sont italiennes, mais je suis argentin et latino-américain. Dans le grand corps de l'Église universelle, où tous les charismes « sont une merveilleuse richesse de grâce », cette Église continentale se caractérise par une vivacité particulière, des notes, des couleurs, des nuances qui représentent elles aussi une richesse, exprimée dans les documents des grandes assemblées des épiscopats latino-américains.

Le continent latino-américain est marqué par deux réalités : la pauvreté et le christianisme. C'est un continent où il y a beaucoup de pauvres et beaucoup de chrétiens. Il en résulte que, sur ces terres, la foi en Jésus-Christ prend une couleur particulière. Les processions bondées, la vénération fervente des images religieuses, le profond amour pour la Vierge Marie et tant d'autres manifestations de piété populaire en sont un témoignage éloquent. Quand nous nous approchons de notre peuple avec le regard du Bon Pasteur, quand nous venons non pour juger mais pour aimer, nous découvrons que ce moyen culturel d'exprimer la foi chrétienne reste toujours vivant, en particulier chez nos pauvres. Et cela en dehors de tout idéalisme sur les pauvres, en dehors de tout paupérisme théologique. C'est un fait. C'est une grande richesse que Dieu nous a donnée. En 2007, la conférence épiscopale d'Aparecida a fait un pas en avant pour la reconnaître : elle l'appelle « la spiritualité populaire ».

Dans une perspective historique, si nous considérons les cinq derniers siècles, nous voyons que la spiritualité populaire est une route originale sur laquelle l'Esprit Saint a conduit et continue à conduire des millions de nos frères. Il ne s'agit pas seulement de manifestations de religiosité que nous devons tolérer, il s'agit d'une véritable spiritualité qui doit être renforcée selon ses propres voies. Ils ne sont pas la Cendrillon de la maison. Ils ne sont pas ceux qui ne comprennent pas, ceux qui ne savent pas, ceux que « nous devons éduquer ». Aparecida nous rappelle que beaucoup de ces hommes et de ces femmes, « frappés, ignorés et dépouillés, ne baissent pas les bras. Avec leur religiosité caractéristique, ils s'agrippent à l'immense amour que Dieu a pour eux et qui les rend conscients de leur propre dignité ».

La piété populaire est l'épanouissement de la mémoire d'un peuple. Négliger cette spiritualité, la considérer comme une modalité secondaire de la vie chrétienne, c'est oublier le primat de l'action de l'Esprit et l'initiative gratuite de l'amour de Dieu. Les prêtres des *villas miserias*, ceux qui partagent l'existence et le travail des habitants des quartiers les plus populaires, heureux de pouvoir vivre l'Évangile concrètement à côté de ceux qui souffrent, des opprimés en dignité et en droits, considèrent cette spiritualité non pas comme un obstacle, mais comme un lieu théologique, un tremplin pour l'émancipation et la transformation.

Roberto José Tavella, qui à partir de 1935 fut pendant près de trente ans l'évêque de Salta, dans le nord-ouest de l'Argentine, aux pieds de la cordillère des Andes, racontait l'anecdote suivante. Il entra un jour dans sa cathédrale et vit un Indien qui priait avec une intense concentration devant la Vierge du Miracle. Il récita son office, et l'Indien restait là sans bouger. Cela excita sa curiosité, et il attendit de voir ce qui allait se passer. Il dut attendre un bon moment avant que l'Indien ait terminé. Il s'approcha alors de lui.

« La bénédiction, *padrecito* », lui dit aussitôt l'Indien.

Ils se mirent à bavarder.

« Mais qu'étiez-vous en train de réciter ? demanda l'évêque.

– Le catéchisme, *padrecito* », répondit l'Indien.

C'était le catéchisme de san Toribio, un texte du XVIe siècle.

L'option préférentielle de l'Église pour les pauvres doit aussi nous amener à connaître et à valoriser leur façon culturelle de vivre l'Évangile. L'homme est un être social par nature. En reprenant les termes de Jean-Paul II, nous pouvons dire que « l'homme est à la fois fils et père de la culture dans laquelle il est immergé ». En cela la foi ne fait pas exception. La foi s'exprime toujours sur un mode culturel. Si la foi est avant tout une grâce divine, c'est aussi un acte humain, et partant un acte culturel. Quand en tant qu'Église nous nous approchons des pauvres, nous constatons chez eux, au-delà des immenses difficultés quotidiennes, un sentiment transcendant de la vie. Ils ne sont pas prisonniers du consumérisme. La vie aspire à quelque chose qui va au-delà de cette vie. Le sentiment transcendant de l'existence que l'on constate dans le christianisme populaire est l'antithèse du sécularisme et de la mondanisation. C'est un point clé. La conférence d'Aparecida nous dit que c'est « une façon grandiose de confesser le Dieu vivant qui agit dans l'histoire ». Il y a dans la spiritualité de ces hommes et de ces femmes un « riche potentiel de sainteté et de justice sociale ».

J'ai rappelé dans l'exhortation apostolique *Evangelii gaudium* que la mission au cœur du peuple n'est pas un ornement, un appendice ou un moment parmi d'autres de l'existence. C'est bien davantage : c'est quelque chose que nous ne pouvons pas éradiquer de notre être si nous ne voulons pas nous détruire. Chaque chrétien, chaque communauté est appelée à être un instrument de Dieu pour la libération du peuple tout entier et la promotion des pauvres. Rester sourds au cri du pauvre, c'est nous placer hors de la volonté du Père et de Son projet. Cela implique beaucoup plus que quelques actes sporadiques de générosité : cela exige de créer une nouvelle mentalité qui pense en termes de communauté, de priorité de la vie de tous sur l'appropriation des biens de la part de quelques-uns. Jésus veut que nous touchions la misère humaine, que nous touchions la chair souffrante des autres, que nous acceptions véritablement d'entrer en contact avec leur existence concrète et que nous connaissions la force de la tendresse. Quand nous le faisons, la vie se complique toujours merveilleusement et nous vivons l'intense expérience d'être un peuple, l'expérience d'appartenir à un peuple. Un peuple libéré, ou qui lutte pour se libérer.

Unir le Christ et Marie est comme une évidence dans l'esprit du peuple fidèle. Le Document de Puebla, le message final de la troisième Conférence générale de l'épiscopat latino-américain, en 1979, indique que Marie « est le point de jonction entre le ciel et la terre. Sans Marie, l'Évangile est désincarné, défiguré, transformé en une idéologie, en un rationalisme spiritualiste ». Marie était une femme du peuple, humble, provinciale, une fille de Nazareth, petite localité de la Galilée, dans la périphérie de l'Empire romain et dans la périphérie d'Israël, qui vivait de son travail et de celui de son mari. Quand l'ange la déclare « pleine de grâce » (Luc 1, 28), elle en reste très « troublée », parce que dans son humilité elle se sent minuscule devant Dieu. L'humilité, a écrit Mario Soldati, « est cette vertu qu'on ne croit pas posséder, quand on la possède ». En chantant le Magnificat (Luc 1, 46-55), Marie enseigne que le Seigneur abat la vanité et l'orgueil de ces gens qui croient être des rocs.

Un jour, un confesseur, après en avoir demandé la permission à la famille, m'a raconté l'histoire d'une enfant, la fille de gens très simples. Elle souffrait d'un mal mystérieux et ils l'emmenèrent à l'hôpital à Buenos Aires. Elle fit plusieurs arrêts cardiaques, et après une semaine d'hospitalisation, les médecins dirent à son père : « Il n'y a plus rien à faire, elle n'a plus que quelques heures à vivre. » On était à la fin de l'après-midi. Cet homme, qui était un humble ouvrier, se rendit à Luján, à la basilique de la Vierge, mais quand il arriva les portes et les grilles étaient déjà fermées. Il empoigna la grille du sanctuaire et se mit à prier. Il pria pendant des heures. Il resta là toute la nuit, sans même s'en apercevoir. À l'aube, il prit l'autobus pour retourner à l'hôpital. Quand il arriva, il trouva sa femme dans la salle d'attente : « Je ne sais pas ce qui s'est passé, ils disent que la fièvre est tombée, ils ne comprennent pas. » L'enfant sortit de l'hôpital quelques jours plus tard.

La prière aussi peut être une véritable lutte.

Les pauvres. Marie écoute les pauvres. Elle est la mère des pauvres et de ceux qui sont sans défense. Elle sait que le Seigneur les élève. Elle sait ce qui est véritablement important. Même dans sa vie terrestre, alors qu'elle a traversé de grandes souffrances, elle est restée au service de tous. Pour la comprendre, pour lui parler, il faut choisir cette perspective.

L'exhortation apostolique de Paul VI, *Marialis cultus*, exprime déjà le lien entre Marie et la libération des pauvres : « Une femme forte, qui a connu la pauvreté et la souffrance, s'enfuit en exil (Matthieu 2, 13-23) : des situations de ce genre ne peuvent échapper à l'attention de ceux qui veulent seconder dans un esprit évangélique les énergies libératrices de l'homme et de la société. »

L'Église est appelée à être toujours la maison ouverte du Père : ce n'est pas un bureau de douane, mais la maison paternelle où il y a de la place pour chacun avec sa vie pleine de fatigues, et où on lutte pour accueillir et libérer de ces fatigues. Si l'Église tout entière assume ce dynamisme missionnaire, elle doit parvenir à tous, sans exception. Qui pourtant devrait-elle privilégier ? Quand on lit l'Évangile, on y trouve une orientation très claire : non pas tant les amis, les voisins, les égaux, les « nôtres », mais avant tout les pauvres et les malades, ceux qui souvent sont méprisés et oubliés, « ceux qui ne peuvent pas te rendre la pareille » (Luc 14, 14). Il ne doit rester aucun doute ni subsister des explications susceptibles d'affaiblir ce message si explicite. Aujourd'hui et toujours, « les pauvres sont les destinataires privilégiés de l'Évangile », comme l'a rappelé Benoît XVI.

L'Église est une femme, ce n'est pas un homme. Nous les clercs, nous sommes des hommes, mais nous ne sommes pas l'Église. L'Église est une femme parce qu'elle est épouse. Et elle est le saint peuple fidèle de Dieu : hommes et femmes ensemble. C'est donc un défi plus urgent que jamais de trouver de nouveaux critères et des modalités nouvelles pour permettre aux femmes d'être des protagonistes à part entière à tous les niveaux de la vie sociale et ecclésiastique pour que leur voix ait toujours plus de poids et que leur autorité soit toujours plus reconnue. Nous devons aller de l'avant. Actuellement, le vice-gouverneur de l'État pontifical est une femme, sœur Raffaella Petrini, et deux autres femmes, une religieuse et une laïque, font partie du Dicastère pour les évêques : sœur Yvonne Reungoat et Maria Lia Zervino, qui choisissent les pasteurs des diocèses du monde entier. D'autres occupent des fonctions importantes au Dicastère pour le développement humain intégral, au secrétariat d'État, au Dicastère pour la communication, et c'est une femme qui est à la tête des musées du Vatican.

Si nous les clercs ne savons pas comprendre ce qu'est une femme, ce qu'est la théologie d'une femme, nous ne comprendrons jamais ce qu'est l'Église. L'un des plus grands péchés que nous ayons commis a été de la « masculiniser ». Tout en sachant que « masculiniser » la femme ne serait ni humain ni chrétien, puisque l'autre grand péché est à n'en pas douter le cléricalisme. Il ne s'agit donc pas de toutes les coopter dans le clergé, d'ordonner diacres chacun et chacune, mais de valoriser pleinement le principe marial, qui dans l'Église est encore plus important que le principe pétrinien : Marie est plus importante que Pierre, et la mystique de la femme est plus importante que le ministère. Comme il est écrit dans le document d'octobre 2024 qui clôt le synode sur la synodalité, que pour la première fois j'ai choisi de ne pas faire suivre d'une exhortation apostolique, le considérant immédiatement applicable, il n'y a rien qui empêche les femmes d'assumer des rôles de guides dans l'Église : on ne pourra pas arrêter ce qui vient de l'Esprit Saint. La question de l'accès des femmes au ministère diaconal, qui demande un grand discernement, reste ouverte à l'étude. En revanche, il faudra tout de suite favoriser à tous points de vue la présence de laïques et de religieuses dans le processus de formation des nouveaux prêtres, ce dont les séminaristes tireront de grands bénéfices. S'il est vrai qu'aujourd'hui déjà les femmes contribuent brillamment à la recherche théologique, occupent des positions de responsabilité dans les institutions ecclésiastiques ou sont à la tête de communautés, il est nécessaire de concrétiser pleinement dès maintenant toutes les possibilités qui ont été prévues, notamment là où elles ne sont pas encore appliquées.

C'est ainsi, et non par quelque prétendue réforme mondaine, que nous porterons complètement témoignage de ce Dieu qui « est un père, et plus encore une mère », dont parlait, avec des paroles pleines de tendresse dans un monde déchiré alors comme aujourd'hui par des massacres inutiles, le pape Luciani, Jean-Paul Ier, visage souriant d'une Église qui ne ferme jamais des portes et qui n'a pas la nostalgie du passé.

Même la condition de la femme dans nos sociétés est souvent une forme particulière de pauvreté. Symbole de vie, le corps féminin est bien souvent agressé et souillé par ceux-là mêmes qui devraient en être les protecteurs et les compagnons. Les innombrables formes de violence, d'esclavage, de mutilation du corps des femmes, de marchandisation, de dégradation criminelle qui le réduisent à un objet à vendre et à exploiter, ou encore les discriminations et les inégalités professionnelles, sont une honte de nos sociétés qui se vantent d'être modernes et développées.

Voilà le véritable scandale contre l'Évangile, une honte contre laquelle il faut s'employer à lutter.

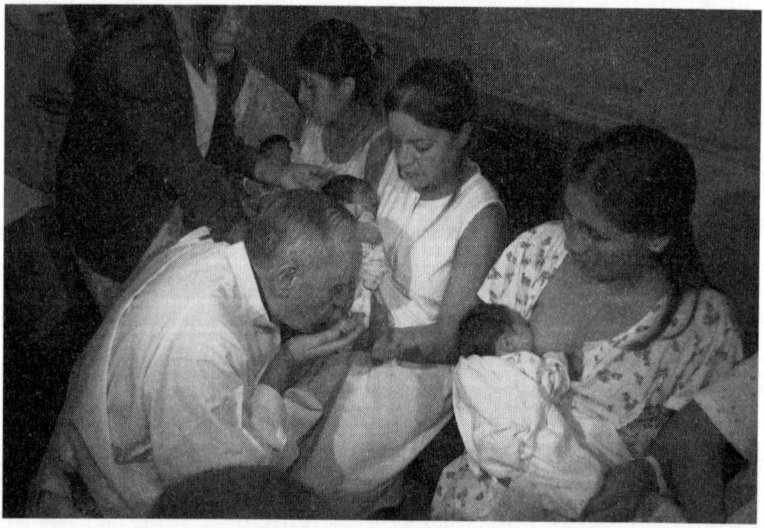

Lavements des pieds de bébés et leurs mères
à Buenos Aires en 2005.

Je l'ai maintes fois répété aux prêtres et aux laïcs de Buenos Aires : sortons, sortons, je préfère une Église accidentée, blessée et salie pour être sortie dans les rues, plutôt qu'une Église asphyxiée, malade de sa fermeture et de son confort, agrippée à ses certitudes. Cela vaut pour l'Église tout entière. Celui qui ne sort pas de lui-même devient peu à peu un intermédiaire, un gestionnaire, au lieu d'être un médiateur. Et il devient triste. Des prêtres tristes qui se transforment en collectionneurs d'antiquités, ou de nouveautés, ce qui revient au même, au lieu d'être des pasteurs qui ont « l'odeur de leur troupeau ».

Au troisième chapitre du prophète Joël, il est dit : « Vos vieillards auront des songes, et vos jeunes gens des visions » (Joël 3, 1). Dans les songes des anciens il y a la possibilité que les jeunes aient des visions nouvelles, et que nous ayons tous un nouvel avenir. Au lieu que les Églises, surtout celles de certains pays, sont souvent trop fermées dans leurs programmes, dans leurs agendas constitués. Je sais bien que les programmes sont nécessaires, mais j'ai du mal à mettre de grandes espérances dans un organigramme. L'Esprit est prêt à nous pousser, à aller de l'avant. Et l'Esprit s'exprime aussi dans la capacité à rêver et dans la capacité à prophétiser. On ne rajeunit que si on ne se ferme pas, que si on dialogue. Cela vaut pour tous, y compris les jeunes, qui risquent autrement de devenir des « jeunes vieux » qui regardent passer l'histoire. Il faut savoir rêver et risquer dans la vie : vivre c'est lutter, c'est refuser l'éternel compromis de la médiocrité. C'est pourquoi j'ai aussi recommandé maintes fois aux jeunes de parler avec leurs anciens. Si les anciens savent rêver, les jeunes sauront prophétiser. Et si les jeunes ne prophétisent pas, l'air manque à l'Église et à toute la société.

On voit mieux la réalité depuis la périphérie que du centre. Et même la réalité d'une personne, la périphérie existentielle ; on peut avoir une pensée très structurée, mais quand on est confronté à quelqu'un qui ne pense pas comme soi, d'une façon ou d'une autre il faut chercher des raisons pour soutenir sa pensée ; le débat commence, et la périphérie de la pensée de l'autre nous enrichit. La fécondité dans la vie ne passe pas seulement par l'accumulation d'informations ou par la communication virtuelle, mais elle vient en changeant l'aspect concret de l'existence. L'amour virtuel n'existe pas. L'amour est une exigence et une expérience concrète.

Tout le monde peut changer, même les gens très éprouvés. Ce n'est pas de l'optimisme. C'est une confiance absolue en deux choses : d'abord en l'homme, en la personne. La personne est l'image de Dieu, et Dieu ne méprise pas Sa propre image ; Il la sauve d'une façon ou d'une autre et trouve toujours le moyen de la racheter quand elle est ternie. Ensuite, la confiance en la force de l'Esprit Saint lui-même qui modifie la conscience. Je le répète, ce n'est pas de l'optimisme : c'est la foi dans la personne, qui est fille de Dieu, et Dieu n'abandonne jamais Ses enfants.

Nous Ses enfants nous Lui en faisons voir de toutes les couleurs, nous errons, nous péchons, mais quand nous demandons pardon, la miséricorde de Dieu nous accueille et nous pardonne, toujours. Il ne se lasse jamais d'accueillir et de pardonner. Et Il nous change. C'est nous qui parfois nous lassons de demander pardon.

Je suis un pécheur comme n'importe quel autre.

Un grand péché contre l'amour est celui d'ignorer quelqu'un. Il y a une personne qui t'aime et tu la renies, tu la traites comme si tu ne la connaissais pas. Elle t'aime, et tu la repousses. Ainsi, renier Dieu est l'un des pires péchés qui soient. Et pourtant, saint Pierre lui-même a commis ce péché, il a renié Jésus-Christ… Et ils l'ont fait pape ! Croiser à nouveau le regard de Jésus a définitivement changé son cœur et sa vie.

Quant à moi, que puis-je dire de plus ? Rien. Je vais de l'avant. Je marche. En avant !

C'est pour accomplir cet engagement, ce chemin avec le peuple de Dieu, que voici plus de cinquante ans je suis devenu prêtre.

Si quelque chose me préoccupe aujourd'hui encore, c'est la crainte d'être infidèle, parce que je sens combien le Seigneur m'a donné de possibilités de faire le bien, et je crains de ne pas toujours réussir à le faire.

Mais c'est un sentiment serein, qui n'a rien d'angoissant.

C'est une tension qui me fait dire : fais attention, sois attentif.

Mais je me sens en pleine confiance entre les mains de Dieu, « comme un enfant dans les bras de sa mère », dit le Psaume (130, 2). Et parfois, en priant dans ces bras, je m'endors.

17

Pour que tu t'en souviennes et que tu sois couverte de honte

Je suis en train de vivre une longue vie, plus longue que celles de mon père, de ma mère, de mes frères, et bien sûr une vie que l'enfant que j'étais n'aurait jamais pu imaginer. Reconnaissance et indignité sont les sentiments qui accompagnent ces pensées.

Et ce ne sont pas de simples paroles. Pas du tout. Je me sens indigne.

Je me sens ingrat, parce que j'ai répondu à tout le bien que j'ai reçu par tant d'erreurs, par tant de fautes.

Je me sens chanceux aussi, de façon incongrue, parce que tous mes frères n'ont pas connu le même accomplissement humain : certes, aucun d'entre eux n'est mort de faim, personne n'a été méprisé, mais ils ont tous eu leurs problèmes, certains plus que d'autres, ils ont connu des étapes douloureuses, certains se sont séparés et remariés.

Je suis un homme pardonné. Je le suis toujours. Au cours de mon existence j'ai eu moi aussi des moments de crise, de vide, de péché, des périodes de mondanité. Et puis le Seigneur est parvenu à me les ôter. Quand je retourne en pensée à ces périodes sombres, existentielles ou morales, je me demande comment j'ai pu survivre. Pourtant c'est arrivé : j'ai survécu, j'ai poursuivi ma route.

La plus grande grâce que je demande au Seigneur, et que j'ai obtenue, c'est la grâce de la honte. Ma vie est décrite dans le chapitre 16 du livre d'Ézéchiel, et plus particulièrement dans ce verset : « J'établirai mon alliance avec toi et tu sauras que je suis le Seigneur, pour que tu t'en souviennes et que tu sois couverte de honte » (Ézéchiel, 16, 62-63). Pour que tu t'en souviennes et que tu sois couverte de honte.

Je sens que j'ai une renommée qui ne m'est pas due, une reconnaissance des gens qui ne m'est pas due. C'est certainement le sentiment le plus fort.

J'ai été mené jusqu'ici gratuitement, et cette pensée s'accompagne d'autant de honte que de stupeur.

Une stupeur stupéfaite, qui a apporté aussi avec elle la contradiction d'une grande paix : cela, je l'ai ressenti au moment de mon élection au siège de saint Pierre.

Dire que je ne m'étais jamais attendu à rien de ce genre, et encore moins au début de ce conclave, c'est vraiment peu dire.

Oui, je savais que j'étais, comme disent les vaticanistes, un « faiseur de rois » qui, en tant que cardinal sud-américain, avait la capacité d'orienter un certain nombre de votes sur tel ou tel candidat. Mais rien de plus.

Moi, je n'étais pas concerné. Les candidats probables recherchés par les journalistes dans ces jours de mars 2013 étaient tout autres : l'archevêque de Milan Angelo Scola, le cardinal de Boston Sean O'Malley, l'archevêque de San Paolo Odilo Scherer, ou encore Marc Ouellet, le cardinal canadien qui est aujourd'hui président émérite de la Commission pontificale pour l'Amérique latine…

Le dimanche 10, celui qui a précédé le conclave, ils avaient comme beaucoup d'autres célébré la messe dans leur paroisse de référence à Rome. Chaque cardinal en a une : la mienne était celle de San Roberto Bellarmino, piazza Ungheria, une église moderne de style rationaliste, dont le maître-autel originel fut offert par le ténor Beniamino Gigli. Mais pour ma part, j'ai préféré célébrer la messe tôt le matin dans la chapelle de la Maison du clergé Paul-VI où je résidais, via della Scrofa, puis je suis allé déjeuner chez Lella, la sœur de monseigneur Ubaldo Calabresi, qui fut pendant vingt ans nonce apostolique en Argentine, et avant encore secrétaire de la nonciature, et avec qui j'ai entretenu un rapport d'amitié très étroit jusqu'à sa mort. Chaque fois que je venais à Rome, je déjeunais chez Lella et sa nièce : je faisais partie de la famille. Après le déjeuner sont arrivés les enfants et les petits-enfants, et nous avons bavardé tous ensemble. D'un peu de tout, mais jamais du conclave.

Le lendemain matin, le lundi, s'est tenue la dernière des congrégations générales, ces réunions préparatoires du Collège des cardinaux.

Lors de la réunion précédente, le samedi, j'avais été l'avant-dernier à intervenir ; un discours bref, improvisé, de quatre ou cinq minutes, qui, je l'appris précisément ce lundi-là, avait suscité un certain intérêt. Mais je crus à de simples gentillesses, des marques d'égard, guère plus. Un cardinal était venu me dire :

« Voilà, il faudrait vraiment quelqu'un qui fasse ceci et cela...

– Oui, mais tu vas le trouver où ? » lui ai-je répondu.

Et lui : « Toi. »

Je me suis mis à rire : « Ha ha ! allez, salut, et bonjour chez toi. »

Le lendemain, mardi 12 mars, le conclave a commencé. Je suis arrivé le matin à Sainte-Marthe avec ma valise contenant les deux soutanes que je gardais à Rome, et guère autre chose. J'avais tout laissé à Buenos Aires : les livres que je venais d'entamer, les homélies que j'avais préparées pour le dimanche des Rameaux et pour le Jeudi saint, et aussi un peu de désordre. J'avais déjà acheté mon billet de retour pour le samedi 23. Aucun pape ne prendra possession du siège au cours de la Semaine sainte, avais-je pensé : donc, samedi je reprends l'avion et je m'en vais. Je rentre à la maison. Point final.

À l'entrée de Sainte-Marthe, les cardinaux faisaient la queue en attendant que l'on contrôle leurs sacs, qui ne peuvent contenir ni téléphone, ni ordinateur, ni aucun appareil de ce genre. Pas même des journaux. Il règne un secret absolu pendant toute la durée du conclave. Les fenêtres sont fermées, les signaux radio bloqués.

On me fit passer : « Allez-y, Votre Éminence, vous retrouverez votre valise à l'intérieur. » Tout était bouclé, à Sainte-Marthe comme à la chapelle Sixtine. Quand l'huissier est venu me remettre mon sac et m'a appelé : « Cardinal Bergoglio ? », on m'a dit que quelqu'un derrière lui aurait chuchoté : « Il va peut-être accepter… » Peut-être certains cardinaux en parlaient-ils déjà. Mais moi je n'avais rien entendu, et cette idée ne m'avait pas traversé l'esprit.

En y repensant par la suite, je me suis aussi rappelé que les jours précédents, via della Scrofa, un archevêque était venu me demander ce que je pensais de la situation. Mais nous nous posions tous cette question… J'avais vaguement répondu :

« Je ne sais pas, il y a les noms que tout le monde connaît…

– Et si c'était toi ? m'avait-il demandé.

– Arrête, ne dis pas de bêtises.

– Mais tu accepterais ? »

J'ai coupé court : « Écoute, aujourd'hui, à ce moment

de l'Église, aucun cardinal ne peut dire non… Un point c'est tout. »

Je voulais seulement me sortir de l'embarras de cette conversation.

À dix heures du matin le mardi à Saint-Pierre fut célébrée la messe *pro eligendo Romano Pontifice* (« pour l'élection du pontife romain »), qui marque le début du rituel. Et dans l'après-midi s'est tenue la procession qui nous conduisit de la chapelle Pauline à la Sixtine pour le serment solennel.

Le soir, le conclave parvint à son premier vote, qui est traditionnellement un scrutin « de courtoisie ». On vote pour un ami, pour quelqu'un qu'on estime… Commence alors un processus connu et bien au point : face à la présence de plusieurs candidats forts, ceux qui sont encore indécis, comme je l'étais moi-même, donnent leur vote à quelqu'un dont ils savent qu'il ne sortira pas. Ce sont en substance des votes « de dépôt » en attendant que la situation se clarifie un peu. Dans ce contexte, je recueillis des voix, mais j'étais bien conscient qu'il s'agissait de votes de dépôt. J'étais parfaitement serein.

Le lendemain matin, le mercredi 13, au deuxième scrutin j'avais de nouveaux votes « de dépôt ». Et au troisième tour, encore quelques autres. On voyait que c'était une situation indécise, susceptible d'évoluer, ce qui n'avait rien pour me surprendre. Je pensais faire pour le mieux, puis prendre mon vol pour Buenos Aires et célébrer là-bas le dimanche des Rameaux et Pâques.

Après la fumée noire, je suis allé au réfectoire pour le déjeuner, mais avant cela je suis passé voir l'archevêque de La Havane, Jaime Lucas Ortega, qui m'avait demandé si je pouvais lui apporter le texte du discours que j'avais tenu lors des congrégations générales. Je n'avais aucun document écrit, et j'ai donc succinctement reconstitué ce que j'avais dit, en quatre points. « Oh, merci, comme ça je rapporterai à la maison un souvenir du pape », m'a-t-il dit. Encore une fois, j'ai pris cela pour une plaisanterie. Ortega me demanda s'il pouvait diffuser ce texte et je répondis par l'affirmative.

Dans l'ascenseur, je rencontrai un autre cardinal, un Latino-Américain.

« Tu as préparé ton discours ? Prépare-le bien, hein ? »

Et moi : « Mais de quoi tu parles ?

– Mais de celui que tu devras faire du balcon ! »

Encore une plaisanterie ? Une phrase de circonstance ? Peut-être simplement sa préférence…

Ce petit discours que j'avais prononcé, le cardinal Ortega devait le lire par la suite publiquement lors de la messe chrismale qu'il célébra deux semaines plus tard dans la cathédrale de Cuba :

« Se hizo referencia a la evangelización… » Il a été question de l'évangélisation. C'est la raison d'être de l'Église. « La douce et réconfortante joie d'évangéliser » (Paul VI). C'est Jésus-Christ lui-même qui, de l'intérieur, nous pousse.

1) Évangéliser implique un zèle apostolique. Évangéliser présuppose dans l'Église la « parrhésie », le courage de sortir d'elle-même. L'Église est appelée à sortir d'elle-même et à aller vers les périphéries, non seulement géographiques, mais existentielles : celles du mystère du péché, de la douleur, de la justice, celles de l'ignorance et de l'absence de foi, celles de la pensée, celles de toute forme de misère.

2) Quand l'Église ne sort pas d'elle-même pour évangéliser, elle devient autoréférentielle et alors elle tombe malade (que l'on pense à la femme recroquevillée sur elle-même de l'Évangile de Luc). Les maux qui, au cours du temps, affligent les institutions ecclésiastiques ont une racine dans l'autoréférentialité, dans une sorte de narcissisme théologique. Dans l'Apocalypse, Jésus dit qu'Il se tient sur le seuil et qu'Il appelle. Bien sûr, le texte se réfère au fait qu'Il est dehors à la porte et qu'Il frappe pour entrer… Mais parfois je pense que Jésus frappe du dedans, pour que nous Le laissions sortir. L'Église autoréférentielle prétend garder Jésus-Christ à l'intérieur d'elle-même et ne pas Le laisser sortir.

3) L'Église, quand elle est autoréférentielle, sans s'en rendre compte, croit briller de sa lumière propre ; elle cesse d'être le « mysterium lunae » et donne lieu à ce mal si grave qu'est la mondanité spirituelle (selon de Lubac, le pire mal qui puisse menacer l'Église) ; cette façon de vivre pour se donner de la gloire les uns aux autres. Pour simplifier, il y a deux images de l'Église : l'Église évangélisatrice qui sort d'elle-même, celle du « Dei Verbum religiose audiens et fidenter proclamans » (l'Église qui écoute religieusement et proclame fidèlement la parole de Dieu), et l'Église mondaine qui vit en soi, par soi et pour soi. Cela doit éclairer les changements et les réformes à réaliser pour le salut des âmes.*

4) En pensant au prochain pape : un homme qui, à travers la contemplation de Jésus-Christ et l'adoration de Jésus-Christ, aide l'Église à sortir d'elle-même en direction des périphéries existentielles, qui l'aide à être la mère féconde vivant « dans la douce et réconfortante joie d'évangéliser ».

Rome, 9 mars 2013.

L'ascenseur atteignit le niveau du réfectoire. Quelques cardinaux européens étaient assis à une table et il restait une

* Le « mystère de la lune » est un concept théologique développé par les Pères de l'Église selon lequel l'Église ne brille pas de sa lumière propre mais doit se faire le reflet de la lumière du Christ, tout comme la lune ne fait que refléter la lumière du soleil. (*N. d. T.*)

place vide : « Venez, Éminence, me dirent-ils, venez vous asseoir avec nous. » Et ils commencèrent à m'interroger sur l'Amérique latine, sur ses particularités, sur la théologie de la libération…

Je revins en pensée à cette longue et terrible période : à la répression constante du péronisme au début des années 1960, à la naissance de groupes d'extrême droite souvent liés à des nazis en cavale, à la campagne de violences antisémites et d'attentats partout dans le pays, et puis à la guérilla et à l'époque où j'étais maître des novices à Villa Barilari, à San Miguel, en 1972, où l'on découvrit qu'un étudiant jésuite conservait des engins incendiaires sous clé dans son armoire… Une longue et dramatique saison.

À table, nous parlâmes d'un peu de tout. J'expliquais ce qui s'était passé. Ils me bombardaient de questions. Au point que je finis par me dire : mais enfin, j'ai l'impression de passer un examen… Et c'était sans doute le cas : ils m'examinaient, c'était moi qui ne l'avais pas compris.

La conversation se termina, je me levai pour partir, quand s'avança vers moi un cardinal de langue espagnole :

« Éminence, Éminence ! Dites-moi : il vous manque un poumon ? »

Et moi : « Mais non, on m'a enlevé le lobe supérieur, parce que j'avais trois kystes à cet endroit.

– Et ça s'est passé quand ?

– Il y a des années, en 1957. »

Ce cardinal devint tout rouge, lança un juron, serra les dents et marmotta : « Ah, ces manœuvres de dernière minute ! »

Ce fut à ce moment que je commençai à comprendre.

À comprendre du moins qu'il y avait un danger.

Je suis monté faire la sieste, *la pennichella* comme on dit à Rome, et j'ai bien dormi. En paix. Puis à trois heures et demie je me suis levé et je suis allé vers la chapelle Sixtine avec le premier bus mis à notre disposition.

Je suis arrivé parmi les premiers, et j'ai donc commencé à bavarder avec le cardinal Ravasi, président émérite du Conseil pontifical pour la culture, en attendant que les autres arrivent. Nous nous sommes mis à parler du livre de Job, parce que j'avais moi aussi enseigné les livres sapientiaux, et qu'il en était un grand expert. Dans notre enthousiasme, nous n'avons pas vu le temps passer, au point qu'on a dû nous rappeler à l'ordre : « Venez, rentrez, il ne manque plus que vous ! »

La porte s'est refermée, et un quatrième scrutin a commencé. Lors du dépouillement, le scrutateur a entrepris comme toujours de lire chaque nom distinctement à voix haute. Pour suivre l'issue du scrutin, on vous donne une feuille portant les noms de tous les cardinaux sur laquelle on peut noter le nombre de voix, qu'il faut remettre à la fin. Qu'elle soit remplie ou non, elle est brûlée de toute façon, et c'est avec ces feuilles et les bulletins de vote que l'on fait la fumée. Moi, je ne l'ai jamais remplie, pas même lors du conclave précédent. Je récitais mon rosaire dans mon coin. C'est ennuyeux de suivre le scrutin, on dirait un chant grégorien, mais en beaucoup moins harmonieux. Je commençais à entendre *Bergoglio, Bergoglio, Bergoglio, Bergoglio*... Le cardinal Cláudio Hummes, brésilien, préfet émérite de la Congrégation pour le clergé, qui était assis à ma gauche, m'a tapé sur l'épaule : « Ne t'inquiète pas, c'est ainsi que fait l'Esprit Saint. » Quand on en est arrivés à soixante-neuf voix, j'ai compris.

La majorité qui devait être atteinte était de soixante-dix-sept sur cent quinze, les deux tiers. On procéda donc au cinquième vote, le deuxième de l'après-midi. Mais au moment du comptage des bulletins, avant de commencer le dépouillement, on s'aperçut qu'il y en avait un en trop : il y en avait deux qui s'étaient collés l'un à l'autre lors d'un vote. « On fait quoi ? » a demandé Giovanni Battista Re, préfet émérite de la Congrégation pour les évêques. On recommence. Même si ce bulletin était blanc, il fallait reprendre toute la procédure. Sans même les ouvrir, on a brûlé tous les bulletins et on a aussitôt recommencé le vote. Une fois encore, les membres du conclave se sont levés un à un de leur siège pour voter. Agenouillé devant l'autel, chacun déclarait que son vote était donné à « celui qui, selon Dieu », devait à son sens être élu. Puis il se levait, mettait son bulletin plié sur le plateau d'argent déposé sur l'autel, l'introduisait dans l'urne et retournait à sa place. Tout cela cent quinze fois, jusqu'à ce que les trois scrutateurs, tirés au sort parmi le Collège électoral, prennent la grande urne et commencent à compter les bulletins, puis à énoncer chaque nom.

Ce fut quand le mien fut prononcé pour la soixante-dixième fois qu'on entendit des applaudissements, alors que la lecture des bulletins durait encore. Je ne sais plus combien il y en eut exactement à la fin, je n'entendais plus rien, le bruit couvrait la voix du scrutateur. Mais à ce moment, tandis que les cardinaux applaudissaient encore et que le scrutin se poursuivait, le cardinal Hummes, qui avait étudié au séminaire franciscain de Taquari, dans le Rio Grande do Sul, se leva et vint m'embrasser. « N'oublie pas les pauvres », me dit-il.

La phrase me frappa, je la ressentis dans ma chair. Ce fut alors que je pensai au nom de François.

Je n'avais jamais imaginé que l'issue de ce conclave puisse me concerner directement, alors avoir réfléchi à un nom pour mon pontificat, vous pensez bien… À Saint-Pierre, dans les jours du conclave, un sans-abri tournait sur la place avec un carton suspendu au cou où était écrit « Pape François Ier ». Mais cette image ne me reviendrait à l'esprit que bien des jours plus tard, quand plusieurs journaux auraient publié la photographie.

Je me suis levé et je suis allé embrasser le cardinal Scola. Il méritait cette étreinte. Puis il m'a fait passer devant. Il était un peu plus de dix-neuf heures et le décompte était terminé.

Le cardinal Re s'est approché de moi pour me poser la question fatidique : est-ce que j'acceptais l'élection canonique au pontificat suprême ? *Accepto*, répondis-je. Je me sentais en paix, très calme. « Et comment veux-tu être appelé ? » m'a-t-il encore demandé. *Vocabor Franciscus.* « Je m'appellerai François. » Il y eut d'autres applaudissements.

Les servants mirent les bulletins dans le poêle et chargèrent les cartouches de fumée blanche, qui s'échappa par la cheminée de la chapelle Sixtine alors que le soir commençait à tomber.

Puis je me suis dirigé vers la sacristie, celle que nous appelons « la chambre des larmes », où l'on remet au pape ses nouveaux attributs. Je portais au doigt l'anneau cardinalice que j'ai enlevé ; mais je l'ai remplacé par mon anneau épiscopal que j'avais dans ma poche. Ils ont voulu m'en donner un autre : non, non, je garde celui-là, merci. Ils m'ont proposé une belle croix en or, et j'ai dit : j'ai la croix en fer de l'ordination épiscopale, je la porte depuis vingt ans. Même pour le consistoire de 2001, du reste, je n'avais pas voulu un nouvel habit : il y avait celui de mon prédécesseur, le cardinal Quarracino, qui pouvait aller très bien – un petit ajustement ici et là et il tombait à merveille. Les chaussures rouges ? Non, les miennes sont orthopédiques : j'ai un peu les pieds plats.

Mais ces réponses n'avaient rien de préparé : c'était simplement ce que je ressentais, spontanément. De même que je n'ai pas voulu de la mosette de velours ni du surplis en lin… Ce n'était pas pour moi. Deux jours plus tard, on m'a dit que je devrais changer de pantalon pour mettre le blanc. Cela m'a fait sourire. J'ai dit : ne me déguisez pas en vendeur de glaces. Et j'ai gardé le mien.

Une fois habillé, je suis sorti et je suis allé aussitôt vers le cardinal Ivan Dias, qui était en chaise roulante, et peut-être parce que je n'étais pas encore à l'aise dans mes nouveaux habits, j'ai trébuché sur une marche. Mon premier acte de pape… Mais je ne suis pas tombé. J'ai embrassé le cardinal, puis je suis revenu sur mes pas, sans jamais m'asseoir sur le siège préparé devant l'autel : comme l'avait déjà fait Jean-Paul II, je suis resté debout pour donner l'accolade à chacun. Que quelqu'un s'agenouille devant vous pour vous baiser la main, c'est une coutume moyenâgeuse. Ce fut au contraire une cérémonie très simple, entre frères. Nous avons prié tous ensemble dans la chapelle Pauline.

Je ne connaissais pas le protocole, j'ai donc dit au vicaire de Rome, le cardinal Agostino Vallini, et à mon ami Hummes : « Accompagnez-moi ! » Selon le cérémonial, c'étaient le cardinal Re et quelques autres qui auraient dû le faire, mais je l'ignorais.

Et c'est ainsi que je suis monté au balcon qui surplombe la place. Je ne savais pas ce que j'allais dire.

Je n'avais commencé à y réfléchir qu'au cours de la prière à la chapelle Pauline. Mais j'étais en paix, j'étais serein. Un sentiment qui ne m'a plus jamais quitté.

Et au balcon, il s'est passé ce que tout le monde a pu voir.

J'ai demandé la bénédiction du peuple, du saint peuple fidèle de Dieu, pour son évêque. Nous avons commencé ensemble ce chemin de l'Église de Rome, qui est celle qui préside dans la charité à toutes les Églises.

Ce 13 mars 2013, j'ai demandé la bénédiction du peuple de Dieu.

L'archevêque Agostino Marchetto, que je considère comme l'un des meilleurs herméneutes du concile Vatican II, et que je connais depuis l'époque où, en tant que cardinaux de passage à Rome, nous résidions à la Maison internationale du clergé de via della Scrofa, a dit quelque chose comme : « Il y avait une chose qui me rendait perplexe chez Bergoglio, c'est qu'il ne riait jamais… et à présent au contraire, il a toujours le sourire ». Cristina Kirchner, alors présidente de la République argentine, a énoncé plus ou moins la même idée, mais en des termes plus colorés et plus tranchants, dirais-je : « Mais je ne comprends rien à ce pape. Quand il était à Buenos Aires, c'était une vraie tête de *[qualificatif que je ne peux pas répéter]* et maintenant, il sourit à tout le monde ! »

Que dire ? J'ai toujours aimé être avec les gens, et j'ai toujours ri avec les gens. Ça me paraît curieux quand quelqu'un dit que j'avais toujours un air sérieux, mais il doit y avoir une part de vérité… On voit qu'en tant que cardinal j'étais un peu trop timoré, de crainte de me tromper, et peut-être un peu plus timide.

Une fois sorti du balcon après la bénédiction, en cette soirée du 13 mars, je suis descendu avec tous les cardinaux pour trouver une limousine tout illuminée qui m'attendait. Mais j'ai dit calmement : non, non, je vais avec les cardinaux. Nous avons pris la navette tous ensemble et nous sommes retournés à Sainte-Marthe. Quant à la limousine, je ne l'ai jamais revue.

Une fois à Sainte-Marthe, avant le dîner, j'ai demandé à appeler Benoît XVI pour le saluer, le remercier et prier pour lui. Mon coup de fil suivant a été pour le nonce apostolique de Buenos Aires, pour le prier de dire aux évêques argentins de ne pas venir à Rome pour le début du pontificat, le 19 mars ; qu'ils prennent plutôt le prix du billet et le donnent aux pauvres, et qu'ils prient pour moi. Quelques-uns sont venus quand même, comme cela arrive toujours.

Puis j'ai appelé ma sœur, Maria Elena. « Comment ça va, comment te sens-tu ? » m'a-t-elle demandé. J'ai souri : « Ça va bien, ne t'inquiète pas. » Les mots avaient du mal à sortir. Nous nous sommes étreints par téléphone. Nous sommes toujours unis dans le cœur, nous sommes-nous dit.

À Sainte-Marthe nous avons dîné tous ensemble, et à la fin du repas le cardinal Becciu, qui était le substitut pour les Affaires générales au secrétariat d'État, s'est approché de moi : « Le pape doit porter un toast… » Très bien. J'ai levé mon verre et j'ai dit en souriant : « Que Dieu vous pardonne ! »

J'avais demandé de pouvoir aller dès le lendemain à la basilique Sainte-Marie-Majeure, chez la Vierge. J'y étais toujours allé quand j'étais cardinal et j'y vais encore aujourd'hui, avant et après mes voyages apostoliques, pour qu'elle m'accompagne comme une mère, qu'elle me dise quoi faire, qu'elle veille sur mes gestes. Avec la Sainte Vierge, je me sens en sécurité. On dit qu'à Rome il y a plus de neuf cents églises, en comptant celles des bâtiments privés, c'est la ville qui en a le plus au monde, mais moi à l'époque j'en connaissais bien peu : Saint-Pierre bien sûr, Sainte-Marie-Majeure, l'église du Gesù, celle de Saint-Ignace, celle de Saint-Louis-des-Français, qui est proche de la via della Scrofa, et San Roberto Bellarmino qui était ma paroisse romaine ; et puis, en 1970, alors que j'étais de passage en Italie, on m'avait emmené un jour voir le Moïse de Michel-Ange dans la basilique Saint-Pierre-aux-Liens, sur la colline de l'Oppius.

Rien de plus. Aujourd'hui encore, je n'en connais pas beaucoup, c'est difficile de connaître une ville en tant que pape.

J'avais demandé à y aller tôt le matin, et par pitié avec une voiture tout à fait ordinaire. On m'a procuré une Ford Focus bleue que j'ai utilisée ensuite pendant très longtemps. À Sainte-Marie-Majeure j'ai prié devant l'icône de la *Salus populi romani*, j'ai confié le diocèse à Marie, puis j'ai demandé à être emmené à la résidence Paul-VI pour prendre des livres que j'y avais laissés et solder le compte de mon séjour le temps du conclave. « Ne vous inquiétez pas, nous y pourvoirons », m'ont-ils dit. Mais moi, je voulais y aller, parce que c'était ce qui était juste. Alors je suis monté dans ma chambre, j'ai pris mes affaires, j'ai fait ma valise et j'ai payé en saluant tout le monde. De même, j'ai téléphoné au kiosquier de la calle Bolívar, à Buenos Aires, pour le remercier et lui dire de suspendre l'abonnement des journaux qu'il jetait chaque matin par-dessus la grille de mon domicile… « Bon, tu sais ce qui est arrivé », lui ai-je dit. Il m'a demandé si on me reverrait bientôt dans les parages, et je lui ai répondu que je serais toujours avec eux.

Dans l'après-midi, j'ai célébré ma première messe, à la chapelle Sixtine, avec tous les cardinaux, endossant les parements sacrés en leur compagnie dans la salle des bénédictions. Le maître de cérémonie m'a apporté le long sermon écrit en latin que j'étais censé prononcer ; je l'ai vivement remercié et je l'ai laissé là. « Peu importe, ne vous faites pas de souci pour moi, cela fait tant d'années que je célèbre la messe, lui ai-je dit. Mais restez à mon côté, en cas de besoin. » J'ai fait mon discours improvisé, avec mon italien de l'époque qui était si possible encore pire que l'italien que j'allais parler ensuite, en m'inspirant des lectures bibliques du jour.

Puis, le soir, on m'a emmené prendre possession de l'appartement pontifical, qui était resté scellé depuis que Benoît l'avait quitté.

Et une fois arrivé là, avec le père Georg, alors préfet de la Maison pontificale, je me suis dit : je ne reste pas là-dedans.

Je n'ai rien dit sur le moment. J'ai vivement remercié pour la visite. Mais j'ai commencé à réfléchir à une autre solution.

Au cours de la prière, toujours en discutant avec le Seigneur pour bien évaluer chaque aspect, je me suis demandé où aller, et comment faire. J'en ai parlé avec le cardinal Bertello, président du gouvernorat du Vatican, qui m'a dit que si je voulais aller vivre avec lui il y avait de la place dans son appartement de palais Saint-Charles, à côté des jardins du Vatican, mais là aussi cela me semblait un endroit un peu isolé.

Puis, par hasard, une fois revenu à Sainte-Marthe, j'ai vu que l'on nettoyait une chambre, juste en face de celle que j'avais occupée pendant le conclave.

« Et celle-là, c'est pour qui ? ai-je demandé.

– C'est la chambre des hôtes, nous sommes en train de la préparer pour le patriarche de Constantinople, Bartholomée. »

J'ai passé une tête : il y avait un espace pour recevoir, pas très grand, une petite chambre à coucher, séparée par une porte coulissante, et un petit bureau : tout cela très simple. Et j'ai aussitôt pensé : voilà, ici c'est chez moi. Je suis allé en parler avec le directeur, en lui disant que j'avais pris ma décision. Sur le coup, totalement stupéfait, il m'a dit : « Mais non, c'est impossible. » Puis il a seulement dit « mais ». Et finalement, « oui ».

Et ainsi, quelques jours après le départ du patriarche Bartholomée, la chambre 201 est devenue ma résidence pontificale.

« Jusqu'à nouvel ordre », a annoncé en ces jours d'avril le porte-parole du Vatican, le père Federico Lombardi.

L'eau a coulé sous les ponts depuis. À Sainte-Marthe, je me sens bien, parce que je suis avec les gens. Et s'il y a de petits inconvénients, ils sont faciles à surmonter.

J'y resterai le temps que le Seigneur voudra bien. Vis-à-vis de ma mort, j'ai une attitude extrêmement pragmatique. Il en va de même quand quelqu'un me parle de risques d'attentat.

Quand elle arrivera, je ne serai pas enterré à Saint-Pierre, mais à Sainte-Marie-Majeure : le Vatican est la maison de mon dernier service, pas celle de l'éternité. J'irai dans la pièce où on range aujourd'hui les candélabres, à côté de cette Reine de la paix à qui j'ai toujours demandé de l'aide et par laquelle je me suis fait étreindre au cours de mon pontificat plus d'une centaine de fois. On m'a confirmé que tout était prêt. Le rituel des obsèques était surchargé et j'ai prié le maître de cérémonie de l'alléger : pas de catafalque, aucune cérémonie pour la clôture du cercueil de cyprès. On ne placera pas non plus ce dernier dans un deuxième de plomb et un troisième de chêne. Des funérailles dignes, mais comme n'importe quel chrétien : car l'évêque de Rome est un pasteur et un disciple, il ne fait pas partie des puissants de ce monde.

Même si je sais qu'Il m'en a déjà beaucoup accordé, j'ai demandé une dernière grâce au Seigneur : prends soin de moi, que ce soit quand Tu le voudras, mais, Tu le sais, je suis un peu douillet en ce qui concerne la souffrance physique… Donc, s'il Te plaît, qu'elle ne soit pas trop douloureuse.

18

Tout le monde dehors, tout le monde dedans

Si le conclave est le moment de l'*extra omnes* (« tout le monde dehors »), l'Église se caractérise au contraire par l'*intra omnes* (« tout le monde dedans »). Et un instant après la fumée blanche, il en est déjà ainsi pour le pape. L'Église est au Christ. Et le Christ est à tous, Il est pour tous : « Allez donc dans les carrefours, et appelez aux noces tous ceux que vous trouverez » (Matthieu 22, 9). Tout le monde est appelé. Tout le monde. Dès lors : tout le monde dedans. Les bons et les mauvais, les jeunes et les vieux, les bien-portants et les malades. Parce que c'est là le projet du Seigneur. Avec une claire prédilection, même, pour les derniers : non pas les bien-portants qui n'ont pas besoin du médecin, mais les malades ; non pas les justes, mais les pécheurs (Marc 2, 17). Et c'est là sans aucun doute une bonne nouvelle, même pour ceux qui voudraient faire de la maison du Seigneur un club sélect. Parce que nous sommes tous pécheurs : à l'heure de la vérité, mets ta vérité sur la table et tu verras que tu es toi aussi un pécheur. C'est notamment pour cela que je n'aime pas trop les définitions du genre « pape des pauvres », qui ne sont qu'une idéologisation ou une caricature. L'Évangile s'adresse à tous et ne condamne pas les personnes, les classes, les conditions, les catégories, mais plutôt les idolâtries, comme cette idolâtrie de la richesse qui rend injuste, insensible aux cris de ceux qui souffrent. Même le pape est à tout le monde. Et d'abord aux pauvres pécheurs, à commencer par moi.

Le saint peuple de Dieu, c'est cela, et non une petite congrégation de « purs ». Le Seigneur nous bénit tous et Son Église ne doit pas, ne peut pas faire autrement : « Seigneur, prends-moi comme je suis, avec mes défauts, avec mes défaillances, mais fais-moi devenir tel que Tu me veux » : les mots de Jean-Paul Ier, que j'ai rappelés lors de l'homélie pour sa béatification le 4 septembre 2022, résonnent encore en chacun de nous.

Nos pasteurs sont là pour prendre par la main, accompagner, aider à discerner – pas pour exclure. Et pour pardonner : pour traiter les autres avec la même miséricorde que le Seigneur nous réserve.

Je suis prêtre depuis aujourd'hui cinquante-quatre ans et il m'est arrivé une seule fois de ne pas donner l'absolution : j'étais à Buenos Aires, je terminais ma thèse de doctorat sur Guardini, et dans l'après-midi je descendais à l'église des jésuites pour confesser. J'ai vu un jour arriver un homme dans la trentaine qui était avocat. Plein d'assurance, il a commencé à confesser des péchés véniels, et puis du même souffle et sur le même ton, entre un péché véniel et l'autre, il a glissé avec nonchalance qu'il avait abusé de la domestique. « Ces gens-là servent un peu à tout, ils ne sont pas comme nous », a-t-il dit. Quand j'ai essayé d'entamer le dialogue, il s'est levé et il est parti, impatienté. L'orgueil est le plus inquiétant de tous les vices : c'est une exaltation de soi qui empoisonne le sentiment de fraternité et dévoile la pathétique, l'absurde prétention de se prendre pour Dieu.

Un autre épisode, totalement opposé, me revient à l'esprit en repensant à cette période et à cette église : ma rencontre avec un jeune Japonais, diplômé en économie, qui travaillait pour une grande entreprise. Il n'était pas chrétien, mais un jour il passa la tête dans le confessionnal pour me dire qu'il avait commencé à lire l'Évangile, qu'il en avait été frappé et qu'il voulait s'approcher des sacrements. Je lui conseillai d'avancer pas à pas, en lui disant que je l'accompagnerais sur ce chemin, qu'il pouvait revenir me voir quand il le voudrait. Il prit donc le pli de venir une fois par semaine, jusqu'au jour où il arriva hors d'haleine et tout excité : « Je vais être transféré, me dit-il, je veux être baptisé avant. » Je lui dis de se calmer, en l'assurant qu'il pourrait poursuivre son parcours ailleurs, mais ce garçon restait agenouillé sans vouloir rien entendre. Donc je le relevai, je l'accompagnai à la sacristie, j'ouvris le robinet du lavabo et je le baptisai. Il était l'image même de la joie.

Le baptême est toujours une nouvelle naissance. Quelques années plus tard, alors que j'étais cardinal, je me suis retrouvé à baptiser les sept enfants d'une femme seule, une pauvre veuve qui faisait des ménages. Elle les avait eus de deux hommes différents. Je l'avais rencontrée lors de la fête de San Cayetano, dans le quartier de Liniers, le sanctuaire le plus cher à la classe ouvrière argentine depuis l'époque du syndicalisme péroniste. « Mon père, je suis en état de péché mortel, m'avait dit cette femme, j'ai sept enfants et je ne les ai jamais fait baptiser parce que je n'ai pas l'argent pour les parrains et pour la fête… » Je l'ai prise dans mes bras. Nous nous sommes revus, et après une courte catéchèse je les ai tous baptisés dans la chapelle de l'archevêché. Elle était très émue :

« Je n'arrive pas à y croire, vous me faites sentir importante, m'a-t-elle dit.

– Mais enfin, madame, qu'ai-je à voir là-dedans ? C'est Jésus qui vous rend importante. »

C'est l'amour qui restaure la vie, c'est lui qui sauve. Notre foi ne s'arrête pas devant les blessures et les erreurs du passé, elle passe outre les préjugés et les péchés. Ce regard sans jugement était assez naturel dans ma famille. Quand j'étais enfant à Buenos Aires, c'était l'usage de ne pas fréquenter les familles de couples irréguliers ou séparés, ou d'une autre confession religieuse ; même chez les prédicateurs, la fermeture était totale. Mais ma mère et surtout mon père, notamment à cause des liens qu'il nouait dans son travail, avaient des rapports avec le monde. Et aussi ma grand-mère Rosa, engagée dans l'Action catholique, qui fréquentait les dames évangélistes de l'Armée du Salut : « Elles sont bonnes », disait-elle. Même si à l'adolescence j'étais sans doute un peu plus rigide, l'instinct de la compréhension, de la complexité de l'existence, de l'accueil a commencé à se former en moi à partir de là, de ce témoignage au sein même de la famille.

C'est l'accueil, et certainement pas le relativisme ni un changement de doctrine, qui est au cœur de *Fiducia supplicans*, la déclaration du Dicastère pour la doctrine de la foi sur les bénédictions aux couples irréguliers que j'ai signée en décembre 2023. On bénit les personnes, pas les relations. Il s'agit de ne pas enfermer dans une situation ou dans une condition la vie entière de ceux qui demandent à être illuminés et accompagnés par une bénédiction. Tout le monde est invité dans l'Église, y compris les personnes divorcées, les personnes homosexuelles, les personnes transgenres. La première fois qu'un groupe de personnes transgenres est venu au Vatican, elles sont reparties en larmes, émues parce que je leur avais donné la main, un baiser… comme si j'avais fait quelque chose d'exceptionnel pour elles. Mais ce sont des enfants de Dieu ! Ils peuvent recevoir le baptême au même titre que les autres fidèles, et au même titre que les autres ils peuvent être admis au rôle de parrain ou marraine, ou être témoins à un mariage. Aucune loi du droit canon ne l'interdit.

Il y a plus de soixante pays dans le monde qui criminalisent les homosexuels et les transsexuels, et même une dizaine qui les punissent de la peine de mort, qui parfois est réellement appliquée. Mais l'homosexualité n'est pas un crime, c'est un fait humain ; l'Église et les chrétiens ne peuvent donc pas rester inertes face à cette criminelle injustice, ni se comporter comme des gens pusillanimes. Les homosexuels ne sont pas les « fils d'un dieu mineur » ; Dieu le Père les aime du même amour inconditionnel, Il les aime tels qu'ils sont, et Il les accompagne comme Il le fait avec chacun de nous : dans la proximité, la miséricorde et la tendresse.

Si le Seigneur dit « tout le monde », qui suis-je pour exclure quelqu'un ? « Dis-moi qui tu exclus et je te dirai qui tu es », aimait dire don Luigi Di Liegro, le fondateur de la Caritas romaine, lui aussi fils d'un migrant, débarqué aux Amériques pour nourrir sa famille, plusieurs fois expulsé. Au cours de toute ma vie pastorale, j'ai toujours accueilli et accompagné ces frères et ces sœurs exactement comme les autres. Et si certains ont expérimenté dans leur chair « le refus de l'Église », je voudrais qu'ils sachent qu'il s'est agi plus exactement du refus d'une « personne » de l'Église : parce que l'Église est une mère qui appelle et recueille tous ses enfants.

Mais si Dieu nous aime dans notre humanité et dans nos différences, toute colonisation idéologique est en revanche extrêmement dangereuse, comme la théorie du genre, qui vise à annuler ces différences dans la prétention de rendre tout le monde identique. De même, est inacceptable toute pratique qui fait de la vie humaine – qui à chaque étape est un don et un droit inaliénable – un objet de contrat ou de commercialisation, comme c'est le cas dans ce qu'on appelle la gestation pour autrui, un business mondial fondé sur l'exploitation de l'état de nécessité matérielle de la mère, qui lèse gravement la dignité de la femme et de l'enfant. Les hommes et les femmes ne sont pas les pièces d'un engrenage mécanique, et pas non plus une simple somme d'exigences ou de désirs, sans conscience et sans volonté, comme dans ce roman prophétique du début du XXe siècle, devenu un classique de la littérature dystopique : *Le Maître de la terre*, écrit par le quatrième fils de l'archevêque de Canterbury, Robert Hugh Benson, où tout est réduit à des unités de production et où les nouveaux prêtres de l'époque administrent l'euthanasie comme si c'était l'onction aux malades. J'ai été frappé en lisant ce roman, et aujourd'hui comme alors c'est un antidote à un progressisme adolescent, à ce totalitarisme mondain qui conduit à l'apostasie. Il nous rappelle qu'effacer la différence revient finalement à effacer l'humanité.

À l'heure de prendre une décision, il y a souvent un petit prix de solitude à payer, mais en réalité, le parcours des réformes et du gouvernement en ces années de pontificat n'a jamais été isolé ni du peuple de Dieu ni du Collège des cardinaux : les décisions les plus difficiles, les plus brûlantes, ont été prises après maintes consultations et réflexions, en cherchant l'unanimité et par un chemin synodal. Les pas partagés sont des pas assurés, progressifs, irréversibles.

Bien sûr, il y a toujours quelques résistances, liées le plus souvent à un manque de connaissance ou à une forme quelconque d'hypocrisie. Je pense à l'exhortation apostolique *Amoris laetitia*, qui a ouvert grand les portes à de nouveaux défis pastoraux dans le domaine de la famille, et à cette note sur la possibilité d'accéder aux sacrements pour les divorcés qui a fait grincer des dents à quelques-uns. Aux yeux de certains, les péchés sexuels sont les plus scandaleux. Mais ce ne sont pas en réalité les plus graves. Ce sont des péchés humains, de la chair. Les plus graves au contraire sont les péchés les plus « angéliques », qui se travestissent sous une autre apparence : l'orgueil, la haine, le mensonge, l'escroquerie, l'abus de pouvoir. Satan lui-même, dit saint Paul dans la deuxième épître aux Corinthiens, « se déguise en ange de lumière » (2 Corinthiens 11,14).

Cela me rappelle ce chef-d'œuvre du cinéma italien avec Marcello Mastroianni et Sophia Loren, *Une journée particulière*, cette histoire de deux « marginalisés », un homosexuel et une femme, qui sont confinés dans un immeuble désert le jour où tout Rome est dehors pour la visite qu'Hitler vient rendre à Mussolini, alors qu'il se prépare à entraîner le monde dans la catastrophe de la guerre et dans l'abomination des massacres. Ces deux-là sont célébrés fastueusement sur la place, tandis que les deux autres sont livrés à l'opprobre public, relégués dans l'insignifiance. Quel retournement diabolique...

Il est curieux que personne ne s'inquiète de voir bénir un entrepreneur qui exploite les gens, ce qui est un péché très grave, ou ceux qui polluent notre maison commune, alors que l'on se scandalise publiquement si le pape bénit une femme divorcée ou un homosexuel.

Les oppositions aux ouvertures pastorales dévoilent souvent ces hypocrisies.

C'est un fait sociologiquement curieux que ce phénomène du traditionalisme, ce retour en arrière qui revient régulièrement à chaque siècle, cette référence à un âge d'or supposé qui pourtant est à chaque fois un autre. Par exemple dans la liturgie.

Il est établi aujourd'hui que la célébration de la messe selon le missel préconciliaire, en latin, doit être expressément autorisée par le Dicastère pour le culte, qui ne l'accordera que dans des cas particuliers. Parce qu'il n'est pas bon que la liturgie devienne idéologie.

C'est curieux, cette fascination pour ce que l'on ne comprend pas, qui a un air un peu occulte, et qui semble parfois intéresser même les générations les plus jeunes. Souvent cette rigidité s'accompagne de toilettes recherchées et coûteuses, de dentelles, de rubans, de chasubles. Ce n'est pas un goût pour la tradition, mais une ostentation de cléricalisme, qui n'est rien d'autre que la version ecclésiastique de l'individualisme. Non pas un retour au sacré, mais tout le contraire, une mondanité sectaire. Parfois, ces déguisements dissimulent des déséquilibres, des déviations affectives, des problèmes comportementaux, un malaise personnel qui peut être instrumentalisé. Au cours de mes années de pontificat, j'ai dû intervenir sur ce problème à quatre reprises, trois fois en Italie et une fois au Paraguay : des diocèses qui acceptaient des séminaristes souvent déjà éloignés par d'autres séminaires – et quand cela arrive, il y a en général quelque chose qui cloche, quelque chose qui pousse à dissimuler sa propre personnalité dans des contextes fermés ou sectaires.

Un cardinal étatsunien m'a raconté qu'un jour, deux prêtres fraîchement ordonnés étaient venus le trouver pour lui demander l'autorisation de célébrer la messe en latin.

« Vous connaissez le latin ? a demandé le cardinal.

– Non, mais nous allons l'apprendre, ont répondu les deux jeunes prêtres.

– Alors, vous allez faire comme ça, a dit le cardinal. Avant d'apprendre le latin, observez votre diocèse et regardez combien il compte d'émigrés vietnamiens : commencez par apprendre le vietnamien. Mais quand vous aurez appris le vietnamien, considérez la multitude de paroissiens de langue hispanique, et vous comprendrez qu'apprendre l'espagnol vous sera beaucoup plus utile pour votre service. Après le vietnamien et l'espagnol, revenez me voir, et nous reparlerons du latin… »

La liturgie ne peut pas être un rite en soi, en marge de la pastorale. Ni un exercice d'un spiritualisme abstrait, enveloppé dans un sens fumeux du mystère. La liturgie est une rencontre, c'est un retour vers les autres.

Les chrétiens ne sont pas ceux qui retournent en arrière. Le flux de l'histoire et de la grâce va du bas vers le haut, comme la sève d'un arbre qui donne des fruits. Sans ce flux, on se momifie, et en retournant en arrière on ne reste pas en vie, jamais. Si on n'avance pas, si on ne bouge pas, la vie, qu'elle soit végétale, animale ou humaine, meurt. Cheminer veut dire changer, affronter des paysages nouveaux, accepter des défis nouveaux. Dans son *Commonitorium primum*, au XVe siècle déjà, Vincent de Lérins, vénéré tant par les catholiques que par les orthodoxes, écrit que le dogme de la religion chrétienne s'appuie sur les lois suivantes : il progresse, en se consolidant avec les années, en se développant avec le temps, en s'approfondissant avec l'âge. La compréhension de l'homme se modifie avec le temps, et avec elle sa façon de se percevoir lui-même et de s'exprimer : une chose est l'humanité qui s'exprime en sculptant la *Victoire de Samothrace*, une autre celle du Caravage, une autre encore celle de Chagall et de Dalí. C'est ainsi que la conscience des hommes s'approfondit. Pensons à l'époque où l'esclavage était admis, où la peine de mort – qui est inadmissible, et ne constitue en aucun cas une solution à la violence qui peut frapper des personnes innocentes, mais est plutôt un poison pour la société – ne posait aucun problème. Donc, dans la compréhension de la vérité, on grandit.

La tradition n'est pas une statue. Et le Christ non plus n'est pas une statue. Le Christ est vivant.

La tradition, c'est de grandir.

La tradition, c'est d'aller de l'avant.

L'Église ne peut pas être la congrégation du « bon temps passé » qui, comme le rappelle un penseur français, Michel Serres, est bien fini et n'était pas forcément aussi beau qu'on se l'imagine. Notre responsabilité est d'arpenter notre temps, de continuer à grandir dans l'art d'accueillir ses exigences et d'y pourvoir avec la créativité de l'Esprit, qui est toujours discernement en action.

Enfin, l'Église n'est pas un orchestre où chacun joue les mêmes notes, mais où chacun exécute sa partition, et c'est précisément cela qui doit créer l'harmonie. Il est bon qu'entre frères on ait le courage d'avoir ses propres idées, et le courage de les confronter, de se dire les choses en face : tendre à l'unité ne veut pas dire uniformité. Mais après, nous devons toujours nous retrouver autour de la même table.

À bien des égards, on peut affirmer que le dernier concile œcuménique n'a pas été encore totalement compris, vécu et appliqué. Nous sommes en chemin, et nous devons reprendre notre route. Quand quelqu'un me demande si les temps sont mûrs pour un nouveau concile, un Vatican III, je lui réponds que non seulement ils ne le sont pas, mais que nous devons encore appliquer pleinement Vatican II. Et balayer encore plus vigoureusement la culture de cour, à la Curie comme ailleurs. L'Église n'est pas une cour, ce n'est pas un endroit pour des coalitions, des favoritismes, des manœuvres, ce n'est pas la dernière cour européenne d'une monarchie absolue. Avec Vatican II, l'Église est le signe et l'instrument de l'unité de tout le genre humain.

Même si les difficultés n'ont pas manqué ces dernières années, je n'en ai jamais perdu le sommeil. Il m'arrive parfois de lire des reconstructions fantaisistes de la réalité, alors qu'elle est souvent beaucoup plus simple qu'il peut sembler de l'extérieur.

Un jour, c'était le 2 avril 2005, j'étais dans un autobus en route vers une *villa miseria* à la périphérie de Buenos Aires, quand j'ai appris la nouvelle de la mort de Jean-Paul II qui se répandait alors dans le monde. Une fois arrivé, j'ai

Avec Jean-Paul II, à la nonciature de Buenos Aires en 1987.

demandé au cours de la messe de prier ensemble pour le pape défunt. Puis, à la fin de la célébration, une femme très pauvre est venue me trouver.

« Il va y avoir un nouveau pape ? m'a-t-elle demandé.

– Oui, madame. »

Je lui ai donc dit que j'allais partir pour Rome et je lui parlai du conclave, des réunions des cardinaux, de la fumée blanche.

« Écoutez, Bergoglio, a-t-elle coupé court, vous devez me promettre une chose : quand vous serez pape, la première chose que vous devrez faire, c'est prendre un chien. »

Je lui répondis que cela ne risquait pas d'arriver, mais pourquoi donc aurais-je dû prendre un chien ?

« Parce que, quand ils vous donneront à manger, vous devrez d'abord lui en donner un petit morceau. Si tout va bien, vous pourrez continuer à manger. »

Cela fait sourire, certes. Mais cela dit aussi combien de trouble et de scandale peuvent provoquer dans le peuple de Dieu certaines luttes intestines et malversations. L'Église est forte et elle le reste, mais les thèmes de la corruption – tant la corruption économique que celle des cœurs – ou du cléricalisme – qui est une perversion, l'idéologie qui prend la place de l'Évangile – sont des problèmes profonds, qui se perdent dans la nuit des siècles.

Au début de mon pontificat, je suis allé trouver Benoît XVI à Castel Gandolfo, et il m'a remis une grande boîte blanche. « Tout est là-dedans, m'a-t-il dit, les actes des situations les plus difficiles et les plus douloureuses, les abus, les cas de corruption, les affaires obscures, les méfaits en tout genre. J'en suis là, j'ai pris telles dispositions pour éloigner telles personnes, à présent c'est ton tour. » J'ai simplement poursuivi sa route.

En tant que cardinal, j'avais déjà participé aux congrégations

Benoît XVI me remet la grande boîte blanche pleine de documents.

générales de 2005, qui ont été un premier moment de grâce, de croissance, puis à celles de 2013, après la démission de Benoît. À cette occasion, nous avions tous adressé des demandes très concrètes à celui qui serait élu. Ce que j'ai fait au cours de ces années de pontificat, c'est concrétiser les demandes des congrégations générales.

Le Conseil des cardinaux que j'ai annoncé exactement un mois après mon élection était chargé précisément de cette tâche : un travail commun, synodal, qui soit réellement à l'écoute de l'Église tout entière, pas seulement de nous les prêtres, qui n'en représentons que 1 %, mais aussi des laïcs. La synodalité n'est pas une mode, et encore moins un slogan à instrumentaliser : c'est une écoute réciproque, menée à tous les niveaux, impliquant tout le peuple de Dieu. Il ne s'agit pas de recueillir des opinions, de faire des enquêtes, mais de cheminer ensemble et d'avoir des oreilles pour saisir le vent de l'Esprit, qui met en crise, réserve des surprises, ouvre grand les portes et les fenêtres, abat les murs, brise les chaînes, ouvre les frontières. Un évêque ou un prêtre détaché des gens est un fonctionnaire, pas un pasteur. Saint Paul VI aimait citer la maxime de Térence : « Je suis homme, et rien de ce qui est humain ne m'est étranger. » Il y a beaucoup de résistances au dépassement de l'image d'une Église rigidement séparée entre chefs et subalternes, entre ceux qui enseignent et ceux qui doivent apprendre, en oubliant que Dieu aime retourner les positions : « Il a renversé les puissants de leurs trônes, et Il a élevé les humbles », a dit Marie (Luc 1, 52).

Cheminer ensemble signifie suivre une ligne horizontale plutôt que verticale. L'Église synodale restaure l'horizon d'où surgit le soleil du Christ, alors qu'élever des monuments hiérarchiques revient au contraire à le masquer. Les véritables pasteurs cheminent toujours avec leur peuple : parfois devant, parfois au milieu, et parfois derrière. Devant pour guider, au milieu pour encourager et ne pas oublier l'odeur du troupeau, derrière parce que le peuple a le « flair » pour ouvrir des voies nouvelles où cheminer, ou pour retrouver la route quand celle-ci a été perdue.

La réforme de la Curie romaine a été la plus difficile et celle qui pendant longtemps a enregistré les plus grandes résistances au changement, par exemple dans la gestion économique ; sortir de la malédiction du « on a toujours fait comme ça » n'a pas été facile, mais à présent nous sommes enfin sur la bonne route. Au Secrétariat pour l'économie, sept laïcs siègent à côté des cardinaux, dont six femmes, et un travail collégial a permis une clarification des ressources et des procédures. La route est tracée, et elle l'a été sous la brillante et décisive impulsion du cardinal Pell. Nous devons poursuivre notre chemin. J'ai été appelé à une bataille, je sais que je dois la livrer, mais ce n'est nullement une lutte personnelle et solitaire.

L'Église est au Christ. À nous, il est simplement demandé de nous mettre à l'écoute de Sa volonté et de la mettre en pratique. En ce sens, j'ai souvent pensé à un passage de l'homélie que Benoît XVI a prononcée lors de la messe inaugurale de son pontificat : « Mon véritable programme de gouvernement, a-t-il dit, consiste à ne pas faire ma propre volonté, ne pas poursuivre mes propres idées, mais me mettre à l'écoute, avec l'Église tout entière, de la parole et de la volonté du Seigneur et de me laisser guider par Lui. » Parce que le pape n'est pas un administrateur délégué, et pas non plus le chef d'une ONG.

La route n'a pas toujours été facile, mais heureusement Jésus Lui-même nous a indiqué comment faire au chapitre 25 de l'Évangile de Matthieu : « Car j'ai eu faim, et vous m'avez donné à manger ; j'ai eu soif, et vous m'avez donné à boire ; j'étais étranger, et vous m'avez recueilli ; j'étais nu, et vous m'avez vêtu ; j'étais malade, et vous m'avez visité ; j'étais en prison, et vous êtes venus vers moi. » C'est là-dessus que le Seigneur, quand Il le voudra, fera Son bilan, de nos vies comme de mon pontificat.

Benoît a été pour moi un père et un frère. Nous avons toujours eu un rapport authentique et profond et, au-delà de toutes les légendes construites par ceux qui se sont employés à raconter le contraire, il m'a aidé, conseillé, appuyé, défendu jusqu'à la fin. Il a élargi les horizons, suscité des confrontations, toujours dans le respect du rôle de chacun. Il ne méritait pas la polémique qui a entouré sa mort, au moment même de ses funérailles, une chose qui m'a beaucoup fait souffrir.

Même dans les derniers temps, quand son corps était toujours plus fragile et sa voix plus faible, la force de sa tendresse me parvenait. Nous nous sommes vus pour la dernière fois le 28 décembre 2022, trois jours avant sa mort. Il était encore conscient, mais il ne pouvait plus parler. Nous sommes restés à nous regarder dans les yeux en nous tenant la main. Je lui ai dit des paroles d'affection, je l'ai béni, ses yeux très clairs brillaient toujours de la même douceur et de la même intelligence. L'intelligence de celui qui a témoigné que Dieu est toujours nouveau, qu'Il nous surprend, qu'Il apporte la nouveauté. Je remercie le Seigneur de me l'avoir donné et de l'avoir donné à l'Église.

19

En cheminant par les vallées obscures

La jeune fille se tenait debout devant moi, dans l'immeuble de la nonciature apostolique de Kinshasa. Elle était arrivée de la province du Nord-Kivu, qui abrite les plus grands gisements d'étain de la République démocratique du Congo, ainsi que d'énormes mines d'or ; une zone qu'au cours de ce voyage, mon quarantième voyage apostolique international en février 2023, je n'ai pas pu visiter, parce qu'elle est perpétuellement dévastée par ce monstre qu'est la guerre.

L'histoire que s'apprêtait à raconter cette jeune fille était une histoire terrible, et pour ce faire elle avait besoin de la voix de sa compagne qui se tenait à côté d'elle. « Je m'appelle Bijoux Mukumbi Kamala, j'ai dix-sept ans, mais mon calvaire a commencé quand j'en avais quatorze. C'est arrivé à Musenge, un village du territoire de Walikale. Alors que nous allions prendre l'eau à la rivière, nous avons rencontré les rebelles ; ils nous ont emmenées dans la forêt, et chacun a choisi celle qu'il voulait. Le commandant me voulait, moi. Il m'a violée comme si j'étais un animal, plusieurs fois par jour, une souffrance atroce. Il était inutile de crier, parce que personne ne pouvait venir à mon secours. Cela a duré un an et sept mois, jusqu'à ce que par chance je parvienne à m'enfuir. Mais les amies qui avaient été enlevées avec moi ce jour-là ne sont jamais revenues. » Elle dépose sous l'autel une natte, semblable à celle sur laquelle la jetait son bourreau. Puis Ladislas prend la parole : il a le même âge, il parle de son frère qui a été tué, il ne sait même pas comment, et de son père assassiné sous ses yeux, sa tête décapitée jetée dans un panier. Depuis lors, il n'arrive plus à dormir. Sa mère a été enlevée. « Elle n'est jamais revenue, nous ne savons pas ce qu'ils en ont fait. Nous sommes restés orphelins, mes deux petites sœurs et moi. » Et puis Emelda. Et Désiré. Et Léonie, qui va encore à l'école élémentaire, et qui porte jusque sous la croix du Christ un couteau, le même que celui qui a massacré tous les membres de sa famille. Un championnat d'horreurs, de meurtres, de viols, de destructions, de pillages, une indicible inhumanité. Et des orphelins.

Je suis choqué, je reste silencieux face à cet abîme de douleur.

En silence comme à Auschwitz, sept ans plus tôt. Silence et prière.

Señor, ten piedad de tu pueblo. Señor, perdón por tanta crueldad ! [« Seigneur, prends pitié de Ton peuple. Seigneur, pardon pour tant de cruauté ! »]

En silence comme avec Lidia Maksymowicz, l'une des trois mille enfants qui ont servi de cobayes à Josef Mengele pour ses expériences d'eugénisme au camp de Birkenau. Ses grands-parents avaient aussitôt été envoyés à la chambre à gaz, sa mère aux travaux forcés, tandis que Lidia était assignée à la baraque des enfants. Elle avait alors trois ans. Il y a trois ans, à quatre-vingt-un ans, elle est venue me saluer à Saint-Pierre. Elle a remonté la manche de sa robe pour

En silence dans le camp de concentration d'Auschwitz-Birkenau.

me montrer le bras sur lequel était tatoué son numéro : 70072. Qu'aurais-je pu lui dire ? Je n'ai rien dit : j'ai embrassé ce bras. Sur trois mille enfants, deux cents seulement ont survécu jusqu'à la libération du camp, le 27 janvier 1945. Des survivants revenus du fond de l'abîme de la douleur.

Nombreux sont les juifs fuyant les persécutions qui se sont réfugiés en Argentine : on a calculé qu'ils ont été au moins deux cent cinquante mille entre la fin du XIXe siècle et la fin de la Seconde Guerre mondiale. Et avant encore, tous ceux qui sont venus du Maroc, de l'Empire ottoman, de Syrie, et par la suite d'Égypte. Dans le quartier de mon enfance, ils étaient pour moi une présence quotidienne : des compagnons de jeu, des pères et des mères de camarades d'école. Dans mon enfance, puis avec le même naturel quand je suis devenu prêtre, archevêque et cardinal, j'ai noué d'authentiques amitiés avec des gens ordinaires, des représentants de la communauté juive et des rabbins de Buenos Aires. Avec Abraham Skorka, notamment, recteur du séminaire rabbinique et rabbin de la communauté Benei Tikva, dans le quartier de Belgrano. Ensemble nous avons enregistré une trentaine d'émissions de télévision sur la Bible, diffusées sur la chaîne de l'archidiocèse. Puis, dans les premiers jours de février 2013, nous nous sommes dit au revoir parce que les vacances d'été commençaient, en nous donnant rendez-vous pour l'enregistrement suivant, au mois de mars, qui aurait dû précisément avoir l'amitié pour thème. Mais l'Esprit, on le sait, dispose des événements, nous place dans les situations les plus inattendues… Donc, cette dernière émission n'a jamais eu lieu, parce qu'en ce mois de mars je ne suis pas retourné à l'archidiocèse. Abraham en revanche a été l'une des premières personnes que j'ai appelées au téléphone le soir même de mon élection à l'épiscopat de Rome : « Ils me gardent, note bien ma nouvelle adresse », lui ai-je dit. Même avec un océan entre nous, l'amitié est restée solide, forgée par la tâche concrète de trouver des voies pour servir l'homme, dont nous sentons l'un et l'autre que c'est la forme la plus sublime, la plus haute du service de Dieu.

Le dialogue entre les juifs et les chrétiens est plus qu'un dialogue interreligieux : c'est un dialogue familier. Nous sommes liés les uns aux autres devant le Dieu unique, et nous sommes appelés à témoigner par notre conduite de Son amour et de Sa paix. Avec la communauté juive de Buenos Aires, nous avons travaillé conjointement à de nombreuses initiatives, culturelles, religieuses, de service, comme l'installation de cantines pour les pauvres gérées par les rabbins et les prêtres. Et ensemble nous avons aussi traversé la douleur, cette longue et terrible nuit de la dictature qui a endeuillé mon pays. Sur trente mille *desaparecidos* argentins, qui sont presque tous passés par ces chambres de torture où il n'était pas rare de trouver accrochées aux murs des photographies d'Hitler, deux mille au moins appartenaient à la communauté juive, et beaucoup d'autres avaient des origines juives ; eux aussi sont des amis, eux aussi sont des frères. Nos frères et nos sœurs aînés.

À Kinshasa, je baise les moignons de mains et de pieds coupés. Je caresse des têtes. Je recueille des chuchotements. J'admire le courage de ces témoignages : leurs larmes sont mes larmes, leur douleur est ma douleur. Et tous ensemble nous disons : Ça suffit ! Assez de ces atrocités qui jettent l'infamie sur l'humanité tout entière ! Assez de considérer l'Afrique comme une mine à exploiter ou une terre à piller ! Assez du scandale et de l'hypocrisie des affaires qui continuent à prospérer en suscitant la violence et la mort !

La guerre au Congo a fait plus de cinq millions de victimes depuis la fin des années 1990. C'est le plus grand conflit après la Seconde Guerre mondiale : des blessures non refermées depuis des années, compliquées, avec la scandaleuse interférence de multinationales et de puissances étrangères, d'affrontements entre ethnies qui se disputent dans le sang les ressources naturelles et le pouvoir.

Au Soudan du Sud, la guerre a fait des centaines de milliers de victimes et des millions d'évacués et de réfugiés. C'est aujourd'hui le plus jeune pays du monde, où l'accord de paix signé en 2018 peine encore à être pleinement réalisé. Des centaines de milliers de personnes ont perdu leurs proches et leur maison, des familles ont été séparées et ne se sont jamais retrouvées, des enfants, des personnes âgées, des femmes, des hommes ont subi d'indicibles souffrances.

J'avais déjà rencontré son président, Salva Kiir Mayardit, quand j'étais en visite en Ouganda, en 2015 : il m'avait demandé un rendez-vous improvisé, hors programme, et je l'avais reçu dans la nuit à Kampala. Puis, en avril 2019, je l'ai rencontré à nouveau à Sainte-Marthe, avec les futurs vice-présidents Riek Machar, alors leader de l'opposition, et Rebecca Nyandeng De Mabior, la veuve du leader sud-soudanais John Garang, mort à la guerre, pour une retraite spirituelle conçue avec l'ancien archevêque de Canterbury Welby et le modérateur de l'Église presbytérienne d'Écosse, John Chalmers. À l'issue de la rencontre, brisant le protocole par un geste venu du cœur, je me suis agenouillé pour baiser les pieds de tous les leaders du Soudan du Sud. Demeurez en paix, les ai-je implorés en tant que frère.

La paix est possible, je ne me lasserai jamais de le répéter. Et c'est la condition fondamentale pour le respect des droits de chaque homme et pour le développement intégral de chaque peuple. Je prie pour que les graines de cette retraite spirituelle parviennent à mûrir et à fructifier. Je sais que les difficultés sont nombreuses. Même la veille de ma visite à Djouba, le 3 février 2023, en tant que pèlerin de la réconciliation, les armes ne se sont pas tues. Pourtant, nous devons continuer à lutter pour que, dans ce pays comme partout, le cours vital de la paix ne soit pas arrêté par les alluvions de la violence, ne s'égare pas dans les marais de la corruption ni ne soit rendu vain par l'excès de pauvreté. La corruption est complice de l'horreur. L'accaparement des richesses naturelles est complice de l'horreur. L'absence de démocratie est complice. Et même le silence est complice.

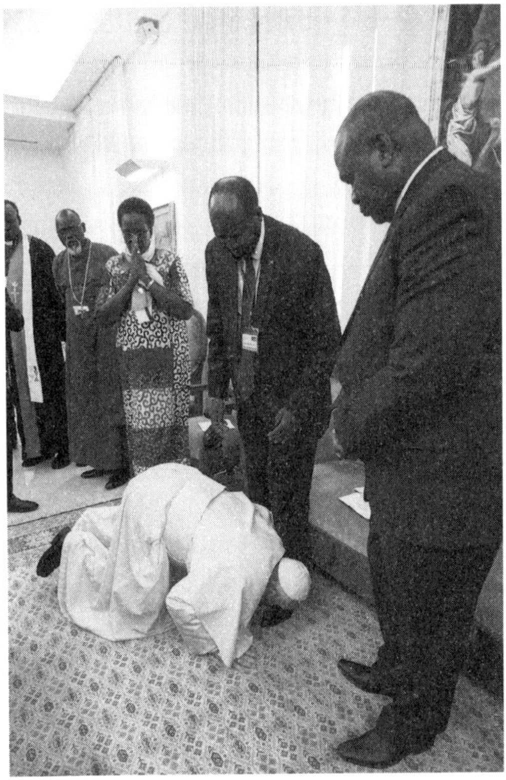

À genoux devant les leaders du Soudan du Sud
pour implorer la paix.

Quand on a demandé à Liliana Segre, sénatrice à vie de la République italienne, qui avait treize ans quand elle fut déportée à Auschwitz en même temps que ses grands-parents et son père, qu'elle ne devait plus jamais revoir, quels mots on devrait écrire sur le quai 21 de la gare de Milan, d'où, après l'abomination des lois raciales, partaient les trains pour les camps nazis, elle n'a pas hésité : « Indifférence », a-t-elle dit. Personne n'avait pensé à ce mot. Mais c'est dans la lâche indifférence de tant de gens que s'est alors effectué le massacre d'au moins quinze millions de personnes, et c'est souvent dans le silence et dans notre indifférence mondialisée que s'accomplissent les massacres d'aujourd'hui.

Le langage de l'horreur, de l'oppression, de la misère, de la décadence, des vallées les plus obscures où s'embourbe le chemin des hommes et des femmes, se nourrit presque toujours des mêmes mots, et plus souvent encore du silence, parce que l'indifférence n'a même pas besoin de voix : je n'y suis pour rien, ce n'est pas mon problème, tournons la tête de l'autre côté…

Se sauver soi-même, ne s'occuper que de soi, ne songer qu'à soi, est le refrain de l'humanité qui a crucifié le Seigneur (Luc 23, 35-37) et d'un corps social profondément malade. Car l'égoïsme n'est pas seulement antichrétien. L'égoïsme se retourne aussi contre soi. La très courte vue d'un égoïsme sans imagination et sans créativité fait perdre en dépenses de réarmement, dans des conflits, dans la destruction de l'environnement, une richesse immensément plus haute. « Quand les peuples commencent à se ruiner physiquement, ils sont déjà à moitié ruinés financièrement. Car la mort est coûteuse : le suicide n'est pas gratuit. La bêtise est un luxe. Et la bêtise est la protection naturelle de la haine », écrivait Igino Giordani, cofondateur du mouvement des Focolari et précurseur du concile Vatican II, à propos de l'inutilité de la guerre.

L'égoïsme est stupide.

Tout est en relation, tout est lié. Aujourd'hui plus que jamais. Ce fait incontestable est au cœur des deux encycliques sociales de mon pontificat, *Laudato si'* et *Fratelli tutti*.

Et la pandémie de Covid-19 dans laquelle, au début de 2020, nous avons tous été précipités aurait dû nous l'enseigner une fois de plus.

L'annonce de la fin de la guerre, le premier pas d'un homme sur un corps céleste, la chute d'un mur qui pendant trente ans avait coupé en deux le cœur de l'Europe, l'attentat terroriste de deux avions se fracassant contre des gratte-ciel, créant un cratère qui a englouti des milliers de vies dans un acte insensé de destruction : ce sont des nouvelles qui figent un instant précis et fixent la mémoire de chacun de nous dans le temps et dans l'espace.

Cette fois, ce fut différent, à Sainte-Marthe comme partout. Ce fut un crescendo.

On commença à parler d'une étrange pneumonie dans une ville populeuse de la Chine centrale : Wuhan, onze millions d'habitants, dans la province du Hubei. Au départ, une information sans guère d'importance, en somme, mais qui de jour en jour a pris de l'intensité avec de nouveaux malades, dont beaucoup travaillaient dans un marché de poissons et autres animaux de la ville. Dans les premiers jours de février, à l'Angélus, j'ai élevé ma prière « pour nos frères chinois qui souffrent de cette cruelle maladie ». Cela semblait encore un phénomène isolé, mais à la fin du mois, l'Italie s'aperçut tragiquement qu'il ne l'était pas resté longtemps. Dans le nord du pays, en Lombardie, les hôpitaux se remplirent brusquement, tandis que le virus, comme un essaim, passait d'une région du pays à l'autre, puis d'une région à l'autre de la planète. Partout les images se font plus angoissantes : des gens qui implorent de l'aide depuis des balcons, des structures sanitaires au bord de l'effondrement, des corps amoncelés. Le 11 mars, cent quatorze pays sont touchés, et l'Organisation mondiale de la santé déclare officiellement l'état de pandémie ; le monde entier redécouvre des termes oubliés depuis des générations : isolement, quarantaine. Le hurlement des sirènes des ambulances devient le pilier sonore des rues désertes et d'une humanité distanciée, enfermée chez elle, parfois exilée dans de nouveaux lazarets.

Au bout de trois ans, on estimera le nombre de victimes à plus de vingt millions. Une guerre mondiale.

La pandémie nous a fait toucher du doigt notre fragilité personnelle et sociale, tout en nous démontrant une fois de plus qu'au milieu des tempêtes de l'histoire nous sommes tous sur le même bateau.

Comme tout le monde, j'en éprouvai d'abord un sentiment de frustration : j'aurais voulu faire tant de choses et je me sentais un pape un peu « en cage », tandis que mon agenda était fatalement modifié par les mesures de confinement : l'Angélus du dimanche récité depuis la bibliothèque du palais apostolique, et non de la fenêtre, transmis en direct sur des écrans place Saint-Pierre ; la messe du matin sans fidèles. Je m'en suis remis plus que jamais à la prière. J'en ai ressenti l'urgence, une urgence universelle.

C'est pour cela qu'un après-midi de mars, en n'informant qu'à la dernière minute la sécurité et le directeur de la salle de presse, j'ai quitté Sainte-Marthe pour me rendre à Sainte-Marie-Majeure : je savais que Marie, la Vierge de la *Salus populi romani*, accueillerait encore une fois nos angoisses et nos blessures. Je sentais qu'une fois de plus, je pouvais me confier à sa protection de mère, ainsi que la ville, l'Italie et le monde.

Je suis resté longuement sous cette icône qui m'est si chère, et que la tradition attribue à saint Luc, évangéliste et patron des artistes. Puis, dans une Rome quasi déserte et touchée par le premier soleil du printemps, dans un calme irréel accompagné çà et là du bruissement d'une bicyclette ou du cri d'une mouette, je me suis engagé dans la via del Corso pour rejoindre l'église San Marcello al Corso, où est conservé le crucifix qui en 1522, à l'époque de la grande peste, fut porté en procession à travers toute la ville.

En chemin vers l'église de San Marcello,
dans une Rome désertée par la pandémie.

J'avais encore avec moi l'icône de la Vierge et ce crucifix miraculeux, qui porte de façon visible les signes de l'affection et de la souffrance de ceux qui s'en approchent, quand, deux semaines plus tard, en direct devant toutes les télévisions du monde, j'ai cheminé à travers une place Saint-Pierre vide et luisante de pluie pour la *Statio Orbis*, afin de répondre à la pandémie du virus par la force de la prière, de la compassion, de la tendresse.

J'avançais tout seul et j'avais dans le cœur la solitude de tous, je sentais leurs pas dans les miens, leurs pieds dans mes chaussures, si je puis dire. Dans ce silence, j'entendais l'écho de millions de suppliques et un besoin universel d'espérance. « Le soir était venu » (Marc 4, 35), le temps de la tempête, pour démasquer les fausses sécurités superflues, et nous nous sommes retrouvés tous ensemble cramponnés comme à une ancre à ce Christ capable de vaincre la peur et de donner du soutien. « *Meté mano* », lui disais-je, une expression à moi que j'utilise souvent dans la prière : « Mets-y la main, Toi, s'il Te plaît. Tu l'as déjà fait au XVIe siècle, Tu connais cette situation. » De temps en temps, mon regard se tournait vers la colonnade de droite et le monument aux migrants que l'année précédente j'avais voulu qu'on installe ici, au centre de la Chrétienté, pour qu'il nous aide non seulement à nous souvenir du défi évangélique de l'accueil, mais aussi à lire les signes des temps. Il s'intitule *Angels Unawares*, « Anges sans le savoir ». C'est une sculpture en bronze et en argile qui représente des gens de tous âges, de différentes cultures et de différentes périodes historiques : ils sont serrés les uns contre les autres, épaule contre épaule, debout sur un radeau, le visage marqué par le drame de la fuite, du danger, de l'avenir incertain. Nous étions tous sur ce radeau à présent, avec une inquiétude semblable, sans savoir combien seraient débarqués, ni quand. Nous étions tous ensemble. C'est aussi pour cela que je ne me suis jamais senti vraiment seul sur cette place. J'ai baisé les pieds du crucifix et cela m'a donné de l'espoir – cela m'en donne toujours. J'ai demandé au Seigneur d'éloigner le mal de Sa main, mais aussi la grâce et la créativité de savoir ouvrir de nouvelles formes de fraternité et de solidarité dans ce contexte qui nous était inconnu. Parce que dès le départ, en moi et dans l'Église tout entière, l'urgence de la prière s'est accompagnée de celle du service. En particulier à l'égard des personnes les plus fragiles, les plus en difficulté : les sans-abri, les détenus, les malades hospitalisés, les personnes âgées.

L'Église a réagi, elle a fait sa part.

Je me rappelle le coup de téléphone d'un évêque un peu rigide : « J'ai un problème, m'a-t-il dit très agité, on ne me laisse pas entrer à l'hôpital pour la confession, ni dans les maisons de retraite, je fais comment ? » Je lui ai suggéré de penser à ce qui se passe sur les navires lors d'un naufrage : même si la coque embarque de l'eau, un prêtre de la poupe peut donner l'absolution à tout le monde, à distance, elle arrive pareillement ; et de même, on peut la donner à l'entrée, à la conciergerie.

« Et pour la communion ? m'a-t-il encore demandé.

– Tu peux remettre l'eucharistie dans une enveloppe fermée à un infirmier qui l'administrera. »

Il ne s'est pas épargné, cet évêque. Face à la douleur humaine, nous nous sommes organisés, nous avons été capables de changer. Combien de laïcs, combien de paroissiens ont témoigné du courage du service en s'occupant des personnes les plus seules, en apportant du réconfort et des médicaments, exprimant ainsi le beau visage d'une Église amie, qui prend soin… Au bout de la première année, rien qu'en Italie, près de trois cents prêtres avaient donné leur vie, fragilisés par leur âge avancé, mais aussi en payant de leur sang leur proximité avec les gens, leur présence dans les lieux les plus exposés au virus. Et combien de martyrs parmi les médecins, les infirmiers, combien de héros qui n'ont pas été célébrés. Nos vies ont été soutenues, sauvées par des gens qui font rarement les gros titres des journaux, qui ne se pavanent pas sur des podiums ou dans des shows, mais qui continuent à écrire les événements décisifs de notre histoire : le personnel médical, les caissières des supermarchés, les éboueurs, les transporteurs routiers, les forces de l'ordre…

Ne pas oublier les leçons de la pandémie est la seule façon dont nous disposons pour honorer, au-delà d'une rhétorique vide, le sacrifice de tant de gens. La première leçon a été que la paix ne doit pas être une conséquence, mais une condition. J'ai immédiatement appuyé et relancé la résolution 2532 du Conseil de sécurité des Nations unies qui, pour la première fois dans son histoire, a demandé à l'unanimité un cessez-le-feu mondial, tout en invitant à ouvrir des corridors humanitaires pour fournir de l'aide aux plus vulnérables. Cette conscience est la preuve qu'avec la guerre chaque solution s'éloigne, chaque problème s'accroît, s'enkyste, parfois jusqu'à devenir insoluble. Avec la guerre, tout peut être perdu.

Et la seconde leçon est celle de notre interdépendance en tant que famille humaine, nous qui partageons la même planète. Outre nous faire percevoir avec une immédiateté angoissante la profonde nécessité d'une communication qui ne peut être uniquement virtuelle, dont il est essentiel pour notre existence même qu'elle soit avant tout « charnelle », la pandémie a exposé les distorsions, les déséquilibres, l'orgueil de notre système économique mondial. L'économie qui tue, qui exclut, qui affame, qui concentre d'énormes richesses entre les mains de quelques-uns aux dépens de beaucoup, qui multiplie les pauvres et abaisse les salaires, qui pollue, qui suscite la guerre, n'est pas une économie : c'est seulement un vide, une absence, une maladie. C'est une perversion de l'économie même et de sa vocation. « *Cría cuervos y te sacarán los ojos* », dit un proverbe espagnol : « Élève des corbeaux et ils te crèveront les yeux. » Nous avons pollué et saccagé, mettant en péril notre existence même.

Un fait significatif de cette perversion, c'est que, paradoxalement, le temps de la pandémie a coïncidé dans une large mesure avec celui où la planète, notre maison commune, a recommencé à respirer : pendant quelques mois, nous avons réduit les émissions de CO_2 comme jamais auparavant.

Nous ne pouvons pas nous permettre de penser qu'il s'est agi d'un simple feu de paille. Dans la tragédie grecque, les événements les plus terribles ont leur source dans l'*hubris*, l'arrogance, cette inflation psychique qui rend inconscient de ses propres limites. Tout est lié : un système pervers de faux développement, la déforestation qui progresse de façon illogique et criminelle et nous fait perdre chaque année une zone de forêt primaire grande comme la Belgique, la destruction d'écosystèmes entiers, l'agression contre la biodiversité, l'anthropisation sauvage... jusqu'à en arriver à ce que la communauté scientifique considère désormais comme un fait acquis : les habitats dégradés abritent davantage de virus susceptibles d'infecter l'homme. Il n'y a pas deux crises distinctes, l'une écologique et l'autre sociale, mais une seule et complexe crise socio-écologique, qui peut aisément dégénérer en tragédie sanitaire. Restituer leur dignité aux exclus, combattre la pauvreté et l'exploitation, prendre soin de l'environnement et sauvegarder notre propre vie ne sont nullement des exigences séparées ou opposées, mais les lignes directrices d'une même approche intégrale, qui doit désormais être considérée comme inéluctable.

Les catastrophes mondiales du Covid et du changement climatique nous hurlent aux oreilles que nous n'avons plus le temps d'attendre : c'est maintenant. Dans le drame, la pandémie devrait nous enseigner que nous avons les moyens d'affronter ce défi et que nous serons plus résilients si nous le faisons tous ensemble.

Nous avons tous eu nos deuils. Moi aussi j'ai perdu des personnes chères, en Argentine et en Italie, des parents, des amis. Comme le professeur Fabrizio Soccorsi, qui était mon médecin personnel.

Aller de l'avant ne veut pas dire oublier.

Qui pourrait oublier les longues files de cercueils transportés par l'armée hors de la ville où il n'y avait plus de place même pour les morts, la douleur des médecins face à des malades incapables de respirer, le visage déformé par les masques et la fatigue, la solitude poignante des pères, des mères, des grands-parents dans les maisons de retraite et dans les structures sanitaires ?

Aller de l'avant signifie changer.

Parce que « l'année où nous ne sommes allés nulle part » nous a lancé au visage la tragique réalité de la route qui conduit à l'autodestruction.

20

Ta houlette et Ton bâton me rassurent

La pandémie a bouleversé les projets du monde entier, y compris les miens : certains engagements ont été annulés, d'autres maintenus mais « à distance », les voyages apostoliques ont été différés. Dès que l'occasion s'est présentée, j'ai néanmoins accompli un déplacement auquel je ne voulais pas renoncer : l'Irak, la terre des deux fleuves, la patrie d'Abraham. Rencontrer cette Église martyre et ce peuple qui avait tant souffert. Et, avec les autres dirigeants religieux, accomplir un pas de plus pour la fraternité entre les croyants.

Tout le monde me déconseillait ce voyage, ma première visite pontificale dans la charnière du Moyen-Orient dévastée par les violences extrémistes et les profanations des djihadistes. Le Covid-19 n'avait pas encore tout à fait relâché son emprise : le nonce du pays, monseigneur Mitja Leskovar, venait d'être testé positif au virus. De plus, tous les indicateurs étaient au rouge concernant la sécurité, et des attentats sanglants avaient endeuillé la veille de mon départ.

Mais je voulais aller jusqu'au bout. C'était mon devoir.

Je disais familièrement que j'éprouvais le besoin d'aller rendre visite à notre grand-père Abraham, l'ancêtre commun des juifs, des chrétiens et des musulmans.

Si la maison de notre grand-père brûle, si dans son propre pays ses descendants risquent leur vie ou l'ont déjà perdue, il faut se rendre chez lui au plus vite.

Et puis je ne pouvais pas décevoir une fois de plus ces gens qui, vingt ans plus tôt, n'avaient pas pu embrasser Jean-Paul II. Après une première ouverture, le voyage par lequel il aurait tant voulu inaugurer l'année du jubilé en 2000 avait été empêché par Saddam Hussein.

Je me rappelais bien ce rêve brisé.

Ainsi que la prophétie du saint pape, trois ans plus tard. Vieux et malade, il avait tout tenté, appels et initiatives diplomatiques, pour conjurer la nouvelle guerre qui, sur la base de mensonges sur des armes de destruction massive qui n'avaient jamais existé, multiplia les morts et les destructions, plongea le pays dans le chaos et en fit la base arrière du terrorisme.

Le peuple et l'Église irakiens attendaient depuis trop longtemps. Il fallait redoubler d'efforts pour au moins arracher cette région à la résignation au conflit, à la loi du plus fort et de l'ingérence, à l'impuissance de la diplomatie et du droit. D'autant plus à un moment où la pandémie semblait avoir effacé cette crise, comme tant d'autres, de l'agenda du monde.

C'est sans doute une histoire individuelle, celle de Nadia Murad, qui a achevé de me décider. J'avais rencontré cette jeune femme yézidie en 2017 au Vatican – elle devait recevoir le prix Nobel de la paix l'année suivante –, en compagnie de l'archevêque Paul Gallagher, le secrétaire pour les relations avec les États et les organisations internationales. « Je veux être la dernière fille avec une histoire comme la mienne », m'avait déclaré Nadia. Bien qu'elle ne soit pas unique, son histoire était terrible. Une jeune vie subitement bouleversée un jour d'août 2014 : alors qu'elle avait à peine plus de vingt ans, elle fut enlevée dans le nord de l'Irak pendant la campagne génocidaire du soi-disant État islamique contre les minorités, en particulier les yézidis. Les miliciens ont brutalement fait irruption dans son village de Kocho, ils ont incendié les maisons, rassemblé les hommes adultes, et en ont tué six cents à coups de kalachnikov. Ils ont enlevé les femmes qu'ils ont fait monter à bord de bus aux vitres occultées. Ce jour-là, elle a perdu sa mère et six frères. Pour elle et ses sœurs, un nouveau calvaire a commencé : privées de toute dignité, elles ont été vendues sur le marché des *sabaya*, les esclaves, achetées par d'autres miliciens qui les ont violées et revendues à plusieurs reprises. Au bout de quatre mois de torture, elle est parvenue à s'enfuir presque par miracle. En novembre de l'année suivante, elle est arrivée en Allemagne grâce à un programme humanitaire. Quelques mois plus tard, elle se trouvait déjà devant le Conseil de sécurité des Nations unies pour mener sa bataille contre la traite des êtres humains, et depuis elle ne s'est plus arrêtée.

J'ai écouté son histoire de sa propre voix, lu le livre qu'elle a écrit, et ses mots ont continué d'œuvrer en moi. Avec d'autres considérations, ils ont été le lit sur lequel s'est cristallisée ma décision de partir.

J'ai retrouvé Nadia en Irak, puis à la résidence Sainte-Marthe par la suite. Je suis admiratif de sa lutte, qui ignore les préjugés. Avec son histoire, j'ai écouté de nombreux autres récits des atrocités de Daesh.

Mossoul a été une blessure au cœur. Dès l'hélicoptère, la ville m'a causé un choc. L'une des cités les plus anciennes du monde, qui regorgeait d'histoire et de traditions, qui avait vu défiler de nombreuses civilisations et avait été l'emblème d'une cohabitation pacifique entre différentes cultures au sein d'un même pays – Arabes, Kurdes, Arméniens, Turcs, chrétiens, syriaques –, se présentait sous mes yeux comme une étendue de décombres après trois ans d'occupation par l'État islamique, qui en avait fait sa place forte.

Vue du ciel, la ville m'apparaissait comme une radiographie de la haine, l'un des sentiments les plus efficaces de notre temps, qui génère à lui seul les prétextes propices à son déchaînement : la politique, la justice et, de manière blasphématoire, la religion. Autant de motivations de façade, hypocrites, provisoires. Ensuite, comme dans les vers de la poétesse polonaise Wisława Szymborska, la haine « court toute seule ».

La vue de Mossoul m'a fait l'effet d'un coup de poing.

Même après une telle dévastation, le vent de la haine ne s'apaisait pas.

On m'avait mis en garde dès mon atterrissage à Bagdad, la veille. La police locale avait averti la gendarmerie du Vatican d'une information des services secrets anglais : une jeune kamikaze chargée d'explosifs se dirigeait vers Mossoul pour se faire exploser pendant la visite papale. Une fourgonnette était partie à toute vitesse dans la même intention.

Le voyage s'est poursuivi.

J'ai rencontré les autorités dans le palais présidentiel de Bagdad. Puis les évêques, les prêtres, les religieux et les catéchistes dans la cathédrale syro-catholique Sayidat al-Nejat (Notre-Dame du Salut) où, onze ans plus tôt, deux prêtres et quarante-six fidèles avaient été massacrés. Leur processus de béatification est en cours.

La rencontre avec les leaders religieux du pays s'est déroulée dans la plaine d'Ur, l'étendue déserte où les ruines de la maison d'Abraham jouxtent la tour à étages de la Ziggourat sumérienne : chrétiens de diverses Églises, musulmans chiites et sunnites, yézidis se sont enfin retrouvés ensemble sous la même tente, dans l'esprit d'Abraham, pour rappeler que l'offense la plus blasphématoire consiste à profaner le nom de Dieu en haïssant ses frères. Que l'hostilité, l'extrémisme et la violence sont toujours une trahison de la religion. Qu'il nous appartient, en particulier à nous les croyants, de convertir les instruments de la haine en instruments de paix, qu'il nous appartient de mettre au jour les manœuvres douteuses liées à l'argent et au trafic d'armes, qu'il nous appartient d'avoir le courage de lever le regard vers les étoiles de la promesse d'Abraham.

Avant cela, je m'étais rendu dans la ville de Nadjaf, le

centre historique et spirituel de l'islam chiite, où se trouve le tombeau d'Ali, cousin du Prophète, pour un entretien à huis clos auquel je tenais beaucoup, car il représentait une pierre milliaire sur le chemin du dialogue interreligieux et de la compréhension entre les peuples. Le Saint-Siège préparait cette rencontre avec le grand ayatollah Ali al-Sistani depuis plusieurs décennies, sans qu'aucun de mes prédécesseurs ait pu la concrétiser.

L'ayatollah Al-Sistani m'a accueilli fraternellement chez lui, ce qui en Orient constitue un geste plus éloquent que toutes les déclarations et tous les documents, car il signifie l'amitié, l'appartenance à une même famille. Cela a fait du

Pieds nus dans la demeure de l'ayatollah Al-Sistani à Nadjaf.

bien à mon âme, je me suis senti honoré : jamais il n'avait reçu de chef d'État, et jamais il ne s'était levé. Pourtant, ce jour-là, il l'a fait à plusieurs reprises, et c'est avec le même sentiment de respect que je me suis déchaussé pour entrer chez lui. Il m'est immédiatement apparu comme un homme sage, de foi, inquiet face à la violence. Il s'était engagé en élevant la voix pour défendre les plus faibles et les persécutés, en affirmant le caractère sacré de la vie humaine et l'importance de l'unité du peuple. J'ai saisi sa préoccupation pour la confusion entre religion et politique, une certaine aversion que je partage pour les « clercs d'État ». Il a exhorté les grandes puissances à renoncer au langage de la guerre pour laisser place à la raison et à la sagesse. Je me rappelle une de ses phrases en particulier, que j'ai emportée tel un don précieux : les êtres humains sont soit frères par la religion, soit égaux par la création. L'égalité est déjà inscrite dans la fraternité, mais quoi qu'il arrive il est impossible d'aller en deçà. Ainsi, tout comme pour le véritable développement, la voie de la paix ne peut jamais être binaire, jamais en opposition, mais toujours inclusive et profondément respectueuse.

Le lendemain, j'ai demandé à la gendarmerie ce que l'on savait des deux projets d'attentat. Le commandant m'a répondu laconiquement : « Ils n'existent plus. » La police irakienne avait intercepté et fait exploser les kamikazes. Cela aussi m'a beaucoup marqué. Cela aussi était le fruit empoisonné de la guerre.

À Hosh al-Bieaa, la place des quatre églises à Mossoul, une étendue de ruines représente très visuellement le drame de tout un peuple. À Qaraqosh, dans la plaine de Ninive, vivait la plus grande communauté chrétienne du pays avant que la furie de l'État islamique ne détruise les maisons et ne transforme l'église de l'Immaculée Conception en un stand de tir, contraignant cent vingt mille chrétiens à fuir et à mener une vie de réfugiés dans le Kurdistan irakien. Toutes ces destructions témoignaient avec force non seulement de la perte incommensurable que représente pour leur communauté la réduction tragique du nombre de disciples du Christ, mais aussi du fait que cette Église était et reste vivante, que le Christ vivant agissait à travers ce peuple martyr et fidèle.

Combien de témoignages courageux j'ai recueillis pendant ce voyage.

Combien de saints du quotidien j'ai rencontrés.

Je me rappelle une mère qui avait perdu son fils dans l'un des premiers bombardements de Daesh. La première phrase qu'elle m'a dite a été : « Je pardonne. » Malgré les immenses difficultés, les blessures profondes d'hier et d'aujourd'hui, le terrorisme et la mort n'ont pas eu le dernier mot. Ils ne l'ont jamais. La fraternité est plus forte que le fratricide, la paix que la guerre, l'espoir que la mort.

Tant que je vivrai, l'Irak restera toujours en moi : nous devons nous montrer dignes de l'engagement de ces chrétiens et du sacrifice de ce peuple.

Alors que la pandémie commençait à reculer avec l'aide des vaccins, et que les appels se faisaient pressants pour les rendre accessibles dans toutes les régions du monde, particulièrement pour les plus fragiles et les plus pauvres, ce voyage fut une bénédiction, une nouvelle stimulation pour comprendre encore mieux la réalité de notre interdépendance, et avec elle la nécessité d'un vaccin pour le cœur.

La pandémie de Covid-19 nous a obligés à nous confronter à celle de l'indifférence, à une vie âpre : nous ne sommes pas au monde pour mourir, mais pour générer la vie et en prendre soin. Cette crise nous a montré que l'éducation au soin est essentielle pour notre survie : soin du vivant, soin des autres, soin des relations entre nous. Elle a mis en évidence que la maladie de l'égoïsme mondialisé peut être criminelle, et qu'elle est toujours inutile.

Mais elle nous a aussi appris qu'il existe un remède.

Dans un essai sur l'inutilité de l'égoïsme, l'écrivain américain George Saunders nous invite à être avant tout patients avec nous-mêmes. « Cherchez les remèdes anti-égoïsme les plus efficaces, cherchez-les avec énergie, aussi longtemps que vous vivrez ; découvrez ce qui vous libère et ce qui fait émerger la version la plus affectueuse, la plus généreuse et la plus intrépide de vous-mêmes. Cherchez-les comme s'il n'y avait rien de plus important[1]. » Car, en plus d'être potentiellement criminel, l'égoïsme est contre-productif.

Juste avant mon départ pour Bagdad, douze réfugiés irakiens accueillis par la communauté de Sant'Egidio sont venus me trouver à la résidence Sainte-Marthe, accompagnés de l'aumônier, le cardinal Krajewski. L'un d'entre eux avait une prothèse à la jambe car, au cours de sa fuite, il avait été écrasé par un camion. La migration suppose toujours un double droit : le droit de trouver dans son propre pays les conditions d'une existence digne, et le droit de se déplacer quand ces conditions minimales n'existent pas. Pourtant – je ne pouvais m'empêcher d'y penser tandis que je revenais en voiture de Qaraqosh, parmi une foule de jeunes à qui on avait tout volé sauf l'espérance –, face à un tel enfer, le monde n'a pas pris conscience de cette vérité universelle.

Un jour, alors que nous parlions de l'hiver démographique en Italie, un sociologue m'a dit : « D'ici quarante ans, il faudra faire venir des étrangers pour qu'ils travaillent et paient nos retraites avec leurs taxes. » Il en est ainsi dans de nombreux pays occidentaux.

On continue pourtant à vivre la migration comme une

invasion, à jouer au ping-pong avec la vie de personnes pourtant indispensables à notre propre salut : une attitude non seulement profondément inhumaine mais qui nous nuit à nous-mêmes.

Il est urgent d'adopter des mesures concrètes afin que les gens puissent vivre dans leur propre pays. Tout comme il est urgent d'adopter des mesures pour garantir le droit à la migration. L'intégration est la clé de ce processus. Un pays comme la Suède a été l'un des premiers à bâtir un exemple voici quarante ans. Je l'ai moi-même expérimenté de près : combien de mes compatriotes d'Argentine, combien de personnes originaires d'Uruguay ou du Chili s'y sont réfugiés au temps des dictatures militaires ? J'en ai personnellement aidé certains à fuir. Des frères, des compatriotes qui ont été accueillis et se sont intégrés. Quand je me suis rendu à Lund en 2016 pour le voyage œcuménique à l'occasion de la commémoration de la Réforme de 1517, la représentante du gouvernement qui m'a raccompagné à l'aéroport, la ministre de la Culture et de la Démocratie Alice Bah Kuhnke, était la fille d'une Suédoise et d'un père originaire de Gambie. L'intégration avait si bien fonctionné qu'elle était devenue ministre. Des histoires comme celle-ci doivent être des exemples. Elles sont dans la nature même des racines de l'Europe, dont le développement culturel et politique est indissociable des migrations et des interactions. De même que le Liban et la Jordanie sont des exemples de générosité…

Animé par ces réflexions, quelques mois après l'Irak, je me suis rendu sur l'île de Lesbos, l'île grecque qui accueille le camp de réfugiés de Moria, le plus grand d'Europe, qui depuis trop longtemps incarne l'échec de la politique migratoire du Vieux Continent. Je m'y étais déjà rendu cinq ans plus tôt, en 2016, au cours d'un voyage éclair avec le patriarche de Constantinople Bartholomée et l'archevêque d'Athènes Hiéronyme, sur l'invitation du Premier ministre de l'époque Alexis Tsipras – un homme pour lequel j'éprouve un profond respect, un politicien qui a su lutter pour le bien de son peuple. « Nous courons au-devant de la plus grande catastrophe depuis l'après-guerre », ai-je dit à cette occasion.

Le camp m'est immédiatement apparu comme un cercle de l'enfer dantesque, rempli d'une humanité blessée, en haillons, toute de boue, de tôle et de douleur. Les réfugiés venaient d'Irak, d'Afghanistan, de Syrie, d'Afrique, d'innombrables pays. Beaucoup étaient des enfants, dont un grand nombre avaient assisté à la mort de leurs parents et de leurs compagnons, noyés en mer. Une petite fille portait un écriteau qui disait : « Nous sommes yézidis, nous avons besoin d'aide, aide, aide. » Trois fois.

À Lesbos, dans le camp de réfugiés de Moria,
le plus grand d'Europe.

Ce jour-là, nous avons pris dans nos bras, caressé et serré la main de tout le monde. Je me rappelle encore l'histoire d'un jeune homme avec ses deux enfants. Il était musulman, son épouse chrétienne : ils s'aimaient et se respectaient, m'a-t-il dit entre les larmes. Il n'arrêtait pas de pleurer. Mais un jour, les terroristes ont fait irruption chez eux et sa femme, qui n'a pas voulu renier sa foi, a été égorgée sous ses yeux. Une martyre sans le savoir, parmi des milliers de martyrs…

C'est là, à Moria, que le Premier ministre Tsipras m'a parlé de trois familles réfugiées originaires de Syrie : elles avaient des papiers en règle, mais ne parvenaient pas à trouver d'endroit pour s'installer. Douze personnes en tout, dont six enfants. « Je les emmène avec moi », ai-je dit. Nous avons rassemblé à la hâte les papiers nécessaires, obtenu les visas de la Grèce et de l'Italie, et trois heures plus tard ils étaient dans l'avion pour Rome, hôtes du Vatican et de la communauté de Sant'Egidio.

Pendant le vol, ils m'ont raconté leurs histoires : les vies de celles et ceux qui avaient tout perdu, leur maison, leur travail, leurs souvenirs.

Ramy et Suhila venaient de Deir ez-Zor, la région frontalière de l'Irak, qui avait été le théâtre de l'un des massacres les plus sanglants commis par les djihadistes au cours de la guerre civile en Syrie. Lui était enseignant, elle couturière ; ils avaient gagné la Grèce avec leurs trois enfants en passant par la Turquie, au prix de mille dangers.

Osama et Wafa étaient de Zamalka, un quartier de Damas qu'ils avaient dû fuir le jour où leur maison avait été bombardée. Ils avaient deux enfants. La mère disait que pendant longtemps, le plus petit avait cessé de parler à cause du traumatisme, et qu'il se réveillait encore en hurlant toutes les nuits.

Et puis il y avait Hasan et Nour, lui paysagiste et elle diplômée en agronomie, d'origine syro-palestinienne. Ils avaient fui la banlieue de Damas avec leur enfant de deux ans. « Avant la guerre, mon pays était un modèle de coexistence pacifique, m'a dit Nour Essa. Nous sommes musulmans, mais nos meilleurs amis sont chrétiens, druzes ou alaouites. On fêtait Noël et l'Aïd tous ensemble. Mon mari a été appelé pour le service militaire, mais ni lui ni moi ne voulions tuer nos frères. » Leur odyssée a duré plusieurs mois : ils avaient fui sous les bombes, s'étaient retrouvés entre les griffes des passeurs, de Daesh, du régime, jusqu'au terrible voyage en mer, au cours duquel ils avaient été repoussés plusieurs fois, et leur bateau avait chaviré. « Seule la paix est sainte. La guerre est une abomination », disait Nour.

Malgré la violence du choc qu'ils avaient subi, une fois atterris, tous hésitaient à descendre de l'avion, encore paralysés par la peur bien que le chemin vers le salut ait commencé. Je me souviens d'un échange téléphonique avec Tsipras juste avant l'embarquement, pour évoquer une autre liste de réfugiés, eux aussi avec des documents en règle. « Je sais que votre avion est complet », a-t-il ajouté. « Ne vous inquiétez pas, ai-je répondu. Trouvez une solution, et je les accueillerai. » Ainsi, deux mois plus tard, neuf autres réfugiés syriens sont arrivés à l'aéroport de Rome avec la collaboration du ministère de l'Intérieur grec. En décembre 2019, quarante-trois autres réfugiés, cette fois-ci originaires d'Afghanistan, du Cameroun et du Togo, ont débarqué de Lesbos par le biais de l'Aumônerie apostolique.

À Rome, Nour Essa a obtenu une licence de biologie grâce à une bourse, et travaille à présent comme biologiste à l'hôpital pédiatrique Bambino Gesù. Elle qui a risqué de voir son petit englouti par la Méditerranée, elle sauve la vie d'autres enfants dans un centre d'excellence pour le diagnostic et le traitement des maladies rares.

Je suis retourné sur cette île de la mer Égée en 2021, car elle représente pour moi le défi au naufrage que nous devons à tout prix conjurer : celui de notre civilisation. Nous ne pouvons plus permettre que ce dédale de containers, d'humanité repoussée, de fraternité refusée continue à nous représenter, à incarner la honte de l'Union européenne. Nous ne pouvons plus accepter que la Méditerranée, qui pendant des millénaires a uni des peuples différents et des terres éloignées, se transforme en un froid cimetière sans tombes, que le *mare nostrum* devienne un désolant *mare mortuum*, théâtre d'affrontements et non lieu de rencontre. Si l'on a peur des visages que j'ai vus à Lesbos, c'est parce qu'on n'a pas eu le courage de les regarder dans les yeux, parce qu'on n'a jamais vu le visage de leurs enfants.

Je me rappelle une femme qui tenait dans ses bras sa petite fille qui souffrait d'un bec de lièvre, une malformation qui produit des effets gravement invalidants si on n'intervient pas rapidement, si possible avant l'âge d'un an. J'aurais voulu l'aider, mais je ne savais pas comment agir dans ces circonstances. J'ai alors eu l'idée de demander au commandant de la gendarmerie de prendre contact avec la direction de l'hôpital Bambino Gesù : cette femme et sa fille sont parties le jour même. Cela a été une grande grâce pour moi.

Nous devons alimenter l'espérance avec la force des gestes, au lieu d'espérer des gestes forts. Nous devons à tout prix rejeter la propagande qui instille la peur de l'autre dans l'opinion publique. Cette propagande, nullement innocente, se nourrit de guerres grassement financées, des manœuvres occultes du trafic et du commerce d'armes, d'accords économiques passés sur la vie des gens.

Il faut combattre les causes premières, non les personnes qui en paient les conséquences. Pour cela, il faut aborder ces changements historiques avec hauteur de vue, en sachant qu'au-delà d'intérêts électoraux à court terme, il n'existe pas de réponses faciles à des problèmes complexes.

Nous devons surtout être convaincus d'une chose : quand les pauvres se repoussent entre eux, c'est la paix qui est repoussée. Cela revient à créer nous-mêmes les conditions de notre propre ruine. Car l'histoire nous enseigne amèrement que le nationalisme exacerbé et la fermeture amènent toujours des conséquences désastreuses.

L'année 2021 a aussi été difficile à titre personnel. Je ressentais depuis un certain temps des douleurs abdominales et de la fièvre. Pour la deuxième fois depuis l'épisode de 1957, c'est l'expérience d'un infirmier qui m'a sauvé la vie. Bien que certains m'aient conseillé de me limiter au traitement antibiotique, Massimiliano Strappetti, qui est aujourd'hui mon conseiller santé personnel, m'a affirmé avec fermeté : « Vous devez vous faire opérer. » Cette insistance s'est avérée décisive, car en retirant la sténose diverticulaire qui me faisait souffrir, les chirurgiens ont découvert des tissus nécrosés. En juillet, j'ai subi une intervention chirurgicale de trois heures au côlon transverse, qui a dû être répétée deux ans plus tard. Cette fois-ci, on m'a entièrement nettoyé les adhérences intestinales. J'ai vu la vidéo : il ne manquait que le savon.

Cela m'a arrêté pendant quelque temps, cela m'a aussi abattu psychologiquement, mais mon esprit est toujours resté lucide et le travail – continuer à suivre les projets, donner des indications – m'a beaucoup aidé. Je vais bien à présent, je peux manger de tout. La réalité la plus simple est que je suis vieux. L'humiliation physique la plus dure a été pour moi la gonalgie du genou. Au début, j'étais gêné de devoir utiliser un fauteuil roulant, mais la vieillesse ne vient jamais seule, et il faut l'accepter comme elle vient :

l'Église se gouverne avec la tête et avec le cœur, pas avec les jambes. Je suis une physiothérapie deux fois par semaine, je m'appuie sur une canne, je marche autant que je peux et je vais de l'avant. Je m'appuie surtout sur le Seigneur : Son bâton et Sa houlette « me rassurent » (Psaumes 23, 4). Et si je ne peux plus courir comme quand j'étais jeune, je sais qu'Il marche avec moi, qu'Il ne me délaisse pas, qu'Il ne m'abandonne pas (Deutéronome 31, 6-8).

Chaque fois qu'un pape va mal, on sent souffler un vent de conclave. Cependant, même lors de mes opérations chirurgicales, je n'ai jamais songé à démissionner – à part pour signifier que c'est toujours une possibilité pour chacun, comme je l'avais fait au moment de mon élection en confiant au camerlingue une lettre de renoncement en cas d'empêchement pour raisons médicales, comme l'avait d'ailleurs fait Paul VI. Si jamais cela devait arriver, je resterais à Rome comme évêque émérite.

Au début de mon pontificat, j'avais la sensation qu'il serait bref : trois ou quatre ans, tout au plus. Je l'avais également affirmé dans un entretien avec une journaliste de la télévision mexicaine. C'était un sentiment diffus mais plutôt fort : j'avais la conviction d'avoir été élu pour que le conclave soit rapide, je ne voyais pas d'autre explication. Je n'envisageais pas d'écrire quatre encycliques ni tant de lettres, de documents et d'exhortations apostoliques, ni d'accomplir tous ces voyages, dans plus de soixante pays. Le premier, au Brésil, avait déjà été incroyable pour moi. Pourtant, je l'ai fait, et j'ai survécu.

La vérité est que le Seigneur est l'horloge de la vie. En attendant, je vais de l'avant.

Toute mon existence est imprégnée d'espérance. Même aux heures les plus sombres – je pense à la nuit noire à Córdoba, où je suis retourné en tant que confesseur entre

1990 et 1992 –, je n'ai jamais eu la sensation de la perdre. Il en va de même pendant ma papauté, jusque dans les circonstances les plus complexes, les plus dures. L'affaire de la revente d'un immeuble à Londres*, connue sous le nom du scandale de Sloane Avenue, par exemple, a certainement été douloureuse, une page difficile, mais j'ai toujours eu le sentiment que je devais aller de l'avant, sans rien dissimuler. Les décisions que j'ai prises dans ce cadre n'ont pas été faciles, je savais qu'elles poseraient des problèmes, mais je sais aussi qu'il ne faut jamais cacher la vérité, et que l'opacité est toujours le pire des choix.

En avant, donc.

Notre temps est pressant : quand on veut saisir l'aujourd'hui, c'est déjà hier ; et si l'on veut saisir demain, il n'existe pas encore. Ces années de pontificat m'ont fait vivre en tension, à regarder vers l'avant. La vieillesse est aussi un temps de grâce et de croissance : les personnes âgées ont la capacité de comprendre les situations les plus difficiles. C'est pour cela que leur prière est forte et puissante.

Le chemin de l'Église, nos vies, le fondement de notre joie, la raison de notre espérance dépendent du Seigneur, et non des arrangements ou des courants. Quand nous sommes un peu fatigués, le Seigneur sait nous prendre dans Ses bras.

---

* Cette affaire, remontant à 2014, s'est notamment soldée en 2023 par la condamnation du cardinal Angelo Becciu à cinq ans et six mois d'emprisonnement pour détournement de fonds, par le tribunal du Vatican. (*N.d.T.*)

21

Le scandale de la paix

Deux femmes marchent ensemble dans l'amphithéâtre qui fut consacré à la mémoire des martyrs chrétiens lors du jubilé de 1750. Par une froide soirée d'avril, elles avancent dans le noir, à la lueur des torches. Toutes deux sont jeunes, ont de longs cheveux châtain clair et un long manteau noir, impossible de les distinguer. Aucune ne parle. D'autres ont décidé qu'elles devaient se considérer comme des ennemies, mais ce n'est pas ce qu'Irina, infirmière ukrainienne, et Albina, interne russe, ont choisi. Elles restent ensemble. Ensemble, elles s'arrêtent sous la Croix, elles la portent ensemble. Les suites d'une bronchite qui m'ont contraint à une brève hospitalisation m'empêchent de participer au chemin de croix au Colisée cette année, pourtant je suis avec elles. Depuis Sainte-Marthe, en prière, je regarde à l'écran un double scandale : celui de la Croix et celui de la paix.

Début 2022, la toile d'araignée de la Troisième Guerre mondiale morcelée s'est étendue vers un nouveau scénario : peu après avoir reconnu l'indépendance de la République populaire de Donetsk et de celle de Lougansk, les deux États autoproclamés dans la région du Donbass, les forces armées de la Fédération de Russie ont envahi l'Ukraine à l'aube du 24 février. La guerre a atteint le cœur de l'Europe et balayé les dernières illusions sur la « fin de l'histoire » qui, vingt-quatre siècles après Thucydide, avaient accompagné la chute du mur de Berlin. Comme en 1962, l'année de la crise des missiles de Cuba, le spectre de la destruction nucléaire plane à nouveau sur le monde, avec la menace concrète d'armes dont la seule possession doit être considérée comme immorale.

Ce n'était pas le moment de s'embarrasser de rituels et de protocoles. Bien qu'habituellement le pape ne reçoive les ambassadeurs qu'au moment où ceux-ci présentent leurs lettres de créance, le lendemain de l'invasion j'ai annulé toutes les audiences et je me suis rendu en personne à l'ambassade russe près le Saint-Siège. C'était la première fois qu'un pape prenait une telle initiative. Mon genou faisait encore des siennes : ce fut donc un pape boiteux qui se présenta à l'ambassadeur Avdeev pour exprimer toute son inquiétude. J'ai imploré la fin des bombardements, réclamé le dialogue, proposé une médiation du Vatican entre les parties. Je me suis déclaré prêt à me rendre à Moscou au plus vite si Poutine, que j'avais déjà rencontré trois fois au cours de mon pontificat, laissait ouverte une petite fenêtre de négociation. L'ambassadeur m'a écouté avec attention mais, par la suite, le ministre des Affaires étrangères Lavrov m'a écrit pour me dire avec une courtoisie tout institutionnelle que ce n'était pas le moment.

Dans le même temps, j'ai téléphoné au président ukrainien Zelensky, que j'ai reçu au Vatican l'année suivante, puis à nouveau en octobre 2024, pour exprimer ma douleur, mon implication et ma proximité envers son peuple.

Tel un ouvrier, j'étais et je reste disponible, disposé à

faire tout ce qui sert l'objectif de la paix. C'est pour cette raison que la représentation diplomatique du Vatican a été la seule à ne jamais abandonner son siège dans la capitale ukrainienne, même au plus fort des bombardements.

Le peuple ukrainien n'a pas seulement subi une invasion, c'est un peuple martyr, déjà persécuté du temps de Staline qui a perpétré un « génocide par la faim », l'Holodomor, provoquant des millions de victimes. Pendant ces années de conflit, le Saint-Siège a agi de nombreuses manières pour alléger ces nouvelles et terribles souffrances. Les missions en Ukraine du cardinal Czerny, dans la zone frontalière avec la Hongrie, et du cardinal Krajewski, dans celle proche de la Pologne, ont dès le départ été une expression concrète de solidarité et d'engagement. Tout comme le voyage de monseigneur Gallagher, secrétaire pour les relations avec les États, et les missions dans les deux pays concernés, mais aussi à Washington et à Pékin du cardinal Zuppi, qui a particulièrement œuvré au retour chez eux des enfants ukrainiens déportés en Russie par les autorités d'occupation, pour lesquels a été créé un mécanisme *ad hoc* de résolution des cas concrets. Moi-même, je me suis immédiatement mis au travail pour favoriser les échanges de prisonniers entre Moscou et Kiev, en premier lieu ceux qui étaient blessés ou malades. Deux ans après le début du conflit, j'ai rencontré le nouvel ambassadeur russe près le Saint-Siège, Ivan Soltanovsky, à la recherche constante d'une solution diplomatique.

Je sais que cela ne suffit pas : nous devons tous redoubler d'efforts, à commencer par les communautés européenne et internationale, qui doivent efficacement assumer la tâche de trouver des voies pour le dialogue, la négociation, la médiation. Nous savons qu'il est impossible d'obtenir à tout prix des résultats, mais nous devons aussi avoir conscience de l'immensité de la responsabilité collective. Les intérêts impériaux, de tous les empires, ne peuvent passer une fois de plus avant la vie de centaines de milliers de personnes. Le Seigneur demandera des comptes pour toutes les larmes qu'on aura fait verser en Ukraine. Trop de veuves, trop d'orphelins, trop de réfugiés et trop de ruines : l'année suivante, une nouvelle année de mort et de destruction, après avoir consacré les deux pays au Cœur immaculé de Marie et rappelé la nécessité de transformer les fronts en ponts, lors de la prière place d'Espagne, j'ai pleuré pour toute cette douleur. Chaque jour où tonnent les armes est un jour de plus de défaite et de déchirement insensé, coupable.

Kiev, Kharkiv, Marioupol, Izioum, Boutcha sont des villes martyres, cartographie d'atrocités commises contre des civils sans défense, femmes, enfants, autant de victimes innocentes dont le sang crie jusqu'au Ciel et implore : « Assez ! Assez de cette folie ! » Au début des bombardements sur Kharkiv, même le zoo a été le théâtre d'une dévastation : les explosions ont brisé les vitres et singes, daims, félins et oiseaux se sont enfuis du parc, en proie à la panique. Un enfant raconte avoir vu un loup rouge fouiller dans une poubelle : ils se sont fixés dans les yeux, tous deux immobiles, tous deux ébahis, tous deux certains que le monde était devenu fou.

Le chemin de la paix comporte ses risques, mais celui de la guerre en comporte d'infiniment plus grands : la course aux armements souille l'âme et détourne d'immenses ressources qui pourraient être employées à combattre la malnutrition, à assurer des soins médicaux pour tous, à renforcer la justice, bref, à prendre la seule voie qui peut conjurer l'autodestruction de l'humanité. Anton Tchekhov disait que si un fusil apparaît dans une pièce de théâtre, il doit tirer, illustrant le principe fondamental de toute narration romanesque ou théâtrale. Il en va de même dans la vie, dans celle des sociétés et des pays, où le nombre d'armes à feu en circulation est proportionnel au nombre de morts assassinés.

Il y a actuellement cinquante-neuf guerres en cours dans le monde, des conflits déclarés entre pays ou groupes organisés, ethniques, sociaux. Certaines sont moins médiatisées mais n'en sont pas moins terribles : je pense au Kivu, au Yémen, au Myanmar avec les Rohingya, à la région du Karabagh dans le Caucase ou à celle du Tigré en Éthiopie. Au total, près d'un tiers des pays du globe sont directement concernés, et encore davantage de manière indirecte. Parfois, ces conflits sont hypocritement appelés « opérations de paix ».

Il en est ainsi depuis trop longtemps.

Ce constat devrait suffire à démasquer l'ineptie de la guerre comme instrument pour résoudre les problèmes : c'est une folie qui engraisse les marchands de mort, payée par les innocents. Si l'on cessait de fabriquer des armes pendant un an, la faim dans le monde n'existerait plus. Une seule journée sans dépenses militaires sauverait trente-quatre millions de personnes. Pourtant, on choisit d'augmenter les dépenses militaires comme jamais… et de fabriquer de la faim.

Je suis suffisamment âgé pour avoir vu de mes propres yeux que la guerre est toujours une voie sans issue : elle n'ouvre aucune perspective, ne résout rien, elle gangrène tout et laisse à chaque fois le monde pire que comme elle l'a trouvé. Une irrationalité criminelle à laquelle il est plus que jamais nécessaire d'opposer l'avertissement prophétique de Jean XXIII dans l'encyclique *Pacem in Terris* : face à la terrifiante force destructrice des armes modernes – des dizaines de milliers d'engins nucléaires quarante fois plus puissants que ceux d'Hiroshima et de Nagasaki –, il est encore plus évident que les relations entre les États doivent être régulées non par la force armée, mais selon les principes de la raison, c'est-à-dire de la vérité, de la justice et d'une vigoureuse coopération.

Pourtant, devant cette irrationalité manifeste, le mot « paix » semble aujourd'hui être devenu toujours plus gênant, voire interdit. Les artisans de la paix et de la justice sont considérés avec méfiance, attaqués comme des défenseurs de « l'ennemi » par une communication dont la pensée n'échappe pas à la « logique illogique » et perverse de la guerre, qui voudrait que l'Église adopte le langage de telle ou telle politique et non celui de Jésus. Cette rhétorique voudrait faire du pape un aumônier militaire de l'Occident et non le pasteur de l'Église universelle.

Parfois, rien ne semble plus scandaleux que la paix…

Mais il ne faut pas se résigner, il ne faut pas se fatiguer de semer des graines de réconciliation. Il ne faut céder ni à la rhétorique ni à la psychose belliqueuse, car le destin de l'humanité ne peut être celui de bâtir des royaumes armés jusqu'aux dents qui se font face dans la peur.

Certes, l'Église est souvent *vox clamantis in deserto* (Marc 1, 3), une voix qui crie dans le désert. Il suffit de penser, ces trente dernières années, aux vains appels de Jean-Paul II face à l'imminence de la guerre en Yougoslavie et des deux guerres du Golfe. Sa prophétie était par la suite apparue dans toute sa dramatique vérité, écoutée trop tard. Après plus d'un demi-million de morts inutiles, dans le deuxième cas. Nous devons cependant cultiver la certitude que chaque graine de paix portera ses fruits. Et que chaque acte de guerre, y compris la guerre des mots, éloigne le moment où « justice et paix s'embrassent » (Psaumes 85, 10).

L'art aussi a souvent le don de la prophétie. Pablo Picasso disait que « l'art est un mensonge qui nous fait réaliser la vérité », car il sait saisir la réalité profonde des choses. Je revois un tableau de la fin du XIXe siècle qui dépeint pleinement l'angoisse et la tragédie des guerres du siècle suivant et celles de notre époque. Il représente un homme qui se tient la tête entre les mains, sous un ciel anormalement rouge. À bien le regarder, on ignore s'il est jeune ou vieux, ou si ce n'est pas plutôt une femme : il s'agit d'un contour sans âge et sans genre, fait de deux yeux et d'une bouche grande ouverte, incapable de faire autre chose que crier. Il est tout le monde. *Le Cri* d'Edvard Munch est le sentiment qu'éprouve chacun de nous face au massacre d'innocents et à la catastrophe humanitaire en Terre sainte.

Une nouvelle barbarie a débuté avec le massacre du 7 octobre 2023, quand les miliciens du Hamas ont franchi les barrières qui séparent la bande de Gaza d'Israël pour frapper militaires et civils israéliens. Plus de mille personnes ont été tuées de la manière la plus brutale qui soit, chez elles ou alors qu'elles tentaient de fuir. Beaucoup d'autres ont été prises en otage, dont des femmes, des jeunes, des enfants. J'ai même perdu des amis argentins dans cette boucherie, une double douleur, des gens que je connaissais depuis des années, qui vivaient dans un kibboutz à la frontière de Gaza.

À cette barbarie s'en est ajoutée une autre, terrifiante, avec les raids israéliens : des dizaines de milliers de morts innocents, en grande partie des femmes et des enfants, des centaines de milliers de réfugiés, de maisons détruites, de personnes affamées.

Depuis toujours, je suis en contact constant avec Gaza et avec l'église de la Sainte-Famille, dont le curé est le père Gabriel Romanelli, lui aussi argentin. Même cette paroisse, qui héberge des familles et des personnes malades, est devenue un lieu de mort. Une mère, Nahida Khalil Anton, et sa fille, Samar Kamal, qui était la cuisinière de la maison des enfants handicapés assistés par les sœurs de mère Teresa, ont été abattues par un sniper de l'armée israélienne alors qu'elles se dirigeaient vers le couvent, l'une tandis qu'elle essayait de mettre l'autre en sécurité. D'autres ont été tués de sang-froid à proximité de la paroisse, une petite communauté chrétienne qui pleure déjà la perte de vingt personnes. Cela aussi, c'est du terrorisme. La guerre qui tue des civils sans défense, désarmés, des volontaires de la Caritas engagés dans la distribution de l'aide humanitaire, qui accable sans repos la population civile, qui affame : cette guerre produit une terreur identique, insensée.

De Gaza, le conflit s'est étendu à la Syrie, à l'Iran et au Liban, ajoutant des victimes aux victimes, des réfugiés aux réfugiés. Par centaines de milliers. Face à l'incapacité honteuse de la communauté internationale et des pays puissants à mettre fin à ce massacre, la vague de haine est devenue un raz-de-marée de violence. Le sang versé alimente la peur et la colère, ainsi que le désir de vengeance, en une spirale criminelle qui s'auto-alimente de manière vertigineuse, plantant ses crocs dans l'avenir. Dans la ville de Tyr, à quelques dizaines de kilomètres de Beyrouth, le couvent franciscain de la Custodie de Terre Sainte s'est changé en centre d'accueil pour réfugiés, sans discrimination de couleur ou de religion, qui affluent en nombre incalculable. Peu avant d'abandonner les lieux avec la caravane des réfugiés, emportant vers la capitale les reliques et le Saint-Sacrement, le curé, Toufic Bou Merhi, a lancé pendant son homélie un appel émouvant et dramatique, adressé directement aux armes : « Très chère bombe, je t'en prie, laisse-nous en paix. Très chère roquette, n'explose pas. N'obéissez pas à la main de la haine. Je vous exhorte car les autres oreilles se sont bouchées, les cœurs des responsables se sont endurcis, et la brutalité envers les personnes s'est répandue. Écoutez-moi donc, je vous en supplie. On vous appelle bombes intelligentes, soyez donc plus intelligentes que ceux qui vous utilisent. » Il ne reste plus personne à tuer, a-t-il dit. Des familles entières ont été exterminées. Sila, une petite fille de six ans, a perdu son père, sa mère, sa petite sœur d'un an et demi, son grand-père, sa grand-mère et son oncle. La veille de cette homélie, une roquette a détruit neuf maisons à cinquante mètres du couvent. Les débris sont tombés dans la cour où se trouvaient les réfugiés. Terreur, cris, peur et lamentations se sont mêlés au sang des blessés.

Je suis avec eux. Je suis avec ceux qui ont dû quitter leur maison, avec les familles martyres, à bout de forces. Je suis avec celles et ceux qui doivent abandonner leur école et leur travail, qui doivent errer sans but pour fuir les bombes. Je suis avec les mères qui pleurent leurs enfants morts, avec les enfants à qui on nie le droit même de jouer. Je suis avec celles et ceux qui craignent de lever le regard, car le feu pleut du ciel.

Ils sont tous les jours dans mes pensées, dans mes prières, parfois dans mes larmes.

Face à la propagation de la violence, partout dans le monde, les larmes coulent et les bouches des enfants répètent à chaque fois le cri de Munch : « Assez ! » Le même cri que je lance, la même prière que j'ai répétée par téléphone aux chefs d'État, dans mes appels à ceux qui ont la lourde responsabilité de gouverner les nations : « Assez ! Faites cesser le bruit des armes, pensez aux enfants. »

On m'a récemment montré un dessin qui résumait l'éternel conflit afghan. Il représentait la silhouette d'un enfant mutilé, avec une ligne pointillée à la place du visage. Il était écrit : « Si vous voulez comprendre ce qu'est la guerre, collez ici une photo de votre enfant. » Voilà la guerre, la terreur, celle que l'on ne voit pas dans les caméras des drones mais dans les couloirs des hôpitaux de campagne. À Kaboul comme à Kiev, dans un kibboutz comme à Gaza comme à Tyr. Penser à tous les enfants comme aux siens est l'antidote à la déshumanisation, qui fait de toute revendication légitime d'existence une lutte acharnée pour l'inexistence de l'autre.

Aucun salut ne peut être bâti sur des mots et des gestes de vengeance : la vie ne peut s'appuyer que sur des mots et des gestes de justice, qui renoncent à l'humiliation de l'adversaire.

J'ai rencontré plusieurs fois au Vatican les familles des otages israéliens, celles des victimes de Gaza, et j'ai vu chez elles le même désir de paix, de sérénité et de justice.

J'ai rencontré les pères de deux adolescentes, l'un israélien, l'autre palestinien, qui ont perdu leurs filles à cause de la guerre. L'une, âgée de quatorze ans, victime d'un attentat, et l'autre, dix ans, tuée par un soldat devant son école. J'ai vu une même douleur et un même choix : enfouir la haine pour chercher une autre voie qui ne rende pas leur deuil inutile. Ces deux hommes, ces deux pères passés par la même crucifixion, sont devenus amis, témoins qu'un autre monde est possible. Ou plutôt, que c'est le seul possible.

Pour la Terre sainte, la seule voie à suivre est celle tracée par les accords d'Oslo en 1993, restés lettre morte après l'assassinat du premier ministre Yitzhak Rabin par un extrémiste israélien, cette solution sage de deux États bien délimités avec un statut spécial pour Jérusalem. Toute solution bâtie sur la vengeance et la violence ne pourra jamais mener à la paix, elle ne fera que semer la haine et le ressentiment, génération après génération, en une chaîne infinie de violences.

À Jérusalem, je glisse ma prière dans une fente du Mur des Lamentations.

En mai 2014, la deuxième année de mon pontificat, j'ai accompli un pèlerinage en Terre sainte. À Jérusalem, j'ai prié devant le Mur des Lamentations et, comme le veut la coutume, j'ai déposé un bout de papier sur lequel j'avais écrit en espagnol les versets du *Notre Père* : *Perdona nuestras ofensas, como también nosostros perdonamos a los que nos ofenden...* « Pardonne-nous nos offenses, comme nous pardonnons à ceux qui nous ont offensés... » Chacun doit pardonner les offenses de l'autre, c'est seulement ainsi que nous serons libérés du mal. Pendant le trajet vers Bethléem, j'ai vu un autre mur, celui qui sur une centaine de kilomètres sépare Israéliens et Palestiniens. Au grand désarroi des services de sécurité, j'ai demandé au chauffeur de s'arrêter. Là aussi je me suis recueilli en prière, j'ai posé le front contre cette barrière, entouré d'un groupe de jeunes Palestiniens.

Sur la route de Bethléem, je pose le front sur le mur
qui sépare les Israéliens des Palestiniens.

À Bethléem, j'ai exprimé le souhait que les dirigeants des deux peuples se rencontrent pour accomplir ce geste symbolique et historique de dialogue et de paix, en offrant comme lieu de prière ma maison au Vatican.

Une invitation à laquelle ont répondu le président israélien de l'époque Shimon Peres, le président de l'Autorité palestinienne Mahmoud Abbas et le patriarche Bartholomée : en juin 2014, nous avons tous les quatre planté dans les jardins du Vatican un jeune olivier pour invoquer la paix au Moyen-Orient.

Ce rêve de Bethléem a dix ans. En juin 2024, j'ai voulu commémorer cette rencontre en invitant dans les jardins le corps diplomatique au complet, en particulier les ambassadeurs d'Israël et de Palestine, ainsi que le rabbin de la grande synagogue et le recteur de la mosquée de Rome : cet arbuste est devenu un arbre haut de plus de cinq mètres, et même si les armes ne se sont pas tues, même si nous continuons à voir mourir sous nos yeux de nombreux innocents de la manière la plus cruelle qui soit, des milliers et des milliers de Palestiniens et d'Israéliens de bonne volonté ne cessent d'espérer la venue d'un jour meilleur. Nous ne devons pas nous résigner, nous ne devons pas cesser de réclamer et de bâtir des relations de fraternité qui préparent l'aube d'un monde dans lequel tous les peuples briseront leurs épées pour en faire des socs. Dans le même temps, aujourd'hui encore plus qu'hier, nous devons savoir que la paix a besoin de cœurs transformés par l'amour de Dieu, qui dissout les égoïsmes et brise les préjugés. Comme l'a proclamé Jean-Paul II, il n'y a pas de justice sans pardon.

Le pardon n'est pas une trahison, ce n'est pas une faiblesse, bien au contraire. Comme je l'ai dit dans mon discours face au Congrès des États-Unis en septembre 2015, imiter la haine et la violence des tyrans et des assassins est la meilleure manière de prendre leur place. Notre réponse doit être une réponse d'espérance et de guérison, de paix et de justice. Traitons les autres avec la passion et la compassion avec lesquelles nous voudrions être traités. Offrons aux autres les mêmes possibilités qu'à nous-mêmes. Aidons les autres à grandir, comme nous aimerions être nous-mêmes aidés. En un mot, si nous voulons la sécurité, donnons la sécurité ; si nous voulons la vie, donnons la vie ; si nous voulons des opportunités, créons des opportunités. La mesure que nous employons pour les autres sera la mesure que le temps emploiera pour nous.

Nous devons substituer à la lâcheté des armes le courage de la réconciliation.

La guerre est un nom féminin, mais elle n'a pas le visage d'une femme : nous avons besoin du regard des mères, nous avons besoin de leur courage. Et nous avons besoin d'architectes qui sachent incarner cette conscience et cette vision. Nous ne pouvons pas permettre que le nouveau pape se trouve à nouveau dans la position de devoir arroser cet olivier dans dix ans.

Aux hommes et aux femmes de toutes les régions du monde, et particulièrement aux jeunes, je dis : ne croyez pas ceux qui prétendent que rien ne peut changer, que lutter pour la paix est un combat bon pour les ingénus, pour les « belles âmes ». Ne cédez pas à ceux qui voudraient vous faire croire qu'il est logique de mener une existence contre les autres ou sans les autres, contre les peuples ou sans les peuples. Ceux qui affirment cela se disent forts, mais ils sont faibles. Ils se disent sages, mais ils sont fous. Parfois par intérêt, pour défendre les intrigues et les profits de ceux qui fabriquent la violence et piétinent la paix par les affaires : derrière de nombreuses guerres menées « pour le peuple » ou « pour la sécurité » se cachent souvent de vertigineux intérêts personnels et politiques. Ne vous contentez pas de leurs rêves étouffants, piégeurs, destinés à construire de nouveaux cauchemars. Rêvez plus grand. La guerre est folle, la paix est rationnelle, car elle reflète et réalise la nature humaine, les aspirations naturelles des peuples. C'est un rêve éveillé, à la lumière du soleil, un rêve que l'on fait ensemble, toujours conjugué au pluriel.

Nous ne nions pas les conflits, nous ne les cachons pas, nous ne les ignorons pas, nous ne les marginalisons pas :

nous savons que le résultat final de cette occultation sera d'accroître les injustices, de générer du mal-être et des frustrations, qui peuvent se traduire dans l'expérience individuelle et collective par des actes de violence.

Nous ne confondons pas agresseur et agressé, et nous ne nions pas le droit à la défense : nous affirmons avec conviction que la guerre n'est jamais « inévitable », et que la paix est toujours possible.

Nous invoquons le *jus pacis*, le droit à la paix, comme droit de tous à gérer les conflits en « répudiant la guerre », comme l'affirme la Constitution d'Italie, le pays où je suis évêque.

Nous ne sommes pas neutres : nous sommes dans le camp de la paix.

Nous savons que la paix ne sera jamais le fruit des murs, des armes pointées les unes contre les autres. Nous savons qu'une paix véritable est durable, qu'elle découle d'une économie qui ne tue pas, qui ne produit pas la mort, qui cultive la justice, qui ne se soumet pas aux paradigmes technocratiques et à la culture du profit à tout prix. Comme le dit saint Paul : « Ce qu'un homme aura semé, il le récoltera aussi » (Galates 6, 7).

Toute guerre est sacrilège car la paix est un don de Dieu, un don qui a besoin des bras des hommes et des femmes pour être cultivé. Si nos civilisations sèment actuellement la mort, la destruction, la peur, l'injustice, la désillusion, nous devons être les artisans d'un changement qui affirme les droits des personnes et des peuples, à commencer par les plus faibles, par les exclus, et les droits de la Création, notre maison commune, en asséchant par la fraternité les sources de la haine.

Aux voleurs d'avenir, nous devons opposer la conviction que le seul futur possible appartient aux femmes et aux hommes solidaires, aux peuples frères, et que la seule autorité possible est celle qui sert cette cause, car l'autorité qui n'est pas au service est une dictature.

La guerre n'est pas seulement la scène des mensonges, qui la précèdent et l'accompagnent toujours, et dont la vérité est la première victime : la guerre elle-même est un mensonge. Ce n'est pas pour rien que dans son essai au titre exemplaire, *Ravisez-vous*[1], le grand écrivain russe Léon Tolstoï la met en relation avec le mal le plus effrayant du monde, l'hypocrisie. Ce n'est pas en vain que le Christ s'est fâché une seule fois, précisément face à l'hypocrisie des pharisiens.

La vérité est qu'il n'y a d'avenir que dans le réalisme, dans la raison, dans la concrétude des semeurs de paix et d'espérance.

22

Main dans la main avec une petite fille irréductible

« Vous êtes sûrs ? »

Nous nous apprêtions à rejoindre Iquique, la dernière étape de mon voyage apostolique au Chili, un voyage complexe, et pour cela d'autant plus nécessaire. Le silence régnait dans l'avion. Par le hublot, je regardais à travers les nuages cette terre à laquelle je dois beaucoup et que j'aime tant, quand Carlos se présenta pour le traditionnel salut à l'équipage. Je l'avais rencontré la veille, sur le trajet de retour de Temuco, la capitale de l'Araucanie, à Santiago. Je voulais me lever un instant pour me dégourdir les jambes, et un steward s'était précipité pour me demander, un peu gêné, de retourner à ma place car les procédures d'atterrissage allaient débuter. J'ai lu son nom sur son badge d'identification : il me paraissait familier.

« De quelle région d'Italie êtes-vous originaire ? » lui ai-je demandé.

Il m'a raconté que ses grands-parents étaient ligures. Comme mes grands-parents maternels.

« Alors nous sommes cousins », ai-je dit pour le mettre à l'aise.

Nous avons commencé à discuter, surtout du Chili. Je

lui ai demandé si je pouvais saluer les pilotes, je suis entré dans la cabine et je les ai bénis.

Le lendemain, lors du nouveau trajet, au moment des photographies, Carlos Ciuffardi s'est approché de moi accompagné d'une jeune femme : il souhaitait me présenter Paula.

« Tu as amené ta femme dans l'avion ? »

Il m'expliqua qu'ils s'étaient rencontrés onze ans plus tôt, alors que Paula était sa cheffe de bord, poste qu'elle occupait encore aujourd'hui.

« Soit dit entre nous, c'est elle qui commande aussi à la maison, pas vrai ? » ai-je demandé en souriant.

Carlos m'a rendu mon sourire et a fait oui de la tête. « C'est pour ça que ça marche », a-t-il dit.

Ils m'ont demandé si je pouvais leur accorder une bénédiction. C'est alors qu'ils m'ont raconté leur histoire.

Ils avaient deux petites filles et n'étaient mariés que civilement, car le jour prévu pour le mariage religieux, le matin du 27 février 2010, le toit de leur église s'était effondré dans le terrible tremblement de terre qui avait frappé le Chili, le plus fort jamais enregistré en Amérique du Sud ces cinquante dernières années. Les sismologues affirmaient qu'il était si puissant que l'axe de la terre s'était déplacé de huit centimètres. Des milliers de maisons, d'écoles, de lieux de culte, de bâtiments publics et d'hôpitaux avaient été gravement endommagés. L'église de Paula et Carlos n'avait rouvert ses portes qu'un an plus tard. Tandis que l'on comptait les victimes, les disparus et les déplacés par millions, presque la moitié de la région avait été déclarée sinistrée. Dans certaines zones, on avait même imposé le couvre-feu.

Je me rappelais bien la furie de cette tragédie, les répliques que l'on avait ressenties jusqu'à Buenos Aires, à des milliers de kilomètres de là, et la tâche ardue de redonner la vie aux vivants.

En les écoutant, j'ai senti que si l'Esprit les avait menés jusqu'à moi, dans cet avion, c'était pour conclure cette histoire.

« Voulez-vous que je vous marie ici, maintenant ? » ai-je demandé.

Ils étaient stupéfaits et émus.

« Oui, ont-ils répondu à l'unisson.

– Vous êtes sûrs ?

– Oui ! » ont-ils répété.

Je leur ai posé une troisième fois la question, et ils ont répondu que cet amour était ce qu'ils avaient désiré toute leur vie pour toute la vie.

« Alors il nous faut des témoins », ai-je conclu.

Carlos est allé appeler le chef de la compagnie aérienne et monseigneur Rueda, qui avait organisé ce voyage, fut le deuxième.

Après les recommandations et la confession, j'ai officié entre les sièges de l'avion. Nous nous sommes tenus par la main et avons rédigé le certificat de mariage sur une feuille blanche. Il a été enregistré par le nonce apostolique les jours suivants.

« Soyez témoins de la beauté d'être une famille », ai-je dit en leur donnant congé.

La famille chrétienne est une fabrique d'espérance, encore plus en cette période de perte de sens. Elle l'est pour la société tout entière. Sans espérance, tout devient étouffant, provisoire, perdu. Même la foi devient vaine.

Le sens de l'histoire de Carlos et Paula, c'était l'espérance. Voilà la conclusion qu'attendait cette histoire, une conclusion qu'il faut renouveler chaque jour. Espère, espère, et espère encore. La force discrète et invisible de l'espérance, voilà au fond ce que nous avons célébré au pied de la cordillère des Andes, dans ce diocèse du ciel qu'était devenu l'avion.

Dans l'avion à destination d'Iquique, j'unis dans le mariage Paula et Carlos.

Quatre ans après ce jour de janvier 2018, une lettre m'a ramené par le cœur et l'esprit vers la Cordillère. Elle parlait d'avion, elle aussi : elle m'avait été envoyée par l'un des survivants du crash du vol Fuerza Aérea Uruguaya 571, dont on se souviendrait par la suite comme du « Miracle des Andes ». Je me rappelais parfaitement cette histoire dramatique, qui remontait à cinquante ans. L'année 1972 avait été marquée par l'attentat des Jeux olympiques de Munich, le scandale du Watergate et, en Argentine, de graves affrontements sociaux, la répression, l'état d'urgence. J'étais alors maître des novices à Villa Barilari, à San Miguel. L'accident s'est produit un après-midi d'octobre : alors qu'il survolait la région entre le « Cercle des neiges » et le volcan Tinguiririca, à la frontière entre le Chili et l'Argentine, un charter parti de Montevideo à destination de Santiago s'est écrasé avec quarante-cinq personnes à son bord, membres d'équipage et passagers compris, dont dix-neuf joueurs de l'équipe de rugby de l'Old Christians Club, leurs familles et leurs amis. Après avoir heurté la montagne, l'avion a perdu une aile, puis l'autre, avant de toucher terre sur une étendue enneigée à pic, près du glacier de Las Lágrimas, à plus de trois mille six cents mètres d'altitude. Dans ces conditions extrêmes, avec des températures qui atteignaient trente-cinq degrés en dessous de zéro la nuit, dans une zone balayée par de violentes tempêtes où l'oxygène était raréfié, les trente-deux survivants du crash, blessés et mal équipés, s'installèrent pour attendre les secours dans ce qui subsistait de la carlingue, protégés par une barrière improvisée de sièges, de valises et de débris. Ils restèrent seuls dans ce qui était devenu leur « société des neiges », face à un défi apparemment désespéré. Ils connurent de grandes souffrances, de nouveaux deuils, la fraternité, le secours mutuel et la prière quotidienne. Selon un pacte extrême et réciproque d'amour – sur la licéité duquel Paul VI en personne se prononça pour mettre fin à des polémiques morbides –, les camarades qui n'avaient pas survécu étaient devenus de la nourriture et de l'espoir pour ceux qui étaient restés en vie.

Deux mois après l'accident, il est devenu évident que les recherches avaient été abandonnées et que personne ne viendrait les sauver. Sur les seize survivants, trois décidèrent de partir pour une entreprise qui paraissait impossible dans ces conditions : escalader la montagne qu'ils voyaient à l'ouest, une cime haute de quatre mille six cents mètres, derrière laquelle ils pensaient que se trouvait le Chili. Ils abandonnèrent le squelette de l'avion, qui avait été plusieurs fois déplacé par des avalanches ayant fait plusieurs victimes. Équipés de sacs de couchage fabriqués à partir de coussins cousus ensemble, d'une luge faite d'une valise, de deux tiges d'aluminium en guise de bâtons et vêtus de trois couches de vêtements, ils se mirent en marche vers l'inconnu. Au bout de trois jours d'escalade épuisante, au cours desquels ils souffrirent d'hyperventilation et de déshydratation, ils atteignirent enfin la cime. Ils ne trouvèrent pas ce qu'ils espéraient : ils virent une nouvelle succession de montagnes, qui s'étendaient sur des dizaines de kilomètres.

Ils n'abandonnèrent pas pour autant. Après avoir évalué que leurs provisions ne suffiraient jamais pour trois, l'un d'eux retourna au campement en glissant sur la valise-luge, entre les glaciers et les crevasses. Encore plus incroyable, les deux autres continuèrent, épuisés, titubants, serrés l'un contre l'autre au point de ne devenir qu'un. Au bout de sept jours supplémentaires, ils virent d'abord les restes d'une boîte de conserve, puis une vache, et enfin un gardien de troupeau, encore plus incrédule qu'eux face à ce qui semblait une vision fantasmagorique.

Ce fut le salut. Pour eux et pour leurs amis restés en vie pendant soixante-douze jours dans la montagne.

Pour le cinquantième anniversaire de l'accident, l'un des survivants, Gustavo Zerbino, qui à l'époque de l'accident avait seulement dix-neuf ans, m'a écrit au nom de tous. Sur la montagne, me racontait-il, ils avaient bâti une société solidaire, travaillé côte à côte selon les valeurs de loyauté, d'amitié et de solidarité qu'ils avaient connues dans leurs familles et dans leur quartier de Carrasco, à Montevideo. Un lien qui, dans cette expérience extrême, était scellé chaque nuit en récitant collectivement le rosaire.

Ces hommes et ces femmes ont espéré ensemble, tirant leur force et leur soutien de la prière, et du fait de former une équipe. Dans les conditions les plus difficiles, ils ont été témoins et prophètes de l'espérance partagée. Quand tout fut fini, même la douleur déchirante des mères de ceux qui ne sont pas revenus de cette montagne a su se transcender dans l'esprit pascal, pour devenir la marque d'une vie au service des autres, dans les œuvres et dans les mots.

L'espérance est une expérience réelle et très concrète. Y compris l'espérance laïque.

La communauté scientifique estime aujourd'hui que cette caractéristique de l'espèce humaine est l'un des mécanismes de survie les plus puissants qui existent dans la nature, par exemple pour réagir face aux maladies. Il s'agit de l'une de nos qualités les plus complexes : notre cerveau est doté de récepteurs chimiques qui peuvent être efficacement activés par les interactions sociales, les mots, les pensées. Des recherches récentes ont montré que la confiance et les attentes positives mettent en mouvement une myriade de molécules, et que cette importante composante psychologique mobilise les mêmes mécanismes que les médicaments et active les mêmes voies biochimiques. Bref, il s'agit de bien plus que d'une illusion, et de bien plus que de simple confiance : l'espérance humaine est en réalité un médicament, un remède.

L'espérance chrétienne est infiniment plus que cela : elle représente la certitude que nous sommes nés pour ne plus jamais mourir, que nous sommes nés pour les cimes, pour jouir du bonheur. C'est la conscience que Dieu nous aime depuis toujours et pour toujours, et qu'Il ne nous laisse jamais seuls : « Qui nous séparera de l'amour de Christ ? Sera-ce la tribulation, ou l'angoisse, ou la persécution, ou la faim, ou la nudité, ou le péril, ou l'épée ? […] Mais dans toutes ces choses nous sommes plus que vainqueurs par Celui qui nous a aimés », dit l'apôtre Paul (Romains 8, 35-37).

L'espérance chrétienne est invincible parce qu'elle n'est pas un vœu pieux. Elle est la certitude que nous marchons tous vers quelque chose qui n'est pas ce que nous voudrions qu'il soit, mais qui existe déjà. Je dois à ma mère un amour de l'opéra qui m'a accompagné tout au long de ma vie ; à Buenos Aires, en tant que cardinal, j'ai souvent eu l'occasion d'inviter la grande soprano Haydée Dabusti, considérée comme « la Callas argentine », à animer des messes dans la cathédrale ou à donner des concerts. J'aime Bellini, Verdi et certainement Puccini ; pourtant je considère un passage du chef-d'œuvre de ce dernier, *Turandot*, comme la représentation erronée par excellence de l'espérance, qui n'est pas du tout un « fantôme » qui naît chaque soir et meurt chaque jour et qui, pour cette raison, « déçoit toujours », comme elle est chantée en réponse à la première des trois énigmes dont la princesse demande la solution, mais au contraire quelque chose qui ne peut pas décevoir parce qu'elle est déjà accomplie (Romains 5,5).

L'espérance ne déçoit jamais.

L'optimisme, qui est en toute circonstance une attitude précieuse, un comportement psychologique, une qualité du caractère qui nous dispose à une vision plus favorable des choses, peut à la limite être trahi. L'espérance, jamais.

Le long de la route, nous dit encore Paul, l'espérance est aussi le « casque » du salut (1 Thessaloniciens 5, 8), c'est-à-dire une protection pour la tête, pour nos pensées, contre nos peurs. Car, comme tout bien dans ce monde, comme toute vertu, l'espérance aussi a ses ennemis, qui invitent à abandonner, à renoncer, à céder à la nuit. Souvent, les premiers d'entre eux ne sont pas hors de nous, mais en nous. Cette pensée amère, obscure, qui nous séduit parfois. Cette tentation qui nous surprend quand nous nous y attendons le moins, et que les moines de l'Antiquité appelaient « le démon de midi », qui vient harceler une vie engagée alors que le soleil brille haut dans le ciel. C'est cette voix paresseuse et indolente qui décourage, qui vide, qui murmure que l'effort est inutile. Au dernier stade, cette apathie, cette mollesse sait éroder la vie de l'intérieur, jusqu'à n'en faire qu'une coquille vide. L'espérance est « casque » car on ne peut accepter passivement ces conditions, il faut les combattre. Comme l'a dit le révérend Martin Luther King, « si l'on m'apprenait que la fin du monde est pour demain, je planterais quand même un pommier ». L'espérance est la valeur suprême. Son contraire est l'enfer sur Terre. Ce n'est pas pour rien que Dante a inscrit sur la porte de ses Enfers la phrase : « Vous qui entrez, abandonnez tout espérance. »

Dans un célèbre mythe de l'Antiquité raconté par Hésiode, devenu une expression courante dans la culture moderne, l'ouverture d'une boîte par Pandore, la première femme mortelle apparue sur Terre, déchaîne une infinité de malheurs pour l'histoire du monde. Cependant, peu de gens se souviennent de la fin de ce récit : une fois que tous les maux sont sortis de la boîte, un minuscule don semble prendre sa revanche face au mal qui se répand. Pandore le voit en dernier : les Grecs l'appellent *elpís*, qui signifie « espoir ».

Ce mythe antique témoigne que l'espoir, ce qui reste dans la boîte, représente le plus important pour l'humanité. On dit que « tant qu'il y a de la vie, il y a de l'espoir ». Ce serait plutôt le contraire : c'est l'espoir qui maintient la vie, qui la protège, la fait grandir. Si les hommes et les femmes n'avaient pas cultivé cette vertu depuis toujours, s'ils ne s'y étaient pas appuyés, jamais ils ne seraient sortis des cavernes, jamais ils n'auraient laissé une trace dans l'histoire. C'est ce qu'il existe de plus divin dans le cœur humain.

Charles Péguy, un poète français du début du XXe siècle, a consacré des pages magnifiques à l'espérance. *Le Porche du mystère de la deuxième vertu* raconte que Dieu ne s'étonne pas tant de la foi des êtres humains, qui est une réponse à l'évidence de l'éclat divin dans la Création. Il ne s'étonne pas non plus de leur charité qui, dit-Il, « va de soi », car « pour aimer son prochain, il n'y a qu'à se laisser aller », et que pour ne pas l'aimer, « il faudrait se violenter, se torturer, se tourmenter, se contrarier. Se raidir. Se faire mal. Se dénaturer, se prendre à l'envers ». Ce qui L'émerveille et L'émeut, en revanche, c'est l'espérance des gens qui « voient comme ça se passe aujourd'hui et [qui] croient que ça ira mieux demain matin ». La foi, écrit Péguy, « est une Épouse fidèle », la charité « est une Mère », tandis que l'espérance « est une petite fille de rien du tout », elle « s'avance entre ses deux grandes sœurs et on ne prend seulement pas garde à elle ». Pourtant, c'est cette petite fille de rien du tout que l'on ne remarque même pas « qui traversera les mondes », « elle seule, portant les autres », cette petite « qui va encore à l'école. Et qui marche. Perdue entre les jupes de ses sœurs ». C'est elle, l'espérance, « cette petite qui entraîne tout. Car la Foi ne voit que ce qui est. Et elle elle voit ce qui sera. La Charité n'aime que ce qui est. Et elle elle aime ce qui sera ».

À mes yeux, c'est l'image d'une multitude de paysans, d'artisans, d'ouvriers, de migrants à la recherche d'un avenir meilleur, d'une vie plus digne pour soi et pour sa famille. C'est le visage marqué de mes grands-parents, de mes parents, de toutes celles et tous ceux qui ont lutté avec ténacité malgré l'amertume de jours difficiles, qui ont lutté pour leurs enfants, lutté dans l'espérance.

Il y a une chanson d'un chanteur de l'école dite de Gênes, la ville d'où a appareillé le navire qui a conduit ma famille en Argentine. Le texte est celui d'une lettre d'un père à son fils, qui l'invite à rêver, à ne pas se conformer ni à perdre ses illusions, à ouvrir son regard à des horizons plus grands :

« Dès que la mer s'agite, les hommes sans idées sont les premiers à couler. » Cela vaut aussi pour les hommes sans espérance. L'espérance chrétienne est cette vertu humble et forte qui nous soutient et ne nous laisse pas sombrer dans les nombreuses difficultés de l'existence.

L'espérance est une ancre, telle que la dépeignaient les chrétiens des premiers siècles, contraints de se rassembler dans les catacombes où, aujourd'hui encore, doivent se cacher de nombreux frères et sœurs opprimés. À Rome, on peut en admirer de très anciennes, magnifiques, par exemple les catacombes de Domitilla, de Saint-Calixte, de Saint-Sébastien. Dans les catacombes de Priscille, qui s'étendent sous terre sur des kilomètres et que j'ai visitées avec émotion pour la première fois en tant que pape en 2019, soixante-sept ans plus tôt, en pleine occupation nazie, huit jeunes filles et un prêtre dominicain s'étaient réunis pour jurer leur engagement. Dans la nuit noire de l'histoire du XXe siècle, ils se raccrochaient à cette ancre : de ce pacte d'espérance est née et s'est développée ce qui est aujourd'hui encore l'AGESCI, l'Association des guides et des scouts catholiques italiens, une expérience vivante pour des millions de filles et de garçons d'hier et d'aujourd'hui.

Nous savons tous dans notre corps que le chemin de la vie est fait de joies autant que de peines. Parfois, on va de l'avant avec le vent en poupe. D'autres fois, on rencontre le calme plat, ou pire encore la tempête. On doit alors prendre appui sur un bâton, tenir compte de ses empêchements et de ses limites. D'autres fois encore, on trébuche. L'espérance n'est ni une superficialité ni un placebo pour les gens crédules, encore moins un slogan pour dire que « tout va très bien, madame la marquise » : c'est au contraire une force pour vivre dans le présent avec courage, une capacité à regarder vers l'avenir.

Je pense à ces phrases de sainte Teresa de Calcutta :

« Le jour le plus beau ? Aujourd'hui.
L'obstacle le plus grand ? La peur.
La chose la plus facile ? Se tromper.
L'erreur la plus grande ? Renoncer… »

Le thème de l'erreur est inévitable dans l'expérience humaine. Si vous rencontrez quelqu'un qui sait tout et a tout compris, saluez-le chaleureusement et passez votre chemin. Ne le suivez pas. Car le chemin exige d'être ouvert à la découverte, au réexamen, au changement, à l'évolution. Et aussi à l'étonnement. Cela vaut pour tout le monde, y compris pour le pape.

Si certains ont réagi par une attitude de fermeture au processus de réforme, de moralisation et de changement au cours de mon pontificat, j'ai davantage été frappé par des réactions inverses : malgré les différences de tempérament, j'ai rencontré une grande générosité et une grande sagesse, qui ont permis de résoudre certaines questions que je doutais de pouvoir affronter de manière positive.

Moi aussi, je dois faire face à mes propres erreurs. L'un des problèmes que je rencontre parfois est l'impatience ; mes achoppements ont souvent été causés par un manque de patience pour attendre que certains processus se développent normalement, que les fruits mûrissent, et je dois y prêter attention. L'erreur est une expérience commune dont nous pouvons apprendre. Si personne ne peut se considérer comme juste devant Dieu (Romains, 2, 1-11), personne ne peut vivre sans la certitude de trouver le pardon, car « Dieu est plus grand que notre cœur » (1 Jean 3, 20). Il faut demander pardon. Il faut pardonner. Et il faut continuer à espérer, car quel qu'ait été le passé, l'histoire qui commence aujourd'hui en chacun de nous reste à écrire.

C'est pour cela qu'en mars 2015 j'ai convoqué un Jubilé extraordinaire, dans le but de manifester et de rencontrer le visage de la miséricorde, annonce centrale de l'Évangile pour toute personne et à toutes les époques. Neuf ans plus tard, le temps était venu d'un nouveau Jubilé pour offrir l'expérience que suscite dans le cœur l'espérance certaine du salut.

Si Miséricorde est le nom de Dieu, Espérance est celui qu'Il nous a donné, celui qui répond à notre nature la plus profonde, à notre essence la plus vraie. Nous sommes faits de vie et pour la vie. Nous sommes faits de relations. Nous sommes faits d'amour et pour l'amour, et nos amours, nos proches, n'ont pas disparu dans le noir mais nous attendent dans la lumière, dans la plénitude de cet amour. Nous sommes tous les enfants préférés, faits pour de grandes choses, pour des rêves audacieux.

Nous marchons main dans la main avec une petite fille irréductible dont nous portons le nom. Car Dieu nous a faits espérance.

23

À l'image d'un Dieu qui sourit

L'espérance est aussi une enfant espiègle. Elle sait que l'humour, le sourire sont le levain de l'existence, un outil pour affronter les difficultés et porter les croix avec résilience. Pour reprendre une définition intelligente de l'écrivain Romain Gary, l'humour est une déclaration de dignité, « une affirmation de la supériorité de l'homme sur ce qui lui arrive ».

Dans ma famille, nos parents nous ont aussi éduqués à l'humour. Nous avions de bons comiques en Argentine. Comme Niní Marshall, que le gouvernement a interdite de radio en 1940, puis de cinéma en 1943, et qui fut contrainte à l'exil artistique par la dictature de Pedro Pablo Ramírez. Ou encore Pepe Biondi, fils de migrants napolitains dans le quartier de Barracas, qui doit son nom aux entrepôts, baraquements et abattoirs qui ont émergé en grand nombre le long du río Matanza à partir du XVIIIe siècle. D'origine très pauvre – il racontait que son père avait choisi d'émigrer à Buenos Aires car on lui avait dit que les rues étaient pavées d'or, pour s'apercevoir sur place qu'elles n'étaient même pas goudronnées, et que s'il voulait manger il allait devoir se retrousser les manches –, il avait débuté enfant comme acrobate dans un cirque pour alléger sa famille d'une bouche à nourrir. Il était devenu célèbre dans toute l'Amérique du Sud grâce à ses spectacles, ses films et ses interventions à la télévision. Il se distinguait par son style innocent et clownesque. Je me rappelle aussi la longue queue devant les salles pour *Le Petit Monde de don Camillo*, le chef-d'œuvre humoristique de Guareschi interprété par Fernandel et Gino Cervi (« J'ai tellement faim que je pourrais manger un évêque »), qui fut projeté à Buenos Aires quand j'étais adolescent.

Pour toute ma fratrie, une éducation à la joie, à une saine ironie, à la plaisanterie était quelque chose d'important. L'*homo sapiens* est surtout un *homo ludens* : la capacité de jouer, de se mettre en jeu, est fondamentale pour le développement éducatif puis, à l'âge adulte, pour conserver l'entièreté qui constitue notre humanité. Ma famille a rencontré de nombreuses difficultés, souffrances, larmes, mais même dans les moments les plus durs, je faisais l'expérience qu'un sourire, un rire pouvaient arracher l'énergie pour se remettre en piste. Mon père en particulier nous a beaucoup appris. Il ne s'agit pas de refouler, de faire comme si de rien n'était, de minimiser les problèmes – le comique n'est jamais que le tragique vu de dos –, mais plutôt de conserver en soi un espace de joie indispensable pour les affronter et les surmonter.

Peu d'autres êtres vivants savent rire : nous sommes à l'image de Dieu, et notre Dieu sourit. Nous devons le faire avec Lui. Nous pouvons même le faire de Lui, avec l'affection que l'on a pour un père, comme on joue et on plaisante avec les gens que l'on aime.

En cela, la tradition érudite et littéraire juive est maîtresse.

Avec nos grands frères et sœurs dans la foi, nous sommes les descendants d'Abraham et d'Isaac, dont le nom signifie littéralement « Celui qui rit ». Un récit placé de manière significative au début de l'histoire du salut dans les textes sacrés, le premier livre de la Torah dans le Tanakh hébraïque et la Bible chrétienne, celui de la Genèse. On peut dire que Dieu rit, et le monde fut…

Le récit est connu : Abraham a épousé Sara, qui est malheureusement stérile. Ils sont tous deux très vieux, quand Dieu promet au couple que dans un an il aura un enfant. La Bible nous raconte la réaction profondément humaine d'Abraham : il se prosterne, face contre terre, et… rit. Il rit en dissimulant son visage, comme les enfants, en cachette. Que devait-il faire d'autre ? Puis il dit dans son cœur : « Naîtrait-il un fils à un homme de cent ans ? Et Sara, âgée de quatre-vingt-dix ans, enfanterait-elle ? » (Genèse 17, 17). Bref, il n'y croit pas beaucoup. La réaction de sa femme n'est pas très différente. Depuis longtemps, précise la Genèse, « Sara n'avait plus ce que les femmes ont coutume d'avoir » (Genèse 18, 11). Ce n'est pas étonnant. Elle aussi rit intérieurement et dit : « Maintenant que je suis vieille, aurais-je encore des désirs ? Mon seigneur aussi est vieux » (Genèse 18, 12). Mais en matière de sens de l'humour, cette fois non plus Dieu n'a pas d'égal, et tout s'accomplit exactement comme Il l'avait annoncé. Dans le temps prévu, Sara a un fils et s'en réjouit énormément : « Dieu m'a fait un sujet de rire » (Genèse 21, 6), dit-elle. Si notre nom, le nom de l'humanité, est Espérance, c'est aussi parce que nous sommes la progéniture de cet enfant, d'Isaac, le seigneur de l'Humour. Nous ne pouvons nous permettre de dilapider cet héritage.

Pour rappeler ce lien indissoluble, cet heureux mariage entre l'espérance et la joie, pendant les mois qui ont précédé l'ouverture de la Porte Sainte du nouveau Jubilé, j'ai voulu rencontrer au Vatican un groupe de plus de cent artistes du monde de l'humour, de diverses nationalités et disciplines.

Certains ont fait remarquer que cela représentait un sacré changement par rapport à l'époque où les acteurs et les ménestrels étaient enterrés en terre non consacrée. Mais si j'ai choisi le nom de François, « le ménestrel de Dieu », c'est le minimum que l'on puisse attendre de moi. Peu après, l'un d'eux m'a dit avec finesse que c'était sympa d'essayer de faire rire Dieu… sauf qu'avec ce truc de l'omniscience, Il finissait les blagues à ta place et te ruinait tes effets. Voilà l'humour qui fait du bien au cœur.

La vie comporte inévitablement ses chagrins, qui font partie de tout chemin d'espérance et de conversion. Il faut cependant éviter de se complaire dans la mélancolie, ne pas la laisser nous gangrener le cœur. Il est une tristesse qui devient « le plaisir du déplaisir », qui aime se bercer dans une douleur sans fin. C'est comme une dépendance à un bonbon amer que l'on continue tout de même à mâcher. Le désespoir exerce une sorte de séduction, un aspect très

Ma rencontre avec des artistes de l'humour venus du monde entier.

présent dans la conscience masochiste contemporaine, qui, comme le chante un magnifique tango argentin intitulé *Barranca abajo* (« Au fond du ravin »), t'attire, t'attire toujours plus à mesure que tu t'y attardes, jusqu'à ce que tu y glisses. Certains deuils prolongés indéfiniment, où une personne continue d'étendre la spirale du vide de celui ou celle qui n'est plus là, ne font pas partie de la vie de l'Esprit. Certains labyrinthes où l'on s'enferme à force de ne regarder que ses pieds, certaines rancunes amères qui font qu'on garde à l'esprit une revendication, même légitime au départ, nous font éternellement endosser les atours de la victime et ne produisent pas en nous une vie saine, ni chrétienne. En fin de compte, un chrétien triste est toujours un triste chrétien.

Les personnes consacrées ne sont pas immunes à ces tentations. Il arrive malheureusement que certaines soient amères, mélancoliques, plus autoritaires qu'influentes, plus « vieilles filles » qu'épouses de l'Église, plus fonctionnaires que pasteurs – ou encore plus superficielles que joyeuses, et là non plus, ça ne va pas. Mais en général, nous, les prêtres, avons une bonne propension à l'humour, et une certaine habitude des blagues, que nous savons raconter en plus d'en faire l'objet.

Les papes aussi. Jean XXIII, dont le caractère enjoué était bien connu, a plus ou moins dit dans un discours : « La nuit, il m'arrive souvent de penser à de graves problèmes. Alors je prends la décision courageuse et résolue d'en parler au pape le matin venu. Puis je me réveille en sueur et je me rappelle que le pape, c'est moi. » Comme je le comprends… Jean-Paul II non plus n'était pas en reste. Pendant les séances préparatoires d'un conclave, alors qu'il était encore le cardinal Wojtyła, un autre cardinal plus âgé et assez rigide s'est approché de lui avec l'intention de le réprimander parce qu'il skiait, escaladait les montagnes, faisait du vélo, nageait… « Je ne pense pas que ces activités soient adaptées à votre rôle », lui dit-il à voix basse. À quoi le futur pape répondit : « Savez-vous qu'en Pologne, ce sont des activités communes pour au moins cinquante pour cent des cardinaux ? » À l'époque, il n'y avait que deux cardinaux en Pologne.

L'ironie est un médicament non seulement pour soulager et illuminer les autres, mais aussi pour soi-même. L'autodérision est un outil puissant pour vaincre la tentation du narcissisme. Les narcissiques se regardent continuellement dans le miroir, se maquillent, se mirent, mais le meilleur conseil face à un miroir est toujours de rire de soi. Cela nous fait du bien. Cela nous rappelle l'évidence de ce vieux proverbe chinois selon lequel il existe seulement deux hommes parfaits : l'un est mort, l'autre n'est pas encore né. Savoir rire de soi est la condition pour ne pas plonger dans le ridicule, dont on ne revient pas. Si tu veux qu'on ne rie pas de toi demain, fais-le toi-même aujourd'hui.

L'Église dispose d'un vaste répertoire informel de blagues selon les ordres, les congrégations, les personnalités. Je pense par exemple à celle que m'a racontée l'archevêque de Canterbury lors d'une visite au Vatican : « Tu connais la différence entre un liturgiste et un terroriste ? Avec le terroriste, on peut négocier… » Elle m'a beaucoup fait rire.

Les blagues sur les jésuites et celles des jésuites forment un genre à part entière, uniquement comparables à celles sur les carabiniers en Italie, ou sur les mères juives dans l'humour yiddish.

Au sujet de la prévention du narcissisme par une bonne dose d'autodérision, je pense à celle qui parle d'un jésuite un peu vaniteux qui doit être hospitalisé pour un problème cardiaque. Avant d'entrer dans le bloc opératoire, il demande à Dieu : « Seigneur, est-ce que mon heure est venue ? – Non, tu vivras encore au moins quarante ans », répond Dieu. Dès qu'il est rétabli, il en profite pour se faire une implantation capillaire, un lifting, une liposuccion, les paupières, les dents… Bref, c'est un homme nouveau. Mais dès qu'il sort de l'hôpital, une voiture le renverse et il meurt. Quand il arrive auprès de Dieu, il proteste : « Seigneur, tu m'avais dit que je vivrais encore quarante ans ! » Et Dieu : « Oups, excuse-moi, je ne t'avais pas reconnu… »

On m'en a raconté une autre qui me concerne directement, celle du pape François en Amérique. La voici. À peine débarqué de l'avion à New York pour son voyage apostolique aux États-Unis, le pape François trouve une énorme limousine qui l'attend. Il est un peu embarrassé de ce luxe, mais il se dit que ça fait une éternité qu'il n'a pas conduit, en plus une voiture comme celle-là, quand est-ce que l'occasion se présentera à nouveau ? Il regarde la limousine et demande au chauffeur : « Vous me laisseriez la conduire ? » Et le conducteur : « Écoutez, je suis vraiment désolé, Votre Sainteté, je ne peux vraiment pas, les procédures, le protocole… » Mais vous savez ce qu'on dit, quand le pape s'est mis une idée en tête… Bref, il insiste, il insiste jusqu'à ce que l'autre cède. Alors François s'installe au volant et s'engage sur une de ces énormes routes, il y prend goût, il appuie sur le champignon : cinquante kilomètres-heure, quatre-vingts, cent vingt… Jusqu'à ce qu'il entende une sirène et qu'une voiture de police l'arrête. Un jeune policier s'approche de la vitre teintée. Un peu intimidé, le pape la baisse, l'autre pâlit.

« Excusez-moi un instant », dit-il, et il va à sa voiture pour appeler la centrale. « Chef… je crois que j'ai un problème.

– Quel problème ? demande le chef.

– Je viens d'arrêter une voiture pour excès de vitesse… mais c'est quelqu'un de vraiment important.

– Important comment ? C'est le maire ?
– Non, chef, plus important que le maire.
– Plus important que le maire ? Qui ça ? Le gouverneur ?
– Non, encore plus…
– C'est quand même pas le président ?
– Encore plus, je crois…
– Qui peut être plus important que le président ?
– Écoutez, chef, je sais pas qui c'est, mais en tout cas son chauffeur, c'est le pape ! »

L'Évangile nous encourage à redevenir comme des enfants (Matthieu 18, 3), pour notre propre salut. Il nous rappelle de retrouver leur capacité à sourire qui, selon les psychologues qui ont pris la peine de compter, est dix fois supérieure à celle des adultes.

Maintenant que je suis vieux, les enfants sont mes maîtres du sourire.

Rien ne me réjouit davantage que de rencontrer des enfants : petit, j'ai eu mes maîtres du sourire ; maintenant que je suis vieux, les enfants sont souvent mes mentors. Ce sont les rencontres qui m'émeuvent le plus, qui font que je me sens le mieux. Tout comme celles avec les anciens : les personnes âgées qui bénissent la vie, abandonnant tout ressentiment, qui ont la joie du vin qui s'est bonifié avec l'âge. Elles sont irrésistibles. Comme les enfants, elles possèdent la grâce des pleurs et du sourire. Quand je les prends dans mes bras lors des audiences place Saint-Pierre, les enfants sourient la plupart du temps. D'autres, me voyant tout habillé de blanc, me prennent pour le médecin venu leur faire une piqûre et se mettent à pleurer. Ce sont des champions de spontanéité, d'humanité. Ils nous rappellent que lorsque nous renonçons à notre humanité, nous renonçons à tout, et que quand il devient difficile de pleurer avec sérieux ou de rire avec passion, alors notre déclin a commencé. Nous devenons anesthésiés, et les adultes anesthésiés ne font de bien ni à eux-mêmes, ni à l'humanité, ni à l'Église. Les adultes ont souvent la tentation de dire aux enfants de « ne pas s'en mêler », mais le chrétien est précisément celui qui s'en mêle, qui est toujours en mouvement, qui surmonte la paresse, y compris spirituelle, et qui prend des risques directs.

Notre Dieu naît enfant, et Il possède toutes les caractéristiques des enfants heureux, celles-là mêmes qui nous font admirer l'enfance : Il vit le présent, Il est confiant, intéressé, compréhensif, Il ne condamne pas, Il est enthousiaste, Il s'émeut, se réjouit.

La mauvaise humeur n'est jamais un signe de sainteté, au contraire.

La joie chrétienne s'accompagne habituellement du sens de l'humour, comme chez saint Thomas More, dont je récite quotidiennement la « Prière de la bonne humeur » depuis plus de quarante ans, ou chez saint Philippe Néri, le père des oratoriens, qui au milieu du XVIe siècle commença à rassembler autour de lui des enfants pauvres, garçons et filles, qu'il rapprochait des célébrations liturgiques en les amusant avec des chansons et des jeux, qui constituaient leur formation. En authentique mystique, il croyait en l'humanité, en son énergie et en sa capacité à être en groupe. Sachant que les égoïstes sont habituellement tristes et que la majeure partie des malheurs vient d'un amour démesuré pour soi-même, il s'est essentiellement consacré aux autres car « le paradis n'est pas fait pour les flemmards ». Un sociologue viennois ajoute pour sa part que le paradis doit être un endroit où l'on rit de bon cœur, et où arriveront celles et ceux qui ont échappé à l'enfer du manque d'humour et au purgatoire du sérieux. Quiconque est toujours sombre et rigide reste bloqué. L'humour est une voie maîtresse pour inverser ce processus. Si on peut sourire d'une chose, on peut aussi la changer : c'est pour cette raison que les enfants et les saints sont de grands révolutionnaires, Et le Seigneur est le plus grand de tous : « Mais Dieu a choisi les choses folles du monde pour confondre les sages ; Dieu a choisi les choses faibles du monde pour confondre les fortes » (1 Corinthiens 1, 27).

L'humour est aussi une authentique sagesse. Il est une relation, car il est facile de rire ensemble et presque impossible de le faire seul.

Les Dinka, un peuple de bergers du Soudan du Sud, à qui j'ai rendu visite lors de mon voyage apostolique en 2023, ont une réaction insolite pour les Occidentaux face à l'inconnu, au différent, aux Blancs, qu'ils appellent opportunément les « Rouges », car sous le soleil africain ils leur apparaissent généralement cuits comme des poivrons. Ailleurs, on regarde l'étranger avec soupçon, crainte, circonspection : eux réagissent à la nouveauté, à l'inhabituel avec le sourire – les enfants, souvent avec un éclat de rire. La stupeur et non la fermeture. La curiosité et non les préjugés et les mâchoires serrées. Une belle leçon de cette terre si tourmentée.

D'une manière générale, le sourire rompt les barrières, crée des liens, il aspire à rassembler des réalités différentes, parfois contradictoires. Le rire étant contagieux, il se transforme souvent en une sorte de liant social. Le rire répand plus facilement un esprit de paix, il alimente l'intérêt, cette saine attention à l'autre, si différente de celle des « zizaniers », comme on appelle en Argentine les personnes qui, au lieu de s'ouvrir à la lumière, se meuvent dans l'ombre et répandent le poison de la méchanceté et des ragots, au lieu de l'élixir naturel du sourire. Même les médecins vantent ses vertus : il réduit le stress, augmente le nombre des anticorps et élève le seuil de tolérance à la douleur.

Partout, de tout temps, les « zizaniers », en plus de répandre plus ou moins consciemment le mal dont ils souffrent eux-mêmes, sont des désespérés. Le désespoir ne rit pas. Tout au plus il se moque, dans une privation du sourire et une perversion de l'humour. Le discours de dérision – dont les médias, et même la politique, se délectent – n'est que le thermomètre d'une société dépressive, qui s'automutile et éprouve davantage le besoin de détruire que de construire, qui chatouille l'instinct de mort davantage que le goût de la vie.

Cette petite fille irréductible et amusante qu'est au contraire l'espérance, cette petite fille joyeuse qui ne s'ennuie jamais, qui trottine partout, qui mord la vie à pleines dents, qui ne court pas pour arriver quelque part mais arrive pour courir, elle sait ce qui fait notre bien.

Je l'ai connue dans ma famille, camarade de mes jeux

d'enfant. Je l'ai prise dans mes bras à l'adolescence, elle est devenue mon épouse au cours du printemps qui a changé ma vie pour toujours. Adulte, je l'ai perdue de vue pendant quelques journées sombres, j'ai pensé qu'elle s'était éloignée de moi, qu'elle m'avait abandonné, mais c'était moi qui évitais son regard. Ensuite, je me suis promis de toujours la suivre : car son Ciel est déjà sur Terre.

24

Car les jours meilleurs doivent encore advenir

« Notre monde a atteint un stade critique, les jeunes n'écoutent plus leurs parents. La fin du monde doit être proche. »

Il faut prendre conscience que ce type de phrases relève d'une rhétorique dangereuse dont aucune génération ne peut se dire exempte. Chaque génération semble trouver la suivante pire que la sienne, voire désastreuse. Un destin qui n'a pas épargné la mienne, celle de mes frères et sœurs, les jeunes Argentins des années 1950, enfants et petits-enfants de migrants qui avaient souvent souffert l'enfer. Grâce aux efforts de nos parents et de nos grands-parents, nous jouissions généralement de conditions meilleures. En cela, comme on dit, le monde entier est un village : dans les années 1920, Henry Ford, l'homme qui révolutionna l'automobile, n'avait pas de mots assez durs contre les jeunes « mollassons » de son époque, qu'il décrivait comme inattentifs et fainéants. Ces mêmes jeunes qui seraient ensuite célébrés comme « The Greatest Generation », la plus grande génération, celle qui a surmonté la Grande Dépression et est sortie victorieuse de la Seconde Guerre mondiale, au prix de sacrifices énormes.

Et ainsi de suite, partout dans le temps et dans l'espace. Même les intellectuels de génie ne sont apparemment pas à l'abri de l'aveuglement : Giovanni Boccaccio, auteur de certains des plus grands chefs-d'œuvre du XIVe siècle, tenait les « jeunes modernes », c'est-à-dire ceux des années 1350, pour « infirmes », ramollis, et peu importe si c'étaient ces jeunes qui devaient poser les bases de la Renaissance.

Cependant, la phrase qui ouvre ce chapitre ne provient pas de la génération de mes ancêtres, ni de l'un de nos contemporains grincheux. Cela se pourrait pourtant, tout le monde l'a entendue : elle nous précède de quatre mille ans, inscrite en hiéroglyphes par un prêtre égyptien. On en trouve des exemples un millénaire plus tôt encore, inscrits en caractères cunéiformes sur des vases d'argile de la Babylone antique.

La réalité est que la litanie du « *o tempora, o mores* », la complainte du « c'était mieux avant » est plus ancienne que Cicéron. Vieille comme le monde, pourrait-on dire, même si la situation temporelle de nos Édens perdus change constamment, avec le point commun d'être « éloignés mais pas trop » du présent où on les évoque.

Individuellement, la prétention d'arrêter le temps est délirante, voire pathétique. En plus de constituer un mirage antihistorique, la vision idéaliste qui peint d'un rose uniforme les complexités du passé en opposition au présent apparaît comme éloignée d'une perspective de foi, presque antichrétienne. Car les disciples du Christ ne sont pas ceux des « bons souvenirs », et Jésus n'est pas une relique, une précieuse pièce archéologique que l'on situerait il y a deux mille ans, même pas dans nos languides « de mon temps » : les chrétiens doivent être les témoins de Sa présence vivante aujourd'hui, et sont toujours appelés à habiter l'avenir. Être insatisfait, surtout de soi-même, c'est être humain. Dans une juste proportion, c'est également un bon antidote contre la présomption d'autosuffisance et la vanité. Nous, les chrétiens, devons vivre dans la conscience que nos jours meilleurs sont encore à venir. Nous devons lutter, faire notre part pour que cela advienne, dans la limite de nos possibilités et de nos talents.

Il existe une nostalgie positive qui n'est ni plainte ni résignation, mais plutôt un élan créateur, vital, lié à l'espérance : c'est la nostalgie du pèlerin, qui marche, regarde vers l'avant, affronte les difficultés, progresse tout en maintenant vivant un lien viscéral avec ses racines. Il en existe une autre, amère, subie, propre aux personnes et aux communautés en crise : c'est une nostalgie sclérosée, qui se nourrit de reconstructions inauthentiques. Quand il ne s'agit pas d'une pure conservation de l'existant, elle se fait auto-absolution ou mythification aux aspects ridicules, voire inquiétants.

Les chrétiens ne sont pas ceux qui ont « un grand avenir derrière eux ». Leur nostalgie est celle du futur : « *com saudades do futuro* », comme l'écrit Fernando Pessoa dans son *Livre de l'intranquillité*. Ou, selon la formule de l'écrivain français Julien Green : tant que je suis inquiet, je peux rester tranquille.

On en vient à penser que les jeunes ne courent jamais le risque évoqué par l'Évangile de Luc : « Malheur, lorsque tous les hommes diront du bien de vous » (Luc 6, 26). Mais surtout que, au lieu de pontifier ou de se plaindre, chaque génération est appelée à ne pas se soustraire à son défi crucial : celui d'éduquer. C'est la tâche fondamentale à laquelle les hommes et les femmes sont tenus pour faire fructifier leur passage sur Terre et édifier le futur. Le sociologue Zygmunt Bauman, que j'ai rencontré à Assise en septembre 2016, alors qu'il avait plus de quatre-vingt-dix ans, a représenté pour moi une précieuse confrontation, surtout dans son analyse de la « société liquide ». Pour reprendre ses mots : si tu penses à l'année prochaine, sème du maïs ; si tu penses aux dix prochaines années, plante un arbre ; mais si tu penses au prochain siècle, éduque les gens.

Éduquer est l'épreuve la plus passionnante de l'existence. Cela a été le cas pour moi aussi. Quand j'étais curé à San Miguel, la pastorale des jeunes faisait partie des principaux engagements : j'accueillais les enfants dans les grands espaces du collège, j'organisais des spectacles, des jeux, le samedi j'enseignais le catéchisme et le dimanche je célébrais la messe des enfants. Avant cela, en tant que professeur de lycée, l'enseignement m'avait déjà conquis. Il s'agit d'un geste d'amour, parental, au même titre que le don de la vie, qui exige que l'on se remette sans cesse en cause. L'éducation est toujours un acte d'espérance, qui regarde du présent vers l'avenir. Comme l'espérance, elle est pèlerine, car il ne peut exister d'éducation statique. C'est un parcours à double sens, un dialogue, qui exclut la condescendance et le relativisme, et qui révèle son secret à travers trois langages : celui de l'esprit, celui du cœur et celui des mains. La maturité exige que l'on pense ce que l'on ressent et ce que l'on fait, que l'on sente ce que l'on pense et ce que l'on fait, que l'on fasse ce que l'on sent et ce que l'on pense. C'est un chœur, une harmonie qui demande à être cultivée avant tout en nous-mêmes.

Parmi ces trois intelligences qui vibrent dans l'âme humaine, celle des mains est la plus sensorielle, mais certainement pas la moins importante. On peut dire qu'elle est comme l'étincelle de la pensée et de la conscience, et dans le même temps leur résultat le plus mûr. La première fois que je suis descendu place Saint-Pierre en tant que pape, je me suis approché d'un groupe de jeunes aveugles. « Je peux vous voir ? Je peux vous regarder ? » m'a demandé l'un d'eux. Je ne comprenais pas bien, mais j'ai répondu : « Oui, bien sûr. » Alors ce garçon m'a cherché avec les mains : il m'a vu en me touchant. Cela m'a énormément frappé. Aristote disait que les mains sont « comme l'âme », en raison de leur pouvoir de distinguer et d'explorer. Kant n'hésitait pas à les appeler « la partie visible du cerveau ». L'expérience de la manualité, de la concrétude est cruciale pour un parcours éducatif authentique.

Mon espérance grandit toujours quand je rencontre les jeunes.

À Copacabana au milieu d'un million de jeunes pour les Journées mondiales de la Jeunesse.

Au cours de mon pontificat, j'ai célébré quatre Journées mondiales de la Jeunesse : au Brésil, en Pologne, au Panama, au Portugal. À chaque fois, un sentiment de reconnaissance s'est mêlé en moi à celui du mystère. Je me rappelle nettement ma stupeur face à ce million de jeunes sur la plage de Copacabana, en juillet 2013, quelques mois après mon élection. Je n'étais pas habitué à de telles foules, je ne le suis toujours pas : en tant que prêtre, je suis habitué à regarder les personnes une à une, à entrer en relation avec celle que j'ai en face de moi. Dans l'assistance, je cherche donc les visages, un contact direct, au moins visuel. Je m'efforce de dépasser la multitude pour toucher les individus car, s'ils possèdent des caractéristiques communes, les jeunes ne constituent pas une masse uniforme, un stéréotype – si ce n'est dans l'incapacité des adultes à entrer en relation avec eux.

Les jeunes vous mettent en difficulté, ils ne font pas de cadeaux, y compris quand ils viennent au Vatican : ils posent des questions importantes sur leur expérience, sur leurs problèmes, leur vie concrète, sans tourner autour du pot. Il m'appartient alors de leur répondre non pour cultiver l'illusion de remporter un trophée, pour gagner un match dialectique, pour donner une solution de façade, mais pour ouvrir une porte, faire entrevoir un horizon. Je peux m'appuyer sur la mémoire, qui est d'une importance indéniable, car sans mémoire nous ne sommes que des déracinés, et on ne portera pas de fruits. Mais il faut le faire de manière à transcender cette mémoire.

Dieu aime particulièrement les questions. D'une certaine manière, Il les aime davantage que les réponses. Avant de donner des réponses, Jésus nous enseigne à nous poser une question essentielle : qu'est-ce que je cherche ? Si on se pose cette question, on est jeune même à quatre-vingts ans. Et si on ne se la pose jamais, on est vieux même à vingt ans.

Éduquer, c'est « aimer les questions », comme l'écrit Rilke. C'est les laisser vivre, les laisser marcher. Si l'on a peur des questions, c'est que l'on a peur des réponses. C'est le propre des dictatures, des autocraties ou des démocraties vides, non de la liberté des enfants. Éduquer, ce n'est pas « domestiquer », ce n'est pas non plus donner un beau paquet avec un ruban et dire : attention, garde-le exactement comme il est. Au contraire, c'est accompagner, c'est apprendre à transformer les rêves que l'on a reçus, à les faire grandir, à en former de nouveaux.

La vérité est que, au lieu de juger nos jeunes, nous devons avant tout leur demander pardon. Pardon pour toutes les fois où nous n'avons pas écouté leurs besoins les plus authentiques, où nous ne les avons pas pris au sérieux, où nous n'avons pas su les enthousiasmer, où nous les avons fait attendre pendant que des adultes qui n'ont pas su grandir continuaient indéfiniment leur adolescence. Pour les trop nombreuses fois où nous les avons abandonnés à un monde d'apparences, d'extériorité, à une vie vécue entièrement vers l'extérieur, qui laisse vide à l'intérieur. Pour la manière dont nous les reléguons à la subordination, à une éternelle dépendance qui fragilise leur présent et rend incertain leur avenir, pour avoir précarisé leur existence sur le plan tant émotionnel que pratique, au nom d'une société de l'éphémère et de l'exclusion dont ils sont souvent les premiers laissés-pour-compte.

La vérité est aussi que ce que nous avons transmis aux nouvelles générations est un don que nous avons nous-mêmes pas toujours su valoriser ou protéger.

Plus de trois milliards et demi de personnes vivent aujourd'hui dans des régions hautement sensibles aux dévastations du changement climatique, et sont pour cela contraintes à la migration forcée, à risquer et perdre leur vie dans des voyages désespérés. Nous avons pillé, pollué, exploité sans retenue les ressources naturelles, jusqu'à miner notre propre existence et celle de nos frères et sœurs. Honorer le mandat divin de protéger la maison commune, défendre la sacralité et la dignité de toute vie humaine est désormais l'une des plus grandes urgences de notre temps. Le spectre du changement climatique pèse sur tous les aspects de la vie, il menace l'eau, l'air, la nourriture, les systèmes énergétiques. Ses menaces sur la santé publique sont tout aussi alarmantes : les prévisions sont inquiétantes, le temps est compté. Il faut diviser par deux le taux de réchauffement dans le très court délai d'un quart de siècle. Pour cela, une action immédiate et résolue est indispensable, une approche universelle capable de produire tout de suite des changements progressifs et des décisions politiques engageantes.

Tous les jeunes du monde semblent avoir clairement compris la situation : les sondages montrent que, outre la lutte contre la pauvreté et les inégalités – étroitement liées à la crise climatique –, les jeunes considèrent l'environnement comme la principale priorité pour les politiques publiques. Des politiques qui jusqu'à présent ont mis en œuvre des réactions trop timides, balbutiantes, contradictoires, insuffisantes. L'art contemporain a su représenter cette insuffisance manifeste avec une grande efficacité, et non sans ironie. Je pense à l'œuvre microscopique d'un artiste galicien, une petite sculpture intitulée *Politicians Discussing Climate Change*, « Politiciens discutant du changement climatique » : elle montre un groupe d'hommes en costume-cravate en pleine discussion, absolument impassibles, tandis que l'eau a entièrement recouvert leurs corps, ne laissant émerger que leurs têtes. Une jeune scientifique a fait remarquer que l'agenda politique sur les questions environnementales lui rappelle souvent la réponse de son fils quand elle le réveille pour aller à l'école : « Encore cinq minutes, maman », toujours « encore cinq minutes ». Mais il ne reste plus cinq minutes, la cloche va sonner et le gardien va fermer les portes. Ce n'est plus le moment de souhaiter, de procrastiner, seulement d'agir. Il faut laisser derrière nous les divisions partisanes entre catastrophistes et indifférents, entre radicaux et négationnistes, et unir nos forces pour sortir progressivement et résolument de la nuit noire des dévastations environnementales. Il faut enfin subordonner l'intérêt de quelques-uns au droit de tous, au bénéfice des générations présentes et futures.

Les jeunes qui font du bruit, qui descendent dans la rue, qui réclament un avenir sont l'écho du bassin de l'Amazone et de celui du fleuve Congo, des tourbières et des mangroves, des océans et des barrières de corail, des calottes glaciaires et des terres agricoles, des pauvres et des exclus. Ils nous apprennent l'évidence, que seule une attitude suicidaire et nihiliste peut désormais négliger : il n'y a pas d'avenir si nous détruisons l'environnement qui nous fait vivre.

Si les jeunes sont toujours l'espérance de l'humanité en chemin, nous vivons en revanche des temps où l'espérance semble pour beaucoup être la grande absente, y compris parmi les nouvelles générations. C'est le cas de celles et ceux qui subissent la violence, le harcèlement, le mal-être, comme le montre le taux de suicide dramatiquement élevé des jeunes dans de nombreux pays. Un psychothérapeute d'origine argentine parle d'une « époque des passions tristes » : un mal-être diffus, une sensation prégnante d'incertitude et d'impuissance qui pousse à percevoir le monde comme une menace et à se renfermer, à s'isoler.

Un phénomène qui dans les cas les plus graves devient

une véritable dépendance à la solitude, un refus total de tout contact avec l'extérieur, parfois même avec ses propres parents, sinon à travers l'usage d'Internet. C'est ce que désigne le terme japonais *hikikomori*, ceux qui restent à part.

Plus de quatre milliards de personnes sont nées avant 1990, soit environ la moitié de la population de la planète. Je partage avec elles le souvenir d'un temps où la carte en papier était le seul moyen de s'orienter pendant un voyage, où la cabine à pièces était le téléphone du pèlerin, où pianoter sur une machine à écrire était la seule alternative à l'écriture manuelle, où effectuer une recherche constituait une aventure complexe dans les archives et les bibliothèques, où le bureau de poste était la seule manière d'envoyer des documents, et ainsi de suite. Comme pour toute chose, le risque plane pour au moins trois générations de nos contemporains d'idéaliser et de simplifier nos « petits mondes antiques », dans ce cas précis le monde avant Internet. Autrefois, les gens étaient plus honnêtes, meilleurs, plus généreux, plus virtuoses, plus pacifiques, les relations étaient plus authentiques… etc. Heureusement, la valeur universelle de la littérature témoigne que les attentes, les pulsions, les vertus, les misères des êtres humains restent intemporelles. Ainsi, en lisant Shakespeare, Manzoni ou les grands romanciers russes (« ce que je lis chez Tolstoï est plus vrai que ce que je lis dans le journal », comme l'écrit un de ses exégètes), chacun peut constater qu'à chaque époque, y compris la nôtre, les hommes et les femmes se trouvent avant tout face à leur propre humanité, à leur propre liberté et à leur propre responsabilité. Cela permet d'éduquer notre regard à la lenteur de la compréhension, à l'humilité de la complexité, à l'humilité de ne pas prétendre contrôler le réel et la condition humaine à travers notre jugement, empêchant ainsi ce dernier de devenir aveugle ou de condamner superficiellement.

Le réseau est une extraordinaire ressource de notre temps, source de relations et de connaissances auparavant impensables. Même si les deux premières décennies de notre siècle semblent avoir été consacrées à en glorifier les bénéfices sans en voir les limites, et la dernière à stigmatiser ses limites sans en souligner les bénéfices, personne, pas même celles et ceux qui se passionnent pour une rhétorique vaguement luddite, ne voudrait ni ne saurait en pratique retourner à une époque pré-Internet. Depuis sa création, l'Église a toujours cherché à en promouvoir l'usage au service de la rencontre entre les personnes et de la solidarité entre tous : le site internet du Vatican, consultable en six langues, a été inauguré à Pâques 1997 par Jean-Paul II, dans le but d'assurer une plus vaste diffusion du magistère pontifical et de l'activité du Saint-Siège. Les premiers comptes d'un pape sur les réseaux sociaux ont été ouverts par Benoît XVI quelques semaines avant sa démission. Je les utilise moi-même, par le biais du Dicastère pour la communication, comme outil de communication, de réflexion et d'évangélisation. Les exemples d'implication créative dans les réseaux sociaux sont nombreux dans le monde entier. Des communautés locales et des individus témoignent de leur engagement, de leur solidarité, de leur foi sur ces plateformes, souvent de manière plus efficace que l'Église institutionnelle. Il existe aussi de merveilleuses initiatives éducatives et pastorales développées par les mouvements, les communautés, les congrégations ou de simples individus.

Cependant, de nombreux experts montrent que, depuis que nous en avons accepté la concentration et la monétisation par une poignée d'entreprises, la Toile se révèle être l'un des endroits les plus exposés à la désinformation et à la distorsion volontaire des faits et des relations interpersonnelles, souvent sous la forme du discrédit. Un jeune sur quatre est impliqué dans un épisode de cyberharcèlement, et de manière générale tous les usagers sont exposés à l'illusion que le Web peut se révéler entièrement satisfaisant sur le plan relationnel. Cet aveuglement provoque de graves déchirures dans le tissu social. Tout le monde a fait l'expérience de familles où, à table, au lieu de dialoguer, chacun est absorbé par son téléphone, adolescents comme adultes (car ceux qui accusent les jeunes d'être « tout le temps sur leur téléphone » y sont souvent eux-mêmes accros). Une fois de plus, la question centrale est ici celle de la responsabilité et de l'éducation. S'il est vrai que les outils sont neutres en soi, que le couteau qui coupe le pain est identique à celui qui tranche une gorge et que c'est la main qui le tient qui détermine la différence, il n'en reste pas moins que les moyens les plus puissants et les plus répandus exigent davantage de conscience, une attitude éducative et un témoignage. Le kaléidoscope des avatars et la multiplication des écrans – un mot qui, jusque dans son étymologie, s'interpose entre l'expérience et la réalité – exercent la fascination du serpent Kaa dans le dessin animé du *Livre de la jungle* et aliènent lentement mais fermement la volonté par le charme du virtuel que l'on prend pour réel. « Allez, dors, mon chéri, fais de beaux rêves… C'est tellement agréable de s'assoupir… » Mais notre temps n'a besoin ni de jeunes ni d'adultes « de canapé », qui se contentent de contempler l'existence depuis le balcon d'un écran, de *balconner* la vie, comme j'aime dire. Il n'a pas besoin de rêves qui endorment et excluent, mais de rêves qui éveillent, qui défient, qui bâtissent des projets, qui font prendre des décisions, qui nous rendent acteurs.

La démocratie, celle pour laquelle nos grands-parents se sont battus dans de nombreuses parties du monde, ne semble pas jouir d'une excellente santé, exposée elle aussi au risque d'une virtualisation qui remplace la participation et la vide de son sens. Un système d'information fondé sur des réseaux sociaux appartenant à une puissante oligarchie des affaires ne peut que constituer un danger supplémentaire, face auquel nous devons rester alertes. Il y a plus de vingt ans déjà, un célèbre linguiste mettait en garde contre les risques d'une interaction plus illusoire que concrète, dictée par un paradigme commercial. Comme ces sondages à la télévision lors des grands événements sportifs, disait-il, où entre deux spots publicitaires on demande aux téléspectateurs de s'exprimer sur ce que devraient faire l'entraîneur ou les joueurs dans telle ou telle situation : on exprime son opinion et on a l'illusion d'avoir participé, d'être entré dans le jeu, même si de toute évidence celui-ci se déroulera indépendamment de notre opinion – les joueurs comme l'entraîneur feront exactement ce qu'ils avaient prévu de faire.

La démocratie n'est pas un vote à distance, ni un supermarché. Nous devons penser avec créativité à des formes de participation réelle, qui ne soient pas une adhésion à des personnalisations populistes ou idolâtres du candidat de service – c'est précisément cela qui alimente l'abstentionnisme –, mais plutôt un engagement idéal et concret dans un projet de communauté, dans un rêve collectif. Nous devons mettre les mains dans le cambouis, nous réapproprier une place centrale, replacer l'humain au centre, et non ses marchandises. Car l'alternative qui se trouve déjà sous nos yeux, celle d'un monde où l'humain risque d'être réduit à un bien de consommation, est un attentat à la dignité de la personne, à l'intégrité de la nature, à la beauté, au bonheur de vivre – ainsi qu'une lente érosion des droits, qui peinent à se traduire de nos magnifiques textes constitutionnels dans la vie réelle.

Depuis l'invention de la roue, chaque époque a été marquée par l'innovation. Cependant, il est évident que depuis le début du siècle dernier, l'accélération scientifique et technologique est extraordinaire, un processus non plus linéaire mais exponentiel. On parle de « rapidation », un terme inventé par les Néerlandais, une progression géométrique du temps qui porte en soi le danger de ne pas en avoir assez pour assimiler, penser, réfléchir ; caractérisé par une hâte, une célérité de la vie qui nous rend violents.

Bien souvent, chaque nouvelle phase, avec ses enthousiasmes et ses turbulences, est caractérisée par le débat entre deux catégories qui ressemblent à celles brillamment définies par le sémiologue Umberto Eco, qui sont en fin de compte deux naïvetés opposées : d'une part, les « apocalyptiques », chantres d'une attitude hypercritique et aristocratique face à la nouveauté ; de l'autre, les « intégrés », partisans d'une vision hyper-optimiste, d'une panacée à tous les maux.

Ce type d'opposition s'est très souvent manifesté au cours de notre histoire récente. Entre la fin du XIXe et le début du XXe siècle, il y a par exemple eu une vive controverse sur un thème qui peut prêter à sourire aujourd'hui : les prêtres peuvent-ils aller à vélo (qu'on appelait à l'époque bicyclette) ? Dans plus d'un diocèse, l'usage leur en a été déconseillé voire interdit, car il n'aurait pas été convenable d'« admirer un prêtre effectuer des cabrioles comiques pour monter sur une bicyclette [...] et avancer de manière disgracieuse avec la soutane à cheval sur le cadre. Le prêtre a besoin de dignité ». Le débat s'est soldé par l'adoption de la bicyclette comme moyen de locomotion par excellence des curés de campagne comme de ville.

Un débat bien plus profond a porté sur le caractère éthique de la première transplantation cardiaque effectuée par le chirurgien sud-africain Christiaan Barnard en 1967 – j'étais alors étudiant en théologie –, qui permit d'établir des critères communs pour la définition de « mort cérébrale » du donneur, lesquels constituent à présent la base de toutes les législations nationales.

Des millions de transplantations cardiaques plus tard, devenues une merveille quotidienne de la science médicale, l'intelligence artificielle constitue la nouvelle ligne de front de l'innovation technologique, celle sur laquelle se jouera l'avenir proche de l'économie, de la civilisation, de l'humanité même. Il s'agit d'une technologie extrêmement puissante, qui promet d'être utilisée dans d'innombrables domaines de l'action humaine, de la médecine au monde du travail, de la culture à la communication, de l'éducation à la politique ; et d'influencer profondément notre mode de vie, nos relations sociales, voire la manière dont nous concevons notre identité.

Je pensais à Romano Guardini, le théologien dont la pensée m'a aidé plus d'une fois, alors que je me préparais à l'intervention que j'ai tenue sur ce thème en juin 2024 lors du G7 de Borgo Egnazia, dans les Pouilles, devant les dirigeants de nombreux pays du monde. Je souhaitais libérer le champ des lectures catastrophistes et de leurs effets paralysants, des rigidités qui s'opposent à la nouveauté dans une tentative illusoire de conserver un monde condamné à disparaître, mais en même temps rappeler notre responsabilité de rester sensibles à tout ce qui est destructeur et non humain. Surtout face à des scénarios complexes comme celui qui s'annonce.

Mon intervention sur l'intelligence artificielle au G7 de 2024.

Dieu a donné aux humains son Esprit afin qu'ils soient doués « de sagesse, d'intelligence et de savoir pour toutes sortes d'ouvrages » (Exode 35, 31). La science et la technologie sont donc des produits de notre extraordinaire potentiel créatif. Mais nous devons rester conscients que, comme le dit l'adage antique inscrit dans le mythe de l'épée de Damoclès, avec un grand pouvoir viennent de grandes responsabilités.

Nous ne pouvons douter que l'avènement de l'intelligence artificielle représente une véritable révolution cognitive et industrielle, qui contribuera à la création d'un nouveau système social caractérisé par des transformations radicales. Il nous appartiendra de déterminer quelle direction prendra l'usage de cette technologie à la fois fascinante et terrible, plus complexe que d'autres car l'intelligence artificielle peut s'adapter de manière autonome à la tâche qui lui est assignée et, si elle est conçue ainsi, opérer des choix indépendants de l'être humain pour atteindre l'objectif fixé. J'affirme avec Guardini qu'aucun problème de nature technique, sociale, politique ne pourra être résolu « sinon en partant de l'homme. Il doit se constituer un nouveau type humain, doté d'une spiritualité plus profonde, d'une liberté et d'une intériorité nouvelles ».

La vie et la mort ne peuvent pas être décidées par un algorithme, ni le développement de la pensée humaine, ni l'information, qui doit déjà faire face à une sorte de pollution cognitive, à laquelle s'ajoute à présent le phénomène du *deep fake*, c'est-à-dire la création et la diffusion d'images et de voix synthétiques qui semblent parfaitement vraisemblables. Moi aussi, il m'est arrivé d'en faire l'objet. D'une manière générale, la liberté et la coexistence pacifique sont menacées quand les êtres humains cèdent à la tentation de l'égoïsme, de la soif de profit et de pouvoir.

Finirons-nous par construire de nouvelles castes fondées sur la domination de l'information, générant d'autres formes d'exploitation, ou au contraire ferons-nous en sorte que l'intelligence artificielle apporte davantage d'égalité et favorise l'écoute des nombreux besoins des personnes et des peuples ?

Deviendra-t-elle une nouvelle occasion de destruction et de mort, anesthésiant encore davantage la folie de la guerre, ou en ferons-nous un instrument de justice, de développement et de paix ?

Une fois de plus, nous devons chérir ces questions, nous devons leur faire de la place, les faire vivre, afin qu'elles nous éduquent à la conscience et à la responsabilité.

Il appartient à l'humanité de décider si elle souhaite devenir de la nourriture pour algorithmes ou bien avancer sur le chemin en conservant intacte sa dignité et en récupérant ce qui lui est le plus important et nécessaire, le noyau de tout être humain : son cœur. On en vient à penser que l'humanité est en train de le perdre, comme je l'ai écrit en octobre 2024 dans ma quatrième encyclique *Dilexit nos* sur l'amour humain et divin du cœur du Christ. Voir des grands-mères pleurer sans que cela nous soit intolérable est le signe d'un monde sans cœur. Pourtant, trop souvent je me suis trouvé face à ce scandale, lors de trop nombreux voyages, de trop nombreuses audiences, dans un monde déchiré par les conflits destructeurs : des femmes âgées abattues qui pleurent leurs petits-enfants assassinés, contraintes à errer sans foyer, dans la peur et l'angoisse. Nous ne pouvons pas esquiver cette indignité.

Le monde ne peut changer qu'à partir du cœur car, comme nous l'a enseigné le concile Vatican II, les déséquilibres dont il souffre, qui viennent de loin et se retrouvent à flotter dans la société liquide contemporaine, sont reliés au déséquilibre plus profond enraciné dans le cœur des humains.

Les algorithmes à l'œuvre dans le monde numérique montrent que nos pensées et ce que décide notre volonté sont beaucoup plus « standards » que nous ne le pensions. Elles sont facilement prévisibles et manipulables. Il n'en va pas de même pour le cœur. Nous sommes notre cœur : il est ce qui nous distingue, ce qui se configure dans notre identité spirituelle, ce qui nous met en communion avec les autres. Seul le cœur est capable d'unifier et d'harmoniser notre histoire personnelle, qui semble fragmentée en mille morceaux. L'anti-cœur, au contraire, est un horizon de plus en plus dominé par le narcissisme et l'autoréférence, qui mène à l'apathie, à la dépression, à la « perte de désir », parce que l'autre disparaît de l'horizon. Nous devenons alors incapables d'accueillir Dieu car, comme le dirait Heidegger, pour recevoir le divin, nous devons bâtir une « maison d'hôtes » ; et même nous accueillir nous-mêmes, répondre à notre essence la plus authentique et la plus vraie. Si le cœur ne vit pas, écrit Guardini dans son analyse du monde de Dostoïevski, « l'homme n'est pas en lui-même ».

Aucun algorithme ne pourra jamais prendre en compte les souvenirs d'enfance que nous conservons jalousement et avec amour, ces images qui semblent dormir dans le coffre de nos mémoires et se réveillent à chaque fois, toujours aussi vives, au passage d'une odeur ou du thème d'une vieille chanson : je pense à ma grand-mère qui m'apprend à fermer le bord des *empenadas* avec une fourchette, à ces après-midis devant la radio avec ma mère, à mi-chemin entre jeu et apprentissage, au sourire qui fleurit sur le visage de mon père après une de mes plaisanteries, à l'angoisse de l'attente de la naissance de ma sœur Maria Elena, à l'émotion de prendre soin d'un oisillon tombé du nid ou à une marguerite effeuillée en récitant elle m'aime un peu, beaucoup…

À l'ère de l'intelligence artificielle, nous ne pouvons oublier que pour sauver l'humain, la poésie et l'amour nous sont indispensables. Ils sont comme l'amour ; le sel de la terre : si elle perd sa saveur, mettait en garde un écrivain français, le monde ne sera que putréfaction et gangrène. Quand la spécificité du cœur n'est pas appréciée, nous perdons les réponses que l'intelligence seule ne peut donner, nous perdons la rencontre avec les autres, nous perdons l'histoire et les histoires, car la véritable aventure personnelle est celle qui se réalise à partir du cœur. À la fin de la vie, seule celle-ci comptera.

On ne trébuche pas sur l'avenir, on le construit : nous avons tous la responsabilité de le faire de manière à ce qu'il réponde au projet de Dieu, qui n'est autre que le bonheur de l'humanité, sa centralité, sans exclure personne.

À l'aube de ce qui s'annonce comme un nouveau changement d'époque, j'aime rappeler à chacun les mots prononcés par Jean-Paul II lors du Jubilé de l'an 2000 : « N'ayez pas peur ! Ouvrez, ouvrez toutes grandes les portes au Christ ! » Si un jour la crainte et l'inquiétude vous assaillent, pensez à cet épisode de l'Évangile de Jean, les noces de Cana (Jean 2, 1-12), et dites-vous : le vin le meilleur doit encore être servi. En tant qu'arrière-petit-fils de paysans, cette image m'est particulièrement chère.

Soyez-en certains : la réalité la plus profonde, la plus joyeuse, la plus belle pour nous-mêmes comme pour ceux que nous aimons, doit encore arriver. Même si des statistiques vous affirment le contraire, même si la fatigue affaiblit vos forces, ne perdez jamais cette espérance qui ne peut être vaincue. Priez en prononçant ces mots, et si vous ne réussissez pas à prier, murmurez-les dans votre cœur, faites-le même si votre foi est faible, murmurez-les jusqu'à y croire, murmurez-les aussi aux désespérés, à ceux qui ont peu d'amour : le vin le meilleur doit encore être servi.

Tant que nous continuerons à nous illuminer dans le regard d'un enfant et dans les infinies possibilités du bien, tant que nous nous laisserons habiter par la miséricorde, tout sera toujours possible. Agrippés à l'ancre de l'espérance, nous pourrons dire comme le poète Nâzim Hikmet que « la plus belle des mers est celle où l'on n'est pas encore allé. Le plus beau des enfants n'a pas encore grandi. […] Et ce que moi je voudrais te dire de plus beau, je ne te l'ai pas encore dit ».

Le vent de l'Esprit n'a pas cessé de souffler. Faites bon voyage, frères et sœurs.

25

Je ne suis qu'un passage

L'Église a toujours un avenir. C'est curieux : l'Église a des racines dans le passé, dans le Christ vivant, vivant en Son temps, dans Sa Résurrection ; et des racines dans l'avenir, la promesse du Christ qui restera avec nous jusqu'à la fin des siècles. Dans cette promesse se trouve l'avenir de l'Église.

Sera-t-elle persécutée ? Combien de fois elle a été persécutée…

Parfois avec raison, parce qu'elle s'était trop mondanisée. Parfois sans aucune raison, de nombreux martyrs n'étant pas mondains. Aujourd'hui encore, trop de martyrs sont tués pour la seule raison qu'ils sont chrétiens. Dans les années 2000, notre Église est encore une Église de martyrs.

L'Église ira de l'avant. Dans son histoire, je ne suis qu'un passage.

Pourtant, la papauté mûrira ; j'espère qu'elle le fera en regardant aussi vers l'arrière, qu'elle assumera toujours plus le rôle qui était le sien au cours du premier millénaire.

Dans l'unité avec les orthodoxes, qui ne signifie pas que les orthodoxes doivent devenir catholiques. Je parle de cette unité de service à laquelle fait référence Jean-Paul II, de cette communion pleine et visible de toutes les communautés des chrétiens qui est « le désir ardent du Christ », un chemin qui doit être un parcours sans hésitation.

Je rêve d'une papauté qui soit toujours plus une papauté de service et de communion. La rencontre œcuménique de prière pour la paix au Moyen-Orient que j'ai organisée en juillet 2018, à Bari, avec vingt-deux patriarches et chefs des Églises et des communautés chrétiennes orientales a été pour moi une expérience intense. Catholiques, orthodoxes, protestants, tous ensemble. C'était magnifique.

Voilà ce qu'est la papauté : le service. Le titre du pape que je préfère est *Servus servorum Dei*, « serviteur des serviteurs de Dieu ». Celui qui sert tout le monde, qui sert à tout le monde. Quand, deux mois après mon élection, j'ai reçu les épreuves de l'Annuaire pontifical, j'ai refusé la première page avec les titres attribués au pontife : Vicaire de Jésus-Christ, Successeur du prince des Apôtres, Souverain, Patriarche… On efface tout : juste « Évêque de Rome ». Le reste a été relégué en deuxième page. Je me suis présenté ainsi dès le premier jour, car c'est la vérité. Les autres sont certes de vrais titres, ajoutés à raison par l'histoire et par les théologiens, mais précisément parce que le pape est l'Évêque de Rome.

Dans le monde contemporain, on parle beaucoup de sécularisation. Comme pour la persécution, ce n'est certainement pas la première fois. Il suffit de penser comment, en France sous l'Ancien Régime, la cour accueillait tout un clergé séculier, à grand renfort de « Monsieur l'Abbé* » : mais le berger de l'Église, celui qui porte l'odeur de ses brebis, n'a rien à voir avec cela. L'Église a toujours eu des moments de sécularisation, par exemple avec les premières hérésies

* En français dans le texte (*N.d.T.*).

comme l'arianisme, avec les évêques courtisans pour lesquels la politique religieuse de l'empereur constituait la norme suprême à suivre, y compris quand l'empereur persécutait les évêques catholiques non ariens. Et encore avant. C'est arrivé de nombreuses fois.

Certes, la sécularisation n'est pas une photocopie identique à chaque fois : elle émerge avec la culture du temps. Mais l'Église ne connaît pas plus de sécularisation maintenant qu'à d'autres époques.

Certes, nous vivons aujourd'hui avec le progrès scientifique, on fait des découvertes dans les domaines de la vie et de la mort, mais l'esprit mondain, de sécularisation, a toujours existé. C'est pour cela que, lors de la prière pendant la Cène, Jésus demande à son Père non pas de nous retirer du monde (Jean 17, 11-19), mais de prendre soin de nous, afin que nous ne devenions pas mondains. La mondanité spirituelle, la manière de vivre mondaine qu'a aussi connue l'Église dès ses premiers jours – il suffit de se rappeler l'histoire d'Ananias et de Saphira dans les Actes des Apôtres (Actes 5, 1-11), les deux époux parmi les premiers chrétiens qui vendirent des biens de la communauté et gardèrent pour eux une partie du prix –, voilà la plus grande des pestes. Selon le théologien Henri de Lubac, c'est le pire mal qu'encourt l'Église, « la tentation la plus perfide, celle qui renaît toujours, insidieusement ». La mondanité spirituelle, écrit-il dans sa *Méditation sur l'Église*, est « pire même que cette lèpre infâme qui, à certains moments de l'histoire, défigura si cruellement » l'Église, quand la religion introduisait le scandale dans le sanctuaire même et, représentée par un « pape libertin, cachait sous des pierreries, sous des fards et sous des mouches le visage de Jésus-Christ ». Pire encore que les papes concubins, dit-il. Terrible. Jésus déjà percevait ce danger, au point de demander à son Père, dans cette prière qui est l'acte fondateur de l'Église, que ses disciples n'y succombent pas.

Cet avertissement concerne en premier lieu les pasteurs, et tout le monde. Car nous sommes tous l'Église. Le peuple de Dieu, non les beaux murs qui le protègent ou le contiennent.

Si, aujourd'hui, les nouvelles générations déclarent avoir un rapport difficile avec la religion, nous devons nous interroger sur notre témoignage bien plus que sur la sécularisation. Ce sont les témoins qui touchent les cœurs. Saint Ignace d'Antioche savait déjà que « mieux vaut être chrétien sans le dire, plutôt que le dire sans l'être », car à la fin de notre existence on ne nous demandera pas si nous avons été *croyants* mais *crédibles*.

L'Église doit grandir dans la créativité, dans la compréhension des défis de son temps, s'ouvrir au dialogue, et non se refermer dans la crainte. Une Église fermée, effrayée, est une Église morte. Il faut avoir confiance dans l'Esprit, qui est le moteur et le guide de l'Église, et qui fait toujours du bruit. Il suffit de penser au récit de la Pentecôte sur les apôtres, un boucan pas possible : « Tout à coup il vint du ciel un bruit comme celui d'un vent impétueux, et il remplit toute la maison où ils étaient assis » (Actes 2, 2), et tous commencèrent à parler des langues qu'ils ne connaissaient pas, et tous sortirent. Dans la rue. Dehors. Hors de notre zone de confort. Car seule cette ouverture peut générer l'harmonie. L'Esprit est le Paraclet, celui qui nous soutient et nous accompagne sur le chemin, il est un souffle de vie, non un gaz anesthésiant. Un jour, alors que je prêchais à San Miguel devant deux cents jeunes, l'un d'eux a confondu le « Paraclet » avec le « paralytique », et cela m'a fait sourire… C'est précisément l'Église que nous ne devons pas être, une Église immobile, congelée. Il nous appartient certainement de discerner, de comprendre ce que nous demande réellement le présent, tout en sachant que la rigidité n'est pas chrétienne, car elle nie ce mouvement de l'Esprit. La rigidité est sectaire. La rigidité est autoréférentielle. La rigidité est une hérésie quotidienne. Elle confond l'Église avec une forteresse, un château qui regarde le monde et la vie avec hauteur et suffisance, au lieu de les habiter.

Il y a un film que j'aime beaucoup et que je regarde dès que j'en ai l'occasion, tiré d'une nouvelle de Karen Blixen, *Le Festin de Babette*, qui a remporté de nombreux prix. Il raconte l'histoire d'un village scandinave, un endroit plutôt gris, où la joie n'est pas de mise et où les habitants sont tellement obsédés par les règles qu'ils se sont fixées qu'ils en ont perdu le sens. Jusqu'à ce qu'une femme qui arrive pour travailler comme gouvernante, Babette, bouleverse tout. Elle découvre que lorsqu'elle était encore à Paris, elle a gagné à la loterie, mais au lieu d'utiliser cet argent pour rentrer chez elle, elle le dépense pour préparer un merveilleux « dîner à la française » pour toute la communauté. Ce dîner tellement insolite – d'abord considéré avec une grande méfiance – et cette gratuité changent tout, brisent les chaînes, recréent la communauté, ouvrent à la joie de l'existence.

Nous devons sortir de la rigidité, ce qui ne signifie pas tomber dans le relativisme, mais aller de l'avant, parier. Nous devons échapper à la tentation de contrôler la foi, car on ne contrôle pas le Seigneur Jésus, Il n'a besoin ni d'auxiliaire de vie ni de gardien. L'Esprit est liberté. Or la liberté, c'est aussi le risque.

L'Église en marche sera toujours plus universelle. Son avenir et sa force viendront aussi de l'Amérique latine, de l'Asie, de l'Inde, de l'Afrique, comme le démontre déjà la richesse des vocations. En Indonésie, à Singapour, en Nouvelle Guinée ou au Timor oriental en septembre 2024 – une expérience incroyable à laquelle je tenais beaucoup, une foule d'enfants, de personnes qui jetaient leur cape au passage de la voiture papale sur les seize kilomètres du trajet jusqu'à la Nonciature – j'ai trouvé une Église qui grandit, avec une identité propre, fille d'une culture fraîche et à la fois profonde, qui m'a touché. Il existe des intelligences très vives : les cultures africaines par exemple ont su cultiver une intelligence double, à la fois déductive et intuitive, et quand les deux se rencontrent c'est une merveille. Même en Mongolie, mon voyage apostolique le plus « excentrique », au sens littéral du terme (« hors du centre »), le premier d'un pape dans cette terre de grande sagesse, où une minuscule communauté catholique habite un territoire immense, j'ai fait l'expérience d'une mystique et d'une particularité précieuses, qui expriment les valeurs de ce peuple et qui peuvent tous nous valoriser, sans tomber dans le prosélytisme. C'est l'attraction qui nous fait grandir, pas le prosélytisme. Ailleurs, nous devons avoir conscience que nous sommes passés d'un christianisme inséré dans un cadre social hospitalier à un christianisme « de minorité », ou mieux, de témoignage. Cela demande le courage d'une conversion ecclésiastique, non une crainte nostalgique.

C'est dans cet esprit qu'en décembre 2024, j'ai créé vingt et un nouveaux cardinaux au Pérou, en Argentine, en Équateur, au Chili, au Japon, aux Philippines, en Serbie, au Brésil, en Côte d'Ivoire, en Iran, au Canada, en Australie ainsi qu'en Italie. Afin qu'ils soient le visage toujours plus authentique de l'universalité de l'Église. Tout en sachant que le titre de « serviteur » – tel est le sens du ministère – éclipse toujours celui d'« éminence ».

L'Église a besoin de tout le monde, de chaque homme, de chaque femme, et nous avons tous besoin les uns des autres.

Personne n'est une île, un moi autonome et indépendant. L'avenir ne peut se bâtir qu'ensemble, sans écarter personne.

Nous avons le devoir d'être vigilants et conscients, et de vaincre la tentation de l'indifférence.

Le véritable amour est inquiet.

On dit communément que le contraire de l'amour est la haine. C'est vrai, mais chez de nombreuses personnes il n'existe pas de haine consciente. Le contraire le plus quotidien de l'amour de Dieu, de la compassion de Dieu, de la miséricorde de Dieu, c'est l'indifférence.

Pour anéantir un homme ou une femme, il suffit de les ignorer. L'indifférence est une agression.

Nous ne pouvons pas rester les bras croisés, indifférents, ni baisser les bras, fatalistes. Le chrétien tend la main.

Aujourd'hui plus que jamais, tout est lié. Aujourd'hui plus que jamais, nous avons besoin d'assainir nos liens : ce jugement que je porte dans mon cœur contre mon frère ou ma sœur, cette blessure non soignée, ce mal non pardonné, ce préjugé sourd, cette méfiance hostile, cette rancœur qui me fera seulement du mal, c'est un morceau de guerre que je porte en moi, c'est un foyer à éteindre avant qu'il ne devienne un incendie qui ne laisse derrière lui que des cendres. Nous avons besoin de faire correspondre à la croissance des innovations scientifiques et des technologies une équité et une inclusion sociales toujours plus grandes. Alors que nous découvrons de nouvelles planètes éloignées, nous devons redécouvrir les besoins du frère ou de la sœur qui gravitent autour de nous. Seule l'éducation à la fraternité et à une solidarité concrète peut dépasser la « culture de l'exclusion », qui ne concerne pas seulement la nourriture et les biens, mais avant tout les personnes exclues par des systèmes techno-économiques au centre desquels, sans même que nous nous en apercevions, ne se trouve plus l'humain mais ses produits.

Aujourd'hui, pour des raisons diverses, beaucoup semblent croire qu'un avenir heureux n'est pas possible. Il faut prendre ces craintes au sérieux, mais elles ne sont pas insurmontables. On ne peut les vaincre que si l'on ne se renferme pas sur soi-même. Face à la cruauté et aux horreurs que nous réserve notre temps, nous aussi sommes tentés d'abandonner notre rêve de liberté. Ainsi, nous nous terrons dans nos fragiles certitudes humaines, dans notre routine rassurante, dans nos peurs que nous connaissons si bien. Pour finir, nous renonçons au voyage vers le bonheur de la Terre promise pour retourner à l'esclavage de l'Égypte. La peur est l'origine de l'esclavage, comme de toute forme de dictature, car c'est sur l'instrumentalisation des peurs du peuple que prolifèrent l'indifférence et la violence. C'est une cage qui nous exclut du bonheur, qui nous vole notre futur.

Il suffit d'une seule femme, d'un seul homme pour qu'il y ait de l'espoir, et tu peux être cette femme ou cet homme. Il y a alors un autre « tu », un autre « tu » encore, et nous devenons un « nous ».

Pour nous, chrétiens, l'avenir a un nom, et ce nom est espérance.

Espérer ne signifie pas être des optimistes naïfs qui ignorent le drame des maux de l'humanité. L'espérance est la vertu d'un cœur qui ne s'enferme pas dans le noir, qui ne s'arrête pas au passé, ne vivote pas dans le présent, mais qui sait voir de manière lucide le lendemain.

Inquiets et joyeux, voilà comment nous devons être, nous chrétiens.

Le bonheur est toujours une rencontre ; les autres sont une occasion concrète pour rencontrer le Christ Lui-même.

À notre époque, l'évangélisation sera possible par contagion de joie et d'espérance.

C'est donc quand il y a un « nous » que commence l'espérance ? Non, elle a déjà commencé avec le « tu ». Avec le « nous » commence la révolution.

Là où se trouve vraiment l'Évangile, non son ostentation, non son instrumentalisation, mais sa présence concrète, il y a toujours la révolution. Une révolution dans la tendresse.

La tendresse n'est rien d'autre que cela : c'est l'amour qui se fait proche et concret. C'est utiliser ses yeux pour voir l'autre, utiliser ses oreilles pour entendre l'autre, pour écouter le cri des petits, des pauvres, de celles et ceux qui redoutent l'avenir. C'est écouter le cri silencieux de notre maison commune, de la Terre polluée et malade. Après le regard, après l'écoute, il n'y a pas la parole. Il y a l'action.

Un jour, un jeune universitaire m'a demandé : « À l'université, j'ai beaucoup d'amis qui sont agnostiques ou athées, que dois-je dire pour qu'ils deviennent chrétiens ? – Rien, ai-je répondu. La dernière chose que tu dois faire, c'est parler. D'abord, tu dois faire. Alors, celles et ceux qui voient comment tu vis, comment tu gères ta vie te demanderont : pourquoi tu le fais ? Alors, tu pourras parler. »

Avec les yeux. Avec les oreilles. Avec les mains. Seulement après vient la parole. Dans le témoignage d'une vie, la parole vient après, elle est une conséquence. Laisser la place au doute, cela aussi est une clé importante.

Si une personne affirme qu'elle a rencontré Dieu avec une certitude totale, il y a quelque chose qui cloche. Si quelqu'un a les réponses à toutes les questions, c'est la preuve que Dieu n'est pas avec lui. Cela veut dire que c'est un faux prophète, qui instrumentalise la religion, qui l'utilise à ses propres fins. Les grands guides du peuple de Dieu, comme Moïse, ont toujours laissé de la place au doute.

Il faut être humbles, laisser place au Seigneur, non à nos fausses certitudes.

La tendresse n'est pas une faiblesse : c'est une véritable force.

C'est la voie qu'ont parcourue les hommes et les femmes les plus forts et les plus courageux. Suivons-la, luttons avec tendresse et courage.

Suivez-la, luttez avec tendresse et courage… Je ne suis qu'un passage.

Petite note du coauteur

par Carlo Musso

Par la volonté de Sa Sainteté le pape François, son autobiographie aurait dû tout d'abord être publiée comme un testament à sa mort. Mais le nouveau Jubilé de l'espérance et les exigences du temps l'ont convaincu de diffuser dès maintenant ce précieux héritage.

À partir de 2019, les travaux pour sa rédaction ont donné lieu à de nombreuses rencontres, conversations, analyses de textes et de documents publics et privés.

Ce récit se déploie des années de jeunesse jusqu'à l'ordination sacerdotale pour illuminer le demi-siècle suivant et toute l'époque du pontificat, qui se nourrit profondément de ces racines. Une citation de Gustav Mahler rappelée dans le texte affirme que « la tradition n'est pas la gardienne des cendres, mais la garantie de l'avenir ». La tradition « n'est pas un musée », commente le pape François : « L'idée de revenir en permanence aux cendres est la nostalgie des intégristes, mais ce n'est pas là le véritable sens de cette phrase : la tradition au contraire est une racine, indispensable pour que l'arbre puisse donner des fruits toujours nouveaux. »

S'il y a une parole que sa figure incarne, et qui m'est

revenue plusieurs fois à l'esprit au cours de nos rencontres et de notre travail, en même temps que l'image d'une authentique humilité, c'est : en avant ! Un homme né en 1936 qui ne se retourne sur le passé que pour lancer son regard plus encore vers l'avenir.

De même, ces pages ont été écrites dans un esprit de service et avec le désir passionné de transmettre deux des choses les plus durables que les êtres humains puissent laisser en héritage : des racines et des ailes. En ce sens son histoire est bien la nôtre.

En dépit de tous mes efforts pour les éviter, je porte l'entière responsabilité des éventuelles erreurs ou imprécisions.

Cela a été une longue et intense aventure qui m'inspire un profond sentiment de gratitude.

Pour ma part, je veux dédier ces efforts, ces erreurs et ces imprécisions à mon grand-père maternel, né au Piémont, expédié sur le *Carso* avec ses deux frères dans les tranchées de la Première Guerre mondiale (dont il fut le seul à revenir), émigré à Buenos Aires après la Seconde Guerre mondiale et enterré à Cochabamba, en Bolivie, dans un « *camp-sant foresté* » (un cimetière étranger), bien avant ma naissance. Et à ma grand-mère et ma mère, qui ne l'ont pas vu revenir.

C'est pour cela que je m'appelle Carlo.

Carlo Musso, éditeur, a dirigé le département non-fiction des éditions Piemme ainsi que Sperling & Kupfer, au sein du groupe Mondadori, puis a fondé la maison d'édition indépendante Libreria Pienogiorno. Dans le cadre de son travail, il a notamment édité les volumes les plus populaires du pape François, en commençant par le premier, Le nom de Dieu est Miséricorde, *publié dans cent pays et traduit en trente-deux langues.*

Notes

1. Que ma langue s'attache à mon palais

1. Edmondo De Amicis, *Sur l'océan* [1889], traduction d'Olivier Favier, Payot et Rivages, 2004.

2. Les références aux Psaumes recourent à la numérotation de la Vulgate. Toutes les citations bibliques sont tirées de la traduction de Louis Segond (1910), si besoin remaniée en cohérence avec le propos de l'auteur. (*N. d. T.*)

3. Francisco Luis Bernárdez, « Si para recobrar lo recobrado ».

2. Assez longtemps mon âme a demeuré auprès de ceux qui haïssent la paix

1. Carlo Salsa, *Tranchées. Confidences d'un soldat d'infanterie* [1924], traduction de Stéphanie Laporte, les Belles Lettres, 2015.

2. Benoît XV, Lettre aux chefs des peuples belligérants, 1er août 1917. https://www.vatican.va/content/benedict-xv/fr/letters/1917/documents/hf_ben-xv_let_19170801_popoli-belligeranti.html

3. Lorenzo Milani, « Lettera ai giudici » (« Lettre aux juges »), 18 octobre 1965.

4. Albert Einstein, *Comment je vois le monde* [1934], traduction de Régis Hanrion, Flammarion, 1979.

5. Pape François et imam Ahmed al-Tayeb, *Document sur la fraternité humaine, pour la paix mondiale et la coexistence commune*, 4 février 2019.

3. Le don de la saine inquiétude

1. Bertolt Brecht, « La guerre qui s'annonce ».
2. Alessandro Manzoni, *Les Fiancés* [1827], traduction de Jean-Baptiste de Montgrand, Garnier, 1877.
3. *Ibid.*

6. Comme une corde tendue

1. Friedrich Hölderlin, *Hypérion ou l'Ermite de Grèce*, traduction de Philippe Jaccottet, Mercure de France, 1965.

8. La vie est l'art de la rencontre

1. Romano Guardini, *Persona e libertà. Saggi di fondazione della teoria pedagogica, antologia cura di C. Fedeli*, La Scuola, Brescia, 1987, p. 46 (tiré d'une conférence sur l'éthique en allemand, *Die Begegnung*, « La Rencontre », 1955. « Forme-de-commencement » traduit *Angfangsform*.

10. Ils se reconnurent de loin

1. Jorge Luis Borges, « Légende », in *L'Or des tigres*, traduction de Nestor Ibarra, Gallimard, 1976.

13. Personne ne se sauve tout seul

1. Zygmunt Bauman, *Community. Seeking Safety in an Insecure World*, Cambridge, Polity, 2001.

14. Résonner des vibrations les plus profondes

1. Charles Baudelaire, « L'Ennemi », *Les Fleurs du mal,* 1857. En français dans le texte (N.d.T.).

2. Charles Péguy, *Le Porche du mystère de la deuxième vertu,* 1911.

16. Comme un enfant dans les bras de sa mère

1. Fiodor Dostoïevski, lettre n° 60 à Natalia Dimitrievna von Vizine, Omsk, vers le 20 février 1854, *Correspondance de Dostoïevski,* traduction de Dominique Arban, Calmann-Lévy, 1949.

20. Ta houlette et Ton bâton me rassurent

1. George Saunders, *Soyez gentils : petit éloge de la bonté à l'usage des générations futures,* traduction de Pierre Demarty, Fayard, 2019.

21. Le scandale de la paix

1. Léon Tolstoï, *Bethink yourselves,* publié dans le *London Times* du 27 juin 1904.

Crédits photographiques

Les photos non indiquées ci-dessous appartiennent aux archives privées du pape François, reproduites avec l'autorisation de Mondadori, tous droits réservés.

p. 20 : © Mondadori Portfolio
p. 43 : © Olivier Morin/AFP Photo
p. 66 : © Mondadori Portfolio/Archives GBB
p. 93 : © Vatican Pool/Getty Images
p. 98 : © API/Gamma-Rapho via Getty Images
p. 111 : © Associated Press/LaPresse
p. 115 : © OLYCOM/Lapresse
p. 121 : © Mondadori Portfolio/Archives GBB
p. 129 : © Franco Origlia/Getty Images
p. 178 : © Mondadori Portfolio/Archives GBB
p. 208 : © Joe O'Donnell
p. 211 : © Abaca Press/Alamy Stock Photo
p. 221 : © Franco Origlia/Getty Images
p. 238 : © Daniel Vides/AFP Photo
p. 255 : © Vincenzo Pinto/AFP Photo
p. 273 : © Vatican Pool/Getty Images
p. 279 : © Jaroslaw Maciej/Alamy Stock Photo
p. 283 : © Handout/Vatican Media/AFP Photo
p. 287 : © Vatican Pool/Getty Images

Table

Introduction. Tout naît pour fleurir 9

Prologue 11

1. Que ma langue s'attache à mon palais 17
2. Assez longtemps mon âme a demeuré
   auprès de ceux qui haïssent la paix 27
3. Le don de la saine inquiétude 49
4. Presque au bout du monde 63
5. *Si somos muchos, mucho mejor* 77
6. Comme une corde tendue 95
7. Je jouais sur le globe de Sa terre 107
8. La vie est l'art de la rencontre 117
9. La journée filait comme une flèche 127
10. Ils se reconnurent de loin 139
11. Comme la branche de l'amandier 147
12. Ils dévorent Mon peuple
    comme on mange du pain 157
13. Personne ne se sauve tout seul 175

14. Résonner des vibrations les plus profondes........ 191
15. Le seul moyen de devenir pleinement humain........ 205
16. Comme un enfant dans les bras de sa mère...... 219
17. Pour que tu t'en souviennes et que tu sois couverte de honte........ 243
18. Tout le monde dehors, tout le monde dedans........ 261
19. En cheminant par les vallées obscures........ 277
20. Ta houlette et Ton bâton me rassurent........ 293
21. Le scandale de la paix........ 311
22. Main dans la main avec une petite fille irréductible........ 327
23. À l'image d'un Dieu qui sourit........ 341
24. Car les jours meilleurs doivent encore advenir... 353
25. Je ne suis qu'un passage........ 373

Petite note du coauteur........ 383
Notes........ 385
Crédits photographiques........ 389

Composition : Nord Compo
Impression : Normandie Roto Impression s.a.s.
Éditions Albin Michel
22, rue Huyghens, 75014 Paris
www.albin-michel.fr

ISBN 978-2-226-49999-8
N° d'édition : 26239/01. – N° d'impression : 2405144
Dépôt légal : janvier 2025
Imprimé en France